爱上历史丛书

清代历史掠影

残阳夕照

葛剑雄
主编

徐洪兴
著

SPM 南方出版传媒 广东人民出版社
·广州·

图书在版编目（CIP）数据

残阳夕照：清代历史掠影 / 徐洪兴著；葛剑雄主编.— 广州：广东人民出版社，2021.7

ISBN 978-7-218-14702-4

Ⅰ.①残… Ⅱ.①徐… ②葛… Ⅲ.①中国历史—清代—通俗读物 Ⅳ.① K249.09

中国版本图书馆 CIP 数据核字（2020）第 242653 号

CANYANGXIZAHO:QINGDAI LISHI LUEYING

残阳夕照：清代历史掠影

徐洪兴　著

出 版 人：肖风华

责任编辑：李力夫
责任技编：吴彦斌　周星奎
装帧设计：安　宁

出版发行：广东人民出版社
地　　址：广州市海珠区新港西路 204 号 2 号楼（邮政编码：510300）
电　　话：（020）85716809（总编室）
传　　真：（020）85716872
网　　址：http://www.gdpph.com
印　　刷：北京彩虹伟业印刷有限公司
开　　本：880mm×1230mm　1/32
印　　张：9.5　　字　　数：280 千
版　　次：2021 年 7 月第 1 版
印　　次：2021 年 7 月第 1 次印刷
定　　价：58.00 元

再版前言

本书初版于1997年。这次再版，完全按原版排印，仅根据作者的要求，作了个别文字上的修改。一则不能让钟爱我们的读者误以为是一本新书，一则作者都认为没有重写或全面修改的必要。

为什么写在23年前的旧作不需要改写，就能直接供给读者呢？一方面这是作者的自信，二十余年来自己和读者都没有发现什么讹误不妥之处，自然保持原貌为好。另一方面，这也是历史类书籍的优势——以历史事实为基础，只要这部分正确，就有其长久的价值。所以我在本书的《总序》中说，完成于九百多年前的《资治通鉴》的价值“并没有随着北宋的覆灭而丧失，相反，随着时间的推移，越来越受到历代统治者的重视”。到了今天，你可以不赞成《资治通鉴》所传达的价值观念和它所总结的经验教训，但改变不了它们曾经受到历代统治者的高度重视，也为中国当代政治家所重视的事实。你可以不看书中“臣光曰”的大段议论，但如果要了解历史事实、特别是唐后期和五代期间的史实，就必须读《资治通鉴》。

多年前，师兄周振鹤教授提出“历史是介于科学与人文之间”的观点，我深以为然，并且经常运用演化。一切过去曾经存在的人和事都是客观存在，是事实，研究并复原它们属于科学的范畴，应该只有唯一正确的答案。如果客观条件具备，这一过程完全可以重复，而且可以得到验证。但现存的历史都是后人有意识、有选择的记录，而人的意识和选择属于人文，不必也不可能用科学的标准来衡量。至于人们的历史观念和对历史的评价纯属人文，更不必也不可能找到唯一的标准答案。

我在《总序》中说明，作为普及性的历史书，本书的目的是向尽可能多的读者提供一点历史事实、历史经验和历史智慧。对于历史事实，我们可以根据自己的研究成果，或是吸收他人已有的可靠的研究成果，作如实的叙述。如果不得不涉及至今尚未被揭示的，或存在争议的事实，一般都会加以说明，或者作出自己的判断。对这一部分，如果出现错误，即使是次要的、细节的，也要及时纠正。就在交稿前，有网友在我的微博上指出，我在《汉魏故事》一文中称曹丕为“建安七子”之一是错的。看到后，我颇感意外，曹丕是“三曹”之一，当然不属“建安七子”，但翻到那一页，我当初就是这样写着，二十多年来居然没有发现。要不是那位读者发现并指出，这次再版还会错下去。

但如果是对本书提供的“历史经验”“历史智慧”部分，那基本都属于人文，并没有标准答案，作者与读者之间完全可以有不同的见解和观点，见仁见智，何妨求同或求异！所以这部分就不必修改了。

本书初版时，我和全体作者都属中青年，最年长的我也还不满六十。如今，最年轻的两位作者都已接近我当时的年龄，而作者之一、复旦大学法学院的姚荣涛教授不幸已于2020年6月因病逝世。本书的再版也是对姚教授的纪念和安慰。

葛剑雄于庚子岁末

葛剑雄

总序

北宋元丰七年（1084年）十一月，经过近19年的努力，司马光和他的助手们终于在西京洛阳完成了294卷历史巨著——《资治通鉴》。在呈报给皇帝的表文中，司马光希望这部书能使皇帝“鉴前世之兴衰，考当今之得失，嘉善矜恶，取是舍非，足以懋稽古之盛德，跻无前之至治，俾四海群生，咸蒙其福”。可是不久，继位的哲宗和之后的徽宗辜负了司马光的一片苦心，并没有吸取这部书中所提供的历史经验和教训，更没有赢得“稽古之盛德”和“无前之至治”。就在《资治通鉴》问世后的42年，金朝的大军兵临开封，宋朝失去了半壁江山，连徽宗和他的儿子钦宗都当了俘虏，“四海群生”遭遇的不是福，而是无穷的祸。

但《资治通鉴》的价值并没有随着北宋的覆灭而丧失，相反，随着时间的推移，越来越受到历代统治者的重视。今天，包括《资治通鉴》在内的古代优秀历史著作，依然是值得我们珍视的宝贵遗产。

我们之所以重视《资治通鉴》一类历史著作，一个重要的原因，是它们不仅给人们提供了历史事实，而且明确地表达了作者对历史的看法和他所总结的历史经验。尽管由于时代不同了，我们不会完全同意他们的见解，或者只能将他们的看法作为批判的对象。但有一点是可以肯定的，他们所总结的一些具体的历史经验，具有永恒的价值。

历史发展有其基本的规律，这是不以人们的意志为转移的，是必然的。但任何一个社会发展阶段、任何一个朝代、任何一位君主、任何一个事件，都有其偶然性，不可能都按照某一种具体的规定出现或消失，兴盛或衰亡。在很大程度上，直接影响到这些人或事的，是人事，而不是天命；是偶然因素，而不是必然性；其结局往往千变万化，而不是只有一种可能性。

就拿中国的历史来说，封建社会占了目前我们所知道的历史时期的大部分。如果只研究封建社会的一般规律，只看到这个社会从产生、发展到消亡的大过程，就无法解释各个朝代的兴衰。在封建社会处在上升的阶段，在地主阶级被称为新兴的时期，照样有王朝衰落以至灭亡，而另一个勃兴的新朝并没有摆脱封建社会的特性，另一批成功的君主也不可能不代表地主阶级的利益。为什么同样是封建王朝，有的能持续三四百年，有的却只存在了一二十年，甚至胎死腹中？为什么同样是地主阶级代表，有的君主能开疆拓土，有的却只会割地赔款？有的可以清心寡欲，有的却一定要穷奢极侈呢？为什么在同一个阶级中也有忠奸贤愚，而同样是忠臣，结果却截然不同呢？

我们当然应该特别重视对历史发展总体性和规律性的研究，只有这样，才能把握住历史的大方向，才能对我们的事业有必胜的信心和执著的追求。但这并不意味着可以忽视具体的、一般性的历史经验，因为如果我们不重视这一类经验，我们的追求就未必能取得预期的结果。而且，对个人和一个部门来说，这类经验更具实用性和启发性，更易形成自己的智慧，更易转化为自己的财富。

这套书共8卷，每卷选择一个在中国历史上影响较大的朝代或时期，在该时段中选择一二十个题目，可以是人物、事件、制度、观点、阶段等等，通过具体的史实，提出作者的看法和见解。有时，通过史实的叙述道理已不言自明，作者自然就不必多说了。

我们不是写中国通史，所以只能写每本书涉及的阶段，但也不限于一朝一代，可以兼及前后左右。我们也不是作一朝一代的通史，只是从这一朝代或阶段中选取我们认为意义较大、便于表达而作者又有较好研究基础的题目。见仁见智，在所不免，读者或许会对自己认为重要的题目没有选入感到遗憾，那就只能请大家谅解了。

因为希望我们的书有更多的读者，在每一卷的开始都有一篇概述。这主要是为对该阶段的通史不太熟悉的读者准备的，也是为了使读者能对下面这些题目的相互关系和背景有一定的了解，具有这方面基础的读者完全可以不看。由于每篇都有相对的独立性，尽可以挑自己感兴趣的先看，不必照编排的顺序。我自己看书时常常如此，看了有味道的文章往往会不止看一遍，而不感兴趣或看了开头就乏味的文章从此不再看。当然，作为这套书的主编和作者之一，我还是希望书里的每一篇都能吸引尽可能多的读者。

1999年10月

目录

001 引子

003 清朝的兴起
从“七大恨”誓师到入主紫禁城

023 驱逐外寇
郑成功收复台湾

030 雄才大略
有为的康熙帝

039 经略与管理
清朝前期对边疆的政策和措施

049 思想的钳制
“文字狱”和《四库全书》

059 乾嘉学派
考据之学的得与失

069 乾隆朝
由盛而衰的转折

079 “和珅跌倒，嘉庆吃饱”
清朝中期的官员贪污

091 八旗兵
从常胜军到寄生虫

101 愚民的工具
八股文与科举制

112 夜郎自大
“闭关”政策的恶果

126 洪亮吉的忧虑
人口问题与社会矛盾

136 穷则思变
嘉道间的经世派

147 睁眼看世界
魏源的《海国图志》

160 洋务运动
“求强”“求富”的尝试

176 “商战”“议院”“中体西用”
早期改良派

194 “新学”
明清“西学东渐”记

220 救亡图存
戊戌变法与启蒙运动

248 他山之石
严复与《天演论》

268 新世纪
艰难的历程

引 子

在中国的历史上，清朝可谓是一个颇为特殊的朝代。它的特殊性至少表现在三个方面：其一，它是由中华民族中一个少数民族建立起来的封建王朝；其二，它是中国封建社会中最后一个王朝；其三，它又是中国半殖民地半封建社会开始的一个王朝。

有清一代的历史，与中国历史上的任何一个封建王朝相比，决不能算短。即使我们不把清朝及其前身“后金”在关外的那些岁月算在其中，从 1644 年 7 岁的福临（顺治皇帝）在吉特太后的怀抱中入关登基，到 1912 年又一个 7 岁的溥仪（宣统皇帝）在隆裕太后的提携下被迫退位，清王朝已统治中国整整 268 个年头。在这 268 年之中，在北京紫禁城的皇位上，前后一共坐过 10 个皇帝。清朝沿袭了明朝的旧例，一个皇帝只用一个年号，因此人们也常用年号来称呼皇帝。清朝的这 10 个皇帝，他们的姓名、年号、庙号（皇帝死后的封号）以及在位时间如下表：

皇帝姓名	年号	庙号	在位时间
爱新觉罗·福临	顺治	世祖	在位十八年（1644—1661）
爱新觉罗·玄烨	康熙	圣祖	在位六十一年（1662—1722）
爱新觉罗·胤禛	雍正	世宗	在位十三年（1723—1735）
爱新觉罗·弘历	乾隆	高宗	在位六十年（1736—1795）
爱新觉罗·颙琰	嘉庆	仁宗	在位二十五年（1796—1820）
爱新觉罗·旻宁	道光	宣宗	在位三十年（1821-1850）
爱新觉罗·奕詝	咸丰	文宗	在位十一年（1851—1861）
爱新觉罗·载淳	同治	穆宗	在位十三年（1862—1874）
爱新觉罗·载湉	光绪	德宗	在位三十四年（1875—1908）
爱新觉罗·溥仪	宣统	（无）	在位三年（1909—1911）

对清朝这268年的统治，人们可以有社会史或朝代史的不同区分方法。当代人一般从社会史区分着眼，即以1840年的鸦片战争为界，区分出两种不同的社会形态：前196年，中国仍然是一个封建社会；后72年，中国开始逐步丧失独立，渐渐地沦为半殖民地半封建社会。正是因为有了这种社会形态上的不同，所以人们一般又把鸦片战争前的清朝归在中国古代历史的范围内，而把鸦片战争后的清朝归在中国近代历史的范围内。不过，本书还是把清代的这两个阶段并在一起来讲，这一方面是为了叙述的方便：另一方面也是出于把清朝作为一个完整朝代来看待的考虑，应该说这样的区分也并不是没有道理的。

清朝的兴起
从“七大恨”誓师到入主紫禁城

当一个生长的文明由于具有吸引力的有创造的少数人退化为可憎的少数统治者而衰落下去的时候，其结果之一是，过去围绕着它的原始社会中的皈依者现在离开它了，对于这些原始社会，这个文明在生长阶段时曾以其文化辐射作用给予了不同程度的影响。过去的皈依者的态度从表现于模仿的羡慕而变为突然爆发为战争的仇视，而这种战争只能有非此即彼的两个互不相容的结果。

——汤因比《历史研究》

大家都知道，清朝是由居住在我国东北地区的少数民族满族建立起来的一个封建王朝。这里我们就先来讲一讲满族的历史发展简况。

一、满族的前身及其历史

满族是中华民族大家庭中的成员之一，它是古代中国东北地区的主体民族之一，也是一个具有悠久历史传统的少数民族。满族人的祖先，世世代代生活在祖国的东北地区，它的族名随着中国历史的演进而不断地发生变化。

肃慎人是我国东北地区最早见于记载的居民，他们也是目前所知满族最早的先民。据说，远在传说中的舜、禹时代，肃慎人就已经和中原地区建立了联系。据《左传·昭公·昭公九年》中的记载，周武王统治时，肃慎人曾向周朝进贡过弓箭（楛矢石砮），中原人把肃慎人居住的地方认作是自己的“北土”。汉代以后，肃慎人的后裔被称为“挹娄”，他们主要从事狩猎生产，“挹娄貂”在三国时已成为中原民众喜爱的御寒珍品。此外，他们还从事畜牧业，据说以擅养猪出名。当然，他们也从事一些农业和采集的活动。

在北朝和隋唐的历史书籍中，分别以“勿吉”和“靺鞨”来称呼肃慎、挹娄的后代，这两个名称实际是一个词的同音异译。隋朝时期的靺鞨人已发展成粟末、白山、伯咄、安车骨、拂涅、号室、黑水 7 大部落，分布于东临海滨、西至嫩江、南抵今吉林市、北达黑龙江以北的广阔地区。唐朝时期，靺鞨人中的粟末部首领大祚荣被唐政府册封为渤海郡王，他遂以渤海为国号，并按唐制建立起自己的政治和军事制度。以后的渤海王每次更换，都受到唐政府的册封。渤海立国达二百余年，一度在经济和文化等方面颇为发达，被誉为“海东盛国”。后来，渤海国为契丹人建立的辽国所灭，渤海国的遗民大部分南迁至辽河流域，与当地汉人、契丹人等杂居，以后便逐渐同化；还有一小部分则迁居至朝鲜境内，成为后来高丽国的成员之一。

渤海国灭亡后，靺鞨七部之一的黑水靺鞨随之向南伸展，契丹人称他们为“女真”。此后，女真这一称呼渐渐通行起来，进而取代了靺鞨这个族名。契丹人把女真族分为生、熟两个部分，其中“生女真”分布在松花江北岸、黑龙江中下游，东抵海岸，其社会发展还处在比较落后的阶段。从公元10世纪末起，生女真中完颜部落迁徙至按出虎水河畔。在此后的一百多年间，完颜部落的势力不断扩张，经过频繁的战争，它逐步统一了女真族的各个部落。1115年，以完颜部为核心的女真人，在首领阿骨打的领导下，建立起金国奴隶主政权，史称前金。这以后，金国灭掉了辽国，又灭掉了北宋，占据了长江、淮河以北的大片地区，与南宋划江而治。在占领中原地区后不久，金朝政府迁都燕京，大部分女真人也随之陆续迁入中原地区定居。进入中原的女真人在先进的汉文化影响下迅速被同化，到了金朝的后期，其女真族的民族特点已基本上消失殆尽了。以后，由女真族建立起来的金国又被蒙古人灭掉。

当大批女真族人随金朝迁入黄河流域时，还有一些女真部落仍然留在东北地区。到元末明初，东北的女真族分为建州、海西、野人（又称“东海”）三大部。建州女真分布在牡丹江、图们江流域一带；海西女真分布于松花江流域一带；野人女真活动于黑龙江流域。它们之间的社会经济发展水平并不平衡，相对来说野人女真更落后一点。明太祖统治时期，明政府在东北地区设立了辽东指挥使司；到明成祖时进一步设置了奴尔干都司和184个卫所，以控制当地的各个部落。明中央政府在女真族的聚居地区设置的行政机构，其长官基本上都由女真族首领担任。后来建立清朝的就是建州女真部落。

建州女真在明初活动于牡丹江上游长白山东南区域，以后几经迁徙，到明朝的正统年间（15世纪中叶），开始定居于浑河、苏子河上游。这里的气候比较温和，土地肥沃，适于农耕，而且其他资源也相当丰富；更重要的是其地靠近辽东，与汉人交往的机会很多，便于接受汉族先进的经济和文化。在与明政府和汉族人民的频繁交往中，尤其是通过朝贡和互市，建州女真的社会经济有了较快的发展，大约在16世纪时，建州女真部落已经出现奴隶制，渐渐地进入文明社会的门槛。但与此同时，随着奴隶制经济的发展，建州女真内部出现了“各部蜂起，皆称王争长，互相战杀，甚至骨肉相残，强凌弱，众暴寡”的分裂割据、战乱不息的局面。灾难深重的女真人民迫切要求从分散割据、仇杀不已的桎梏下摆脱出来，统一女真族各部也就成为历史的必然要求和发展趋势。时势造英雄，一个名叫努尔哈赤的人，就在这么一个动乱的时代登上了历史的舞台。

二、努尔哈赤建立后金政权

努尔哈赤，姓爱新觉罗，他是女真族的英雄人物，也是清朝的真正开创者，被其后世尊为“太祖”。

努尔哈赤出身于建州女真的一个奴隶主贵族之家，其先人在明朝一直是忠顺的臣民。他的六世祖猛哥帖木儿，在元朝时被任命为斡朵里万户府的万户，进入明朝后又被封为建州左卫指挥使，他是努尔哈赤先人中最早在明朝当官的人，后来被追尊为“肇祖原皇帝”。努尔哈赤的曾祖福满，在清代较早的文献记载中称“都督福满”，看来也做过明朝的地方官，他被追尊为“兴祖直皇帝”。努尔哈赤的祖父觉昌安（明代人称他为“叫场”），曾任建州左卫都指挥使，他后来被追尊为“景祖翼皇帝”。努尔哈赤的父亲塔克苏（明代人称他为“他失”）虽然没有什么明确的官职（一说为建州左卫指挥），但在当时也是一个有相当地位和权势的人，他后来被追尊为“显祖宣皇帝”。

明万历十一年（1583 年）二月，强悍不驯的建州右卫都指挥使王杲被明军捕杀，其子阿台纠集兵马反抗，分兵两路深入，欲进犯沈阳。明镇守辽东总兵李成梁发兵围剿，努尔哈赤的祖父觉昌安、父亲塔克苏因与阿台有姻亲关系，故被命随明军同往做向导。在战乱中，觉昌安和塔克苏被明军误杀。但也有人认为这是另一个女真族的向导、苏克苏浒河部首领尼堪外兰挑唆李成梁杀了觉昌安和塔克苏，目的在于铲除日后潜在的敌人。就是这么一个重大的事件，把当时已经 25 岁的努尔哈赤推上了波澜壮阔的政治舞台。

努尔哈赤的青少年时代颇富传奇色彩，或说他曾在李成梁的身边做过书童，或说他曾隶属李成梁麾下历经战阵，或说他随李成梁曾出入京师而颇知汉人及明朝内情等等，这些传说有的见诸野史笔记，有的作为传说一直在辽宁地区口头流传。现在我们根据较为可信的资料来看，努尔哈赤从小聪明伶俐，体格健壮，练就一手不错的骑射武艺。他从小丧母，遭到继母的虐待，19 岁那年就分家另过。由于他所分得的财产很少，因此较早就走上了艰辛的独立生活之路。他曾到长白山采过人参，也常往来于抚顺的马市与汉人进行贸易。他通晓蒙古、汉等多种语言文字，闲时喜欢读《三国演义》《水浒传》等中国古典文学名著。广泛地接触社会生活，丰富了努尔哈赤的知识和阅历，而与异族的频繁往来，也使努尔哈赤的胸襟及智慧日益开阔。这一切，为他日后的崛起奠定了基础。

在祖父、父亲冤死于兵火之后，努尔哈赤与其弟速尔哈赤赶回本部落，接受了明朝的任命和赏赐。3个月之后，他以父亲遗留下来的13副铠甲起兵，攻伐帮助明军杀害祖父、其父的尼堪外兰。尼堪外兰弃图伦城而逃，努尔哈赤首战告捷，从此揭开了他统一建州女真各部的帷幕。

努尔哈赤从进攻尼堪外兰开始，很快就转向攻打女真族中不服从自己的部落。他采取的策略是，对弱者直接吃掉；对强者通过联姻等方法加以分化，然后再伺机蚕食之。如对当时号称“建州雄部”的栋鄂部，努尔哈赤就先把长女嫁给其部首领何和哩，旋乘其部与哲陈部发生战争之机并吞了栋鄂部。就这样，在短短的几年里，努尔哈赤先后征服了周围的苏克苏浒河部、栋鄂部、浑河部、哲陈部、完颜部等所谓“建州五部”，当然也杀了尼堪外兰这个杀其祖父、父亲的仇人。不久，他又兼并了鸭绿江部。

努尔哈赤的势力不断扩张，引起了周围女真各部的恐慌，明万历二十一年（1593年），海西女真扈伦四部（叶赫、哈达、乌拉、辉发）纠集了长白山珠舍里、讷殷二部，蒙古科尔沁、锡伯、卦勒察三部，共九部的3万人马，分三路向建州进攻。努尔哈赤的部下听说“九部联军”兵马众多，十分惊恐。但努尔哈赤却非常冷静，他分析了形势，认为敌军虽多，但貌合神离，是一群杂乱的乌合之众，只要采取“擒贼先擒王”的战术，先干掉几个头目，敌军就会马上瓦解。经过充分的备战，努尔哈赤与“九部联军”在古勒山险要之地展开决战。努尔哈赤集中攻击为首的叶赫部，射杀其首领布寨，又擒获了乌拉部首领的弟弟布占泰。果然不出努尔哈赤所料，九部兵马顷刻崩溃，望风而逃。这一仗，努尔哈赤斩杀敌军 4000 人，获战马 3000 匹，盔甲 1000 副；更大的收获是乘机又吞并了长白山珠舍里、讷殷二部。古勒山大战是努尔哈赤起兵以来最大的一次战役，也是带有关键意义的一战，它从军事上改变了建州女真与海西女真的力量对比，从政治上拆散了海西四部的联盟，为日后各个击破打下了基础。从此，努尔哈赤声名大震，其控制地区从抚顺以东一直到长白山、鸭绿江南岸。

接着，努尔哈赤开始了吞并海西女真和野人女真的进程。尽管努尔哈赤马不停蹄地进行着兼并战争，但同时也十分注意加强女真族内部的政治、经济和文化建设。在起兵后的第四年（1587 年），当基本统一周围的女真各部后，努尔哈赤就在苏子河畔建造了费阿拉城，在城内建宫室、定国政、立法制，初步建立起一个政治中心，这里成了他处理和决定军国大政的第一个重地。到 1603 年，努尔哈赤的势力已经很强大，他又在距费阿拉城不到十里处建造了更庞大的赫图阿拉城，进一步完善其政权组织，这里就成为努尔哈赤第二个政治重地。1601 年，努尔哈赤把女真人行师出猎时实行的“领催制”改为“牛录制”，这是一种军政经合一的组织制度，也就是后来女真族“八旗制度”的前身。努尔哈赤还下令女真人民开采金银矿、冶铁，据说费阿拉城北门专门居住制盔甲的铁匠，南门专门居住制弓矢的弓人。他还鼓励民间养蚕，大力发展手工业生产。另外一件有重大意义的事，就是努尔哈赤在1599年命额尔德尼、噶盖等人，用蒙古文的字母创制了满文，从此女真族有了自己的文字。经过长期不懈的努力，努尔哈赤统一女真的事业节节胜利。到1616年称帝时，努尔哈赤的统治区域已东到图们江，东北达松花江乃至乌苏里江，北至开原并绕过辽沈到达内蒙古的东部，南以鸭绿江与朝鲜为邻。

在努尔哈赤统一女真的过程中，他之所以能够比较顺利和成功，有一个十分关键的因素不能不提，那就是他非常巧妙地维持了与明政府的关系，从而使明朝未干涉阻碍他扩大势力。这是努尔哈赤精心设计的一个策略，这个策略可以认为至少与他的那些兼并战争同样的重要，因为它不仅关系到女真族的统一事业，甚至还关系到当时建州女真能否继续存在这一性命攸关的问题。在这一点上，努尔哈赤做得十分出色。他一方面不断扩张本部落的势力；另一方面却对明政府始终虚与委蛇，假装顺从。首先，他充分利用了明政府希望女真各部落之间不断争斗的心态，所以总是想方设法把对其他部落的吞并说成是为明朝“看边效力”，打击“不服”明朝统治的部落。其次，他在三十余年间始终与明政府保持良好的关系，经常向明朝进贡。努尔哈赤本人从万历十八年（1590年）到万历四十三年（1615年）之间，亲自赴京奉贡就达8次之多，其他人员的入京奉贡就更多了。所以，明朝政府对努尔哈赤的所作所为非但没有加以镇压，反而认为他“保塞有功”，加封建州卫都督佥事，以后又授予正二品龙虎将军。这一点，也从一个侧面反映出明朝自其中叶以后，中央统治集团的日益腐朽和边塞将官的庸劣贪婪。

明万历四十四年（1616年），羽翼已经丰满的努尔哈赤在赫图阿拉自封为"奉天覆育列国英明汗"，正式建立起政权，定国号为"金"（为了区别于公元11世纪由完颜阿骨打建立的金国，人们一般称它为"后金"），定年号为"天命"。从此便脱离了与明朝的隶属关系，不再接受明朝的统治。

三、向明朝宣战

后金的建立，是努尔哈赤政治生涯中的一个重大转折。在此之前，努尔哈赤所从事的主要是统一女真各部的事业；从此之后，努尔哈赤开始与明朝争夺天下了。

后金建立后的1618年的正月，一个酝酿已久、关系后金前途命运的重大决策由努尔哈赤宣布了："诸贝勒（女真族贵族的称号）大臣们，你们现在不要安闲下去了，我已决定从今年起，我们要向大明国开战了！"经过精心的准备之后，在4月13日上午，努尔哈赤率兵2万出征明朝。临行前，举行了隆重的祭天仪式。在"告天书"中，努尔哈赤列出了对明朝的"七大恨"，以此作为对明朝发动战争的理由。所谓的"七大恨"，除了第一恨指斥明朝杀了其祖父、父亲之外，其余六恨实在是一些鸡毛蒜皮的小事，有的甚至是强词夺理。努尔哈赤之所以要这么做，理由很简单，无非就是想为自己公开发动战争、进攻明朝寻找一些借口罢了，这可能也是他从《三国演义》中学来的谋略。

"七大恨"誓师后，后金军队势如破竹，先后攻下了明朝的抚顺、东州、马根单3城，攻破小的堡、台、庄达五百余处，在攻占处大肆烧杀掳掠了一番，然后退出。这以后，后金军队就频频出击，还先后攻下了鸦鹘关、清河城等地。

后金的崛起，成为与明朝中央政府公开对抗的地方势力，这使大明朝举朝惊骇，意识到他们对努尔哈赤的姑息，终于酿成对自己边疆统治的严重威胁。查看明朝的史料《明神宗实录》，从1618年4月至1619年2月10个月里，有关努尔哈赤侵扰的地方报警和朝廷商议对策的记录，就达百次之多，平均每3天一次，可见明政府对此事的震动。于是，明神宗急命杨镐经略辽东，同时从全国调兵遣将，筹集粮饷，包括从朝鲜征调军队，仓促拼凑了8万多人，对外号称47万人。万历四十七年（1619年）初，杨镐兵分四路直趋建州，企图一举消灭后金政权。面对明朝大军压境，努尔哈赤毫无惧色，沉着应战，显示出了他那非凡的军事才能。努尔哈赤制定了自己的战略，“凭你几路来，我只一路去”，集中优势兵力，速战速决，各个击破。明军的中路军将领杜松欲得头功，轻敌冒进，在萨尔浒一带遭到后金大军包围。双方鏖战五天，杜松所率明军全军覆灭，其余三路无心恋战，其中二路被后金军击溃，一路退还。由于这次战争在萨尔浒这个地方打得最为激烈，历史上就称这次战争为“萨尔浒之战”。此战明军损失了半数以上的人马，而后金仅损失两千多人。萨尔浒之战，明军之所以大败而后金军之所以全胜，除了努尔哈赤的判断准确、指挥得当和后金军以逸待劳、上下团结、士气高昂、作战勇敢这些因素之外，也与明王朝政治腐败，军事废弛分不开。具体来说，明军的直接败因至少有三方面：

第一，不察敌情，仓促发兵。明朝廷内外对后金的情况所知寥寥，当决定大张挞伐之后，对后金兵力究竟有多少、后金的军事部署究竟如何等必须了解的情况，十分茫然。反之，努尔哈赤对明军的兵力和部署却非常清楚，所以他们就能够集中优势兵力，各个击破。

第二，临时征调，兵饷不足。明政府从各地调集军队，各地多发一些老弱病残的士兵以应付差事；而派往辽东的将领又多怯敌、畏敌之辈。明神宗朱翊钧（即万历皇帝）虽然叫喊着要"大张挞伐"，但他又是个历史上有名的贪婪昏君，如此之大的军事行动，他从国库里只拿出军队所需经费的 1/10，所以兵饷严重不足，对本已士气不高的明军有很大影响。

第三，将帅无能，不听指挥。指挥这次战争的明军主将杨镐是个常败将军，"老且懦"加刚愎自用，对手下的将领又有偏袒，致使将领间关系不睦，这样的主将怎能打胜仗？再如杜松这样的将领，盲目自大，想抢头功，狂妄地说："我要活捉努尔哈赤，不能让别人分功。"他不按约定的时间出发，提前行动，孤军深入，被后金军围歼，导致明军全线崩溃。

萨尔浒之战是明朝唯一一次对女真贵族势力的主动出击，它的惨败使双方力量的对比发生了重大的变化，明朝由主动转为被动，从此就一直处于防守和挨打境地。努尔哈赤的后金政权，则通过这次战争夺得了辽东战场的主动权，不久便占领辽沈地区的大片土地，后金的军事、经济实力随着其势力的扩张而迅速发展，尤其是在军事实力上已经优于明朝，后金政治机构也日趋完善。这一切使得努尔哈赤的胃口愈来愈大，吞并中原的野心也愈来愈明显。1621 年，努尔哈赤迁都辽阳。1625

年，努尔哈赤又力排众议，迁都沈阳。从此，沈阳就成为后金的政治、经济、文化中心。后金利用沈阳这个军事上和经济上的战略要地，作为其攻击蒙古、朝鲜和中原广大地区的基地。

萨尔浒之战后，为了应付辽东的局面，明朝政府起用熊廷弼取代杨镐为辽东经略。熊廷弼是一个颇有才能的将领，他深知明军腐朽，没有战斗力，而辽东防线也已被破坏，因此唯有采取守势，伺机而动，或可挽回局势。熊廷弼招抚流亡，修固城池，以守为攻，与努尔哈赤相持了一年有余，收到了预期的效果。辽东形势虽无好转，但也没有进一步的恶化。但是，此时的明朝，已经腐败黑暗至极，拉山头搞宗派的朋党之争愈演愈烈。再加上阉党魏忠贤把持朝政，而熊廷弼平素为人耿直，得罪了不少在朝官员，又因为与当时担任辽东巡抚、好说大话的王化贞战略方针不合，明朝又失辽西重镇广宁。于是熊廷弼以“怯战”罪被罢免，旋又被魏忠贤的阉党诬为贪污军饷而入狱，随后被杀害了。

熊廷弼去职后，明朝在辽东的防线几乎崩溃了，除了山海关外极小地区之外，辽东大小 72 城全部被努尔哈赤的后金所占有，明朝在东北的局势已经岌岌可危。这时，明朝将领中又出现一个难得的人才，那就是袁崇焕。袁崇焕的职务并不高，但心雄胆壮，富有谋略。他对后金的战略与熊廷弼一样，强调固守，伺机而动，这实际上也是在当时形势下明朝所能采取的唯一正确的战略。在山海关外，袁崇焕建立了一道以宁远、锦州为重点，与山海关联结成一体的坚固的防线。就是这条“宁锦防线”，成为后金铁骑在相当长的一段时间里不可逾越的障碍。

1626年（明天启六年、后金天命十一年），努尔哈赤亲率八旗精兵，直逼宁远城下，一方面号称20万（实际是13万）精兵，形成强大的军事压力；另一方面，又以高官厚禄诱降袁崇焕，但得到的答复却是隆隆的炮声。努尔哈赤下令强攻，连攻3天，损失惨重，宁远城岿然不动。努尔哈赤本人也在此战中被炮火所伤，只得撤兵，不久便因伤重不治而亡。另一种说法则是努尔哈赤在攻城战中并未受伤，但因“宁远之战”是其自25岁兴兵以来第一次惨败，对其自尊心打击极大，在重大的精神打击和年事已高的双重作用下，生背疽而亡。不管怎么说，努尔哈赤的直接死因与“宁远之战”有很大关系。“宁远之战”是明军自“萨尔浒之战”以来的第一次大胜仗，其之所以能取得胜利，原因也是多方面的，概括地说有三点：

第一，明军战略得当，以守为攻。八旗精兵善于野战，以骑术和箭术见长，但攻城却不是其强项。中国古代之所以要修筑包括长城在内的各种防御工事，其主要目的就在于阻止骑兵的前进。城墙可以说是农耕民族为防范游牧民族入侵而发明的一种军事设施，它在以冷兵器为主的古代和中世纪始终是非常有效的御敌手段，“宁远之战”的胜利就是最明显的一个例证。

第二，明军拥有当时最先进的武器。明军不仅坚守固城，而且还拥有由传教士传入的西洋火炮，即“佛朗机”和“红夷大炮”，这是当时世界上最先进的武器，其杀伤力之大令时人叹为观止。袁崇焕以交叉炮火有效地封锁了城墙前沿阵地，虽然八旗兵非常勇敢，猛攻城池，但在强大的炮火下，只能留下累累尸体而根本无法前进。

第三，也是最重要的一点，那就是人的因素。在宁远保卫战中，守将袁崇焕不仅指挥有方，动员起全城的军民奋起抗击后金的侵略，他更是身先士卒，受伤也坚持不下火线，以自己的人格力量激励了军民与宁远城共存亡的战斗意志。坚城和大炮归根到底还是外在的因素，真正决定战争胜负的还在于人。以往的明军也拥有坚城和大炮，但却屡战屡败，不堪一击，这充分说明人的因素是最重要的。

四、清朝的建立

1626年9月，35岁的皇太极，继努尔哈赤之后成为后金的最高统治者。次年，改年号为“天聪”。从此，后金的历史进入了一个新的历史时期。

皇太极，为努尔哈赤的第八子，他是努尔哈赤最宠爱的儿子之一，也是努尔哈赤处理军国大事的得力助手。长期以来，皇太极一直以四大贝勒之一——和硕贝勒的身份，参与后金的议政或率军出征。努尔哈赤死后，经过与女真贵族之间的一番权力斗争，皇太极终于登上了后金汗位。他被后世尊为“清太宗”。

努尔哈赤一生戎马倥偬，百战创业，统一了女真各部，并为清朝的崛起奠定了基础。但是，努尔哈赤留给皇太极的那份遗产，并不是一席可以坐享其成的盛筵或一条荡荡的坦途，其中充满矛盾和荆棘。这对皇太极来说无疑是一个十分严峻的挑战。虽然在勇武方面，皇太极或许略逊色于努尔哈赤，但就政治上的干练程度而言，皇太极与其父相比，可谓青出于蓝而胜于蓝、有过之而无不及。所以，在为清朝开国立业方面，皇太极做出了十分巨大的贡献。

皇太极即位以后，在基本遵循努尔哈赤既定大政方针的前提下，又做出许多必要的修改和完善。其中比较明显的两点是，抛弃野蛮的杀戮汉人政策和争取汉族知识分子及明朝降将的支持。

努尔哈赤在夺取了明朝辽东的广大地区后，就遇到了如何对待和处置这一地区大量汉族居民的现实问题。对此，努尔哈赤的基本政策不外乎这样两条：一是大规模地屠杀；二是把大批汉人分给八旗贵族和将士当奴隶。这种野蛮政策的恶果，一方面是对社会生产力的极大破坏；另一方面也势必引起广大汉族人民的强烈反抗，从而造成社会的动荡不安。皇太极即位后不久，马上就提出了“治国之要，莫先安民”的方针。他针对当时辽东社会非常尖锐的满汉民族矛盾，颇有策略地强调：“满汉之人，均属一体，毋致异同”，并且制定了一系列相关措施：如对以往汉民逃亡的情况，既往不咎；把大量汉人编为“民户”，使之成为后金的农民而不再是奴隶；重新修订《离主条例》，限制女真贵族滥杀汉人奴隶；对新占领地区的汉人实行“归降我即我民人”的政策等等。皇太极的这些做法，当然不是他对汉族人民特别仁慈，也不是说皇太极之后就不再屠杀汉人了，只是他意识到了“攻心为上”的重要性，野蛮的屠杀和奴役只会造成后金统治的动荡。不管怎么说，这些政策客观上是有积极意义的，对后金社会的政治稳定、经济发展起到了一定的作用。

努尔哈赤统治时期，虽然也选取了一些汉人知识分子加入其政权，如颇为有名的范文程；也接受了明朝的一些降官、降将，但不仅数量有限而且始终对其不太信任。汉官在女真贵族面前，只是比一般汉人高一级的奴隶而已。尤其是努尔哈赤晚年，对汉官的怀疑就更深了，认为种种罪恶皆在汉官身上，下令对汉官实行监视，造成汉官与后金政权同床异梦的局面。皇太极是一个比较善于吸取历史经验的人，他特别重视中国历史上宋、辽、金、元四朝兴亡盛衰的历史。通过了解历史，他意识到，作为女真这样一个经济文化相对落后、人口数量有限的民族，要想成就入主中原的大业，没有汉族知识分子和上层官僚集团的支持，光凭武力征服是绝不可能的。如果没有汉族知识分子和上层官僚集团的支持，女真族连统治东北地区也难以做到。从现实需要和长远考虑出发，皇太极即位以后改变了努尔哈赤的做法，他不仅大量录用明朝降官、降将，而且还通过考试方式吸收汉人知识分子加入政权，致力于对明朝将官的招降工作。通过他的努力，在后金政权中逐渐形成了一个汉族官僚集团。这个集团对后金的政权建设、制度创建和完善国家机器的运转，包括之后清朝的建立及入关统治全国，都发挥了极为重要的作用。当然，皇太极在注意利用汉族知识分子及上层官僚的同时，又对满汉官员之间进行明显的区分，他的策略就是让汉族官员为其所用而不给予实权。这一策略后来成为整个清朝的既定方针。

至于其他方面，皇太极则继续推进努尔哈赤未完成的事业。他完成了对黑龙江流域和吉林东部女真各部的统一；为了巩固后金的两翼，他出兵蒙古，征服了称雄一时的察哈尔林丹汗，统一了蒙古；又两次出兵征讨与明朝结盟的朝鲜，强迫朝鲜脱离明朝而与后金结成“兄弟之国”。对明朝他则继续用兵。他继努尔哈赤后又攻宁远城结果惨遭失败，使他意识到袁崇焕是后金的劲敌，遂采取“离间之计”。他命人在两个被俘虏的太监面前透露“机密”，说袁崇焕与皇太极之间已有攻取北京的密约，然后又故意放走两人，让他们把“机密”转告崇祯皇帝。这种十分拙劣的把戏，明朝的皇帝和大臣居然深信不疑。于是，袁崇焕就蒙受了明末最大的不白之冤，被自以为是的崇祯皇帝杀害了。从这一自毁长城的事件不难看出，明王朝昏君奸臣乱政，国事日非，已经到了非亡不可的境地。此事在清兵入关后便真相大白，成为清人自我炫耀智谋，嘲笑明朝君臣愚蠢的话题。

1636 年，皇太极即位 10 年之后，他做出了一个重大决定，那就是称帝、改国号、改族名。这年 4 月，在都城盛京（沈阳在 1634 年改名盛京），皇太极祭天告地，举行受尊号大典，即皇帝位，称“宽温仁圣皇帝”，改国号为“大清”，改女真为“满洲”，改年号为“崇德”（天聪十年改为崇德元年）。清朝的正式建立，标志着这个经过努尔哈赤到皇太极两代人创建的政权进入了一个崭新的历史时期。

五、清军入关

皇太极称帝之后，明朝虽已内外交困，奄奄待毙，但他还是比较谨慎，认为明军在山海关一带的防御力量仍不能忽视。于是，他采取的战略是：一面对明朝进行骚扰，甚至多次绕过山海关，从长城的喜峰口、得胜堡、墙子岭、青山口、独石口、上方堡等处入关攻打明朝的京畿地区，一度对北京构成很大威胁；一面又向明朝提出议和，只要明朝公开承认其政权拥有与明朝平等的地位，他就愿意结束战争。

议和实际是皇太极的一种拖延战术，他希望等到双方的力量对比发生变化的时候再全力出击。当然，这其中也包括其他的因素在内，如明军在山海关防线的实力确实不弱，清兵只能采取一些突然袭击的方式骚扰对手，要想正面攻打山海关，进而占领中原广大地区，则力有不逮。所以，精明的皇太极不敢贸然行动，想先与明朝议和，以便把自己的主要精力放在对清朝政权的建设和对长城以北广大地区的控制上面。

可是，以崇祯皇帝为代表的明王朝，虽然眼见本朝已经残破不堪，但在心理上却无法接受议和这一选择。因为，站在明朝的立场上，努尔哈赤和皇太极是明朝的叛徒，要公开承认其合法地位不符合中国传统文化的精神。明政府曾提出清政府去掉皇帝的尊号改称国王，作为明朝的一个附属藩国，就像当时的朝鲜一样，但这是皇太极所不能接受的。所以，议和一事最终没能实现。

实际上，依当时的形势来分析，议和或许是明朝能够延续其统治的唯一的机会。因为当时明朝国内的农民起义正如火如荼，李自成、张献忠等起义军猛烈地冲击着明王朝的统治，而明政府为镇压农民起义已经付出了高昂的代价，这已经使它筋疲力尽；再加上这些年来在辽东的用兵，消耗了不知多少人力、物力和财力。明政府为应付内忧外患，不得不增加税收，加派所谓的“练饷”“辽饷”“剿饷”等大量苛捐杂税，这种政治上的恶性循环，其结果必然是把更多的人民逼上绝路，人民只能铤而走险，加入农民起义的洪流中去，为自己的生存而斗争。在这样的情况下，明智的选择首先应该是避免腹背受敌的两线作战，暂停一线而专意一线。如果与清朝议和，结局很可能就像当年北宋与辽国的“澶渊之盟”、南宋与金国的和议一样，这样就可以大大减轻明政府的负担，至少能延缓明朝的覆亡。

议和不成，明清双方在辽东继续相持。1640 年（明崇祯十三年、清崇德五年），皇太极为了打破明军的“宁锦防线”，出兵包围锦州城。1641 年，明军以洪承畴为帅，率兵 13 万来解锦州之围，皇太极倾国中之兵赶来会战，双方在松山附近展开决战，明军覆灭。1642 年初，松山被攻破，洪承畴投降清朝。不久锦州城粮尽无援，亦被清兵攻陷。这是明朝与清自萨尔浒之战后的第二次大决战，“松锦大战”之后，明王朝的气数已尽，灭亡只是一个时间问题了。

明崇祯十七年（1644 年）三月十八日，李自成率领的农民起义军“大顺军”攻入明朝首都北京，崇祯皇帝朱由检在煤山自缢，相传 16 代、统治中国达 276 年之久的明王朝至此宣告灭亡。李自成的义军进京后，立刻就暴露出农民小生产者所固有的弱点，他们不能冷静地分析所面临的一系列重大问题。如他们仅仅控制华北的一部分地区，怎样展开下一步攻伐和收编明政府的残部；怎样提出一系列安定社会的建设性纲领；如何对付令明政府头痛了几十年的关外满洲贵族的军事威胁等等，而是沉浸于占领北京的狂欢之中，以所谓“追赃”为由搜刮明朝官僚的钱财，整个大顺军上下军纪松懈，追求享乐。

这时，镇守山海关的前明朝总兵吴三桂，手中还握有 5 万左右的精锐部队。李自成派人招降，还送去了 4 万两银子犒劳其军队。吴三桂原本准备归附大顺朝，但后来听说农民军拘禁了他的父亲吴襄，农民军将领刘宗敏还抢走了他的爱妾陈圆圆，便勃然大怒，决定与大顺军决裂。不久，著名诗人吴伟业写了一首诗名为《圆圆曲》，其中有“痛哭六军皆缟素，冲冠一怒为红颜”两句，说的就是这件事。吴三桂精通军事，知道不能两面作战，于是转而向其昔日的敌人满洲贵族投降，请求清兵入关与他一起联合攻打李自成。

再说清朝的皇太极，在 1643 年 8 月突然病亡。满洲贵族内部经过一番争斗，皇太极的第三子、年仅 6 岁的福临即位，年号定为“顺治”，由皇太极的弟弟、努尔哈赤的第十四子多尔衮辅政。1644 年 4 月吴三桂乞降，多尔衮认为这是夺取中原的千载难逢的好机会，马上答应了吴三桂的请求。

李自成得知吴三桂降清的消息后，亲自率领大顺军向山海关进发。大顺军与吴三桂的军队在山海关旁的一片石地区展开了激战。双方正打得难分难解之时，由多尔衮亲自率领的 14 万清朝精锐部队出现了，在两面夹击下，大顺军迅速崩溃。多尔衮即命吴三桂为先锋，追击李自成的大顺军。之后，李自成率残部退出北京，往陕西方向转移。

李自成与吴三桂山海关决战的最大赢家是大清的君臣。他们的先辈们跃马弯弓，驰骋东北，却从未涉足过关内，现在居然不损一兵一卒就打开了这个险关的大门，怎不令他们狂喜。努尔哈赤、皇太极梦寐以求欲取明朝而代之的夙愿，在他们手里终于变成了现实。

1644 年 5 月初，多尔衮率满洲铁骑进入北京。同年 10 月，顺治帝由盛京迁都北京，重新进行祭天告地的登基典礼，第二次即皇帝位。从此，一个统治全国的清王朝真正开始了它的历史进程，它也是中国历史上最后一个封建王朝。

驱逐外寇
郑成功收复台湾

还我河山！

——岳飞

宝岛台湾自古以来就是中国的领土。早在三国时期，东吴的万人船队就到达过台湾，此后台湾与大陆始终保持联系。17世纪初，荷兰殖民者侵占了台湾，并不断骚扰我国的东南沿海地区。一直到清朝的康熙元年（1662年），在民族英雄郑成功的率领下，中国人民才收复了台湾。郑成功收复台湾，是中华民族反抗外国侵略的一次重大胜利，这一事件昭示了这样一个道理，对敢于强占中国领土的侵略者，我们只有坚决抵抗，才能把侵略者彻底赶出去。

一、荷兰殖民者的东来

稍微熟悉一点世界历史的人都知道，从 15 世纪后期至 16 世纪前期，在南欧地中海沿岸国家首先出现了资本主义浪潮，然后又迅速席卷整个欧洲大陆。资本原始积累的需要又引起了西方殖民者对东方财富的向往。于是，伴随着欧洲资本原始积累，出现了远洋航行的大发展：1492 年，哥伦布发现了美洲“新大陆”；1497 年，达伽马完成了绕过好望角到达印度的航行；1520 年，麦哲伦环球航行宣告成功。随着东西方直通航道的开辟，葡萄牙、西班牙、荷兰、英国等老牌殖民者纷纷向东方挺进，从印度经南洋群岛、菲律宾，到中国、日本、朝鲜等地，都成为其掠夺和侵略目标。1553 年，葡萄牙人借口晾晒货物而在澳门登陆，这成为西方殖民者进入中国的开始。

到 17 世纪初，荷兰人取代了葡萄牙人成为当时世界上最强大的殖民者。1624 年，以荷兰东印度公司为代表的荷兰殖民者侵占了台湾岛。他们以台湾城和赤崁城为中心，建立了他们的殖民统治。当时台湾大约有 10 万高山族人和数万汉族人，荷兰殖民者对他们实行了残酷的剥削和奴役。荷兰殖民者没收了汉族人耕种的土地，把这些土地称为“王田”，汉族农民要领种土地，必须向荷兰殖民者交纳高额地租。从 1651 年起，荷兰殖民者又规定，年满 7 岁以上的汉人，不分性别，必须交纳人头税。荷兰殖民者对高山族人民也实行了残酷的剥削，他们向高山族征收各种各样的狩猎税，还要征收与汉人贸易的“社饷”等。另外，荷兰殖民者还大量地掠夺台湾岛上的丰富物产，如蔗糖、鹿皮等等，殖民者以极其低廉的价格收购这些物产，然后转手以高价卖到日本等地，牟取 8 到 10 倍以上的暴利。此外，荷兰殖民者还在台湾实行奴化教育。

荷兰殖民者的残酷压迫和掠夺，激起了台湾高山族和汉族人民的不断反抗。从 1624 年起，到郑成功收复台湾之前的近 40 年里，台湾人民举行了多次暴动和起义，其中最大的一次，就是 1652 年 9 月以郭怀一为首的汉族人民大起义。起义者一度占领了赤崁城，荷兰殖民者闻讯后立即派殖民军赶来镇压，郭怀一英勇战死，但台湾人民仍然继续坚持战斗，一直坚持了十几天，终因力量悬殊而失败。荷兰殖民者对参加起义的台湾人民进行了极其野蛮的报复，他们用各种惨绝人寰的手段对付起义的群众，用火烙等刑罚将被捕的起义领袖处死，还将其头颅高悬城头以威胁居民。在这次血腥的镇压中，荷兰殖民者共屠杀了 8000 多名中国的起义者，甚至连一些无辜的妇女和儿童也惨遭杀戮。这一事实，充分暴露了西方殖民主义者的残忍和野蛮。

二、郑成功其人

郑成功，本名森，字明俨，号大木，福建南安人。他父亲郑芝龙曾经从事海外贸易又兼做海盗，拥有一支武装力量，经常出没于台湾和福建沿海地区。1624 年，当荷兰殖民者占领台湾时，郑成功在日本的长崎出生。7 岁那年，郑成功回到了老家福建南安，当时他父亲已经接受明朝政府的招安，当上了游击将军，负责台湾海峡一带的海防。郑芝龙率领的明朝水师，曾与到福建沿海骚扰的荷兰殖民军舰队进行过多次较量，屡屡击败荷兰侵略者，因此很快升任福建总兵。

郑成功少年时代喜欢到水师兵船上去玩耍，爱听将士们讲述他们在台湾的生活经历，以及如何打“红毛鬼子”（当时人们对荷兰殖民者的贬称）的故事，因此从小就萌生了爱祖国、爱台湾，恨“红毛”的思想。15岁，郑成功考取了秀才，后来又到南京的国子监读书。他“有志读书，聪敏不群”，尤爱读儒家经典中的《左传》。《左传》中所宣扬的“尊王攘夷”思想，成为他后来抗击外侮的理论根据。

清兵入关以后，郑成功与其父参与了南明政权的抗清斗争。当南京被清兵占领后，郑成功父子拥立唐王朱聿键在福州称帝，建立了隆武政权。隆武帝对郑成功十分器重，赐姓朱，改名成功，封为御营中军都督。由于郑成功被赐皇姓，后来福建、台湾一带的百姓都尊称他为“国姓爷”。

1646年，隆武政权被清军所灭，郑芝龙也投降了清朝。但年仅22岁的郑成功拒绝清朝的招安，毅然与父亲决裂，遥尊在广西的南明永历帝（桂王），被封为延平郡王。他组织水师继续抗清斗争，成为当时东南沿海地区的主要抗清领袖。1659年，郑成功北伐南京，为清军击败，后退至福建厦门、金门一带，继续与强大的清军作战。后来，清朝政府为了打击郑成功的力量，在东南沿海地区实行了“迁海令”，强迫广东、福建、浙江、江苏等省沿海居民内迁40里，百姓不准越界，片板不许下海，违者处死。这给郑成功的招兵、筹饷带来了极大困难。

另一方面，自荷兰殖民者占领台湾后，郑成功就一直有收复台湾的想法。1652年在台湾发动起义的郭怀一，是郑芝龙的旧部。起义被镇压后，郑成功就已经下定决心要尽快收复台湾。1660 年，曾任荷兰翻译的何廷斌逃到厦门，向郑成功报告了台湾荷兰殖民者的军事部署情况，以及台湾人民在荷兰殖民者压迫下的痛苦生活，建议他出兵台湾，收复失地，解救苦难中的台湾人民，并以台湾作为其抗清的基地。这时，恰逢清军对厦门、金门的围攻被粉碎，一时无力组织进一步的攻势。于是，郑成功决定乘机出兵收复台湾。

三、郑成功收复台湾

在经过了一番准备之后，郑成功留其子郑经守卫金门、厦门，于 1661 年 4 月 21 日，亲率 2.5 万军队，从金门料罗湾出发。第二天，军队到达澎湖，因被大风所阻，在澎湖停留了七天。29 日，郑成功的军队趁着涨潮，在台湾的鹿耳门登陆。

郑成功在台湾登陆后，马上与荷兰殖民军在陆地和海上展开了战斗。首先在陆上歼灭了拔鬼仔上尉率领的一百八十多名荷兰殖民军，又在海上击沉荷兰战舰“海克托克”号。郑成功的军队作战极为勇敢，连荷兰殖民首领揆一也不得不承认，说他们“不顾死活地冲入敌阵，十分凶猛大胆，仿佛每个人家里还另外存放着一个身体似的。尽管许多人被打死，他们还是不停地前进，从不犹豫”。

接着，郑成功的军队又切断了台湾城与赤嵌城这两个最大的军事据点之间的联系。荷兰侵略者不敢迎战，只能龟缩在城内。郑成功派兵将这两座城团团包围起来。5 月 4 日，赤嵌城的荷兰守将描难实叮以“孤城援绝，城中乏水”为由，向郑成功投降。赤嵌城收复后，郑成功开始招降台湾城。

困守台湾城的揆一还想负隅顽抗，他一方面希望荷兰殖民者在东方的大本营爪哇巴达维亚的援军尽快到来；另一方面利用郑成功劝降的机会，派代表与郑成功谈判，以拖延时间。揆一提出以每年送郑成功若干饷税及价值相当的土产为条件，要求郑成功退出台湾，还说只要同意退兵，就另外再送劳师银10万两。郑成功断然拒绝了这个要求。揆一又提出要保留台湾城，允许荷兰人自由出入，也遭到了郑成功的拒绝。由于台湾城十分坚固，荷兰殖民军又有强大的炮火，所以郑成功采取了长期围困的办法，切断台湾城对外的交通。经过8个月的围困，台湾城内的荷兰殖民军死伤过半，士气低落。1662年1月25日，郑成功又发起进攻，夺取了台湾城的外堡，完全截断了台湾城与外界的联络。荷兰殖民者势穷力蹙，被迫举起白旗投降。2月1日，揆一在投降书上签字，向郑成功交出台湾城及大炮、粮食和其他军用物资。几天后率领残兵败将，狼狈地退出台湾岛。郑成功胜利收复台湾岛，使台湾重新回到了祖国的怀抱。

郑成功驱逐荷兰殖民者，收复台湾，拔除了一个靠近大陆，威胁闽、粤人民生产和生活的殖民侵略据点，这是对荷兰殖民者的一次沉重打击。同时，也使荷兰殖民者失去了一个向日本扩张势力的基地。荷兰殖民者供认，从此以后，荷兰东印度公司以台湾为基地对日本的贸易也就难以维系了。因此，郑成功收复台湾，不仅阻滞了西方殖民者对中国的侵略，而且对保护某些邻国抵御西方殖民者的侵犯，也起到了一定的作用。荷兰殖民者的海上势力从17世纪60年代以后开始削弱，与它在台湾受到的打击有一定的联系。此后，英国殖民主义势力开始抬头，逐渐取代了荷兰的地位。

郑成功于1661年4月在台湾登陆，到第二年6月23日病故，在台湾生活的时间不到14个月。在这短暂的时间内，虽然大部分时间处在战争状态，但郑成功还是制定了很多有利于台湾经济社会发展的措施。

首先，郑成功在台湾建立了政权，设置了行政机构。他制法律、定官秩、兴学校，改台湾城为平安镇，设承天府和天兴、万年两县。这对促进台湾地区生产力的发展，保护汉族和高山族人民的利益，起到了积极的作用。

其次，郑成功在台湾大力发展农业。到台湾后不久，因为军队的粮食问题，郑成功积极推行屯田。他还把荷兰殖民者霸占的“王田”改为“官田”，由政府征收赋税。郑成功派人帮助高山族人民提高生产技术，教他们用牛耕地和使用犁耙等农具。

最后，郑成功在台湾大力发展海外贸易，他把台湾出产的鹿皮、蔗糖等贩运到日本、新加坡、越南、印度尼西亚等国，换回需要的各种用品，既解决了台湾的军政开支，也促进了台湾地区的经济繁荣。

郑成功驱逐荷兰殖民者，收复宝岛台湾，是一位永远值得中国人民纪念的民族英雄，他的爱国主义精神将流传千古！

雄才大略
有为的康熙帝

所谓历史上的英雄就是那样一个人：在决定某一问题与事件上，起着压倒一切的影响；而我们有充分理由把这样的影响归因于他，因为如果没有他的行动，或者，他的行动不像实际那样的话，则这一问题或事件的种种后果将会完全两样。

——胡克《历史中的英雄》

著名的香港武侠小说家金庸，曾写过一部名叫《鹿鼎记》的武侠小说，这部书是以清朝康熙皇帝统治时期为时代背景的，康熙帝本人也成为小说中一个十分重要的人物。应该承认，金庸的这部小说写得非常生动，有很强的可读性。但是，小说毕竟只是小说，它不能代替历史，《鹿鼎记》中的许多内容纯粹是作者虚构出来的，我们当然不能完全相信。那么，历史上真实的康熙皇帝又究竟怎样呢？

一、智除权臣鳌拜

康熙帝的全名叫爱新觉罗·玄烨，他在位时的年号为“康熙”，死后的庙号封为“圣祖”。由于清朝沿袭了明朝时的惯例，一个皇帝在位时只用一个年号，因此人们通常也就以年号来称呼皇帝，康熙帝的称法就是这样来的。

从历史事实来看，康熙帝是清朝历史上一个很有政绩和影响的皇帝，在中国历史上为数不多的有作为的皇帝中，康熙算得上是很出色的一个。他君临天下整整 61 年，在他的统治之下，清王朝开始走向强盛，进而开创了迁延及整个 18 世纪的所谓“康乾盛世”。因此，有人把他与同时代的法国波旁王朝的路易十四、俄国罗曼诺夫王朝的彼得大帝相提并论，是属于世界级的著名君主。

顺治十八年（1661 年），年仅 24 岁的清世祖顺治帝突然病死（一些野史笔记中说他因爱妃董小宛死后，万念俱灰，到五台山出家当和尚去了，此说实不可信），临死前留下遗诏，由其第三子、皇太子玄烨继承皇位，并让索尼、苏克萨哈、遏必隆、鳌拜四位大臣辅助当时年仅 8 岁的玄烨。

在这四位辅政大臣之中，鳌拜自恃以战功封爵，骄横跋扈；索尼年老多病，基本上不管什么事情；遏必隆为人圆滑，不愿得罪当时气焰嚣张的鳌拜，因此也从不发表与鳌拜相左的意见；只有苏克萨哈比较正直，遇事常与鳌拜力争。不久，鳌拜就借故诬陷苏克萨哈并把他处死。从此，鳌拜便结党营私，专横擅权。他纠集大学士班布尔善、尚书阿里哈、噶褚哈、济世、侍郎泰壁图等人，把持朝政，顽固地维持和推行满族入关前的许多落后制度，反对朝廷任用汉臣，反对学习汉族的先进文化和文物典章制度。

康熙六年（1667年），14岁的康熙帝开始亲政，他对鳌拜的擅权非常不满。但当时鳌拜已经是位尊权重，在朝中还有不少亲信党羽，因此不能轻易下手除去。少年的康熙帝很有心机，他表面上不动声色，暗中却在积极准备和等待时机。他经常以下棋的名义，召其亲信大臣索额图等进宫，秘密策划如何清除鳌拜及其党羽的事宜。他还以游戏习武为名，训练出了一批与他年龄相仿的少年侍卫。就这样，一直等到康熙八年，（1669年），机会终于来了。在一次鳌拜入朝觐见时，康熙帝出其不意地让少年侍卫们逮捕了鳌拜，把他交付朝臣审判定罪，然后将鳌拜革职，拘禁起来，并将其党羽一网打尽。鳌拜连做梦也没想到自己会栽在一个16岁的少年手里，在被拘禁后不久就连气带病而死。从此以后，康熙帝开始真正掌握了国家大权。

康熙帝掌权后，干出了一番为旧史家所称颂的“文治武功”的事业，为清朝统治的巩固和强盛奠定了坚实的基础，在中国历史上也写下了有声有色的一页。

二、恢复和发展社会经济

康熙帝正式亲政后，面临着一系列亟待解决的社会难题，首先就是要阻止满洲落后生产关系对汉族地区生产力的破坏，医治战争创伤，恢复并发展社会经济。

清兵入关后，多尔衮、鳌拜等所推行的是满族落后的生产方式，这种把中国社会拉向倒退的做法，使得本已萧条的社会经济更是雪上加霜。康熙帝亲政后，依靠亲信大臣索额图、杰书、图海等人，积极地进行拨乱反正的工作。他采取了既适合汉族固有经济关系又能照顾到满洲贵族特权利益的政策，严令停止“圈地”、禁止“投充”（强迫汉人投到满洲贵族门下，为其耕种和供其役使。）、放宽“逃人法”，促使“旗地”庄园制变为“旗地”私有制，完成了从农奴制向封建制的转化，从而基本上阻止了满洲落后生产关系对汉族地区生产力的破坏，也限制了土地过分集中到满洲新贵们的手中。

接下来就是医治战争创伤的问题。明末清初的大变故，造成半个多世纪内战争不断，整个中国的社会经济遭到了极大的破坏，全国的人口锐减，大片土地荒芜，国家财政收支入不敷出。据统计，顺治十八年（1661 年）的国家人丁户口只有 1900 多万口，这个数字还不到明朝万历时期的 1/3；全国的耕地只有 526 万多顷，比明朝万历时期也少了近百万顷。很多地方百姓流亡，田地荒芜，甚至连长江流域这样向来被认为是最富庶的地区，也变为了萧瑟荒凉之地，其他地区就更不待言了。社会生产遭到严重破坏，势必影响到国家的财政收入，清初的国家财政就明显地出现了捉襟见肘的困窘局面。为了巩固政权、满足国用，迫切需要安定社会秩序，恢复和发展生产。康熙帝能够顺应现实的社会需要，为了清朝的长远利益，他采取了许多有利于恢复和发展生产的措施，这些措施主要有：

1. 奖励垦荒。他大力推行垦荒政策，要求地方官在 5 年之内垦完所辖境内的所有荒地。招徕流民，无论是原籍还是别籍的，都可编入保甲参加垦荒。凡新开垦的荒地给予印信执照，永准为业。这样，一部分被招来垦荒的流民就可以获得少量土地，不仅解决了他们流动不居的问题，也使他们成为占有土地的自耕农，所以流民对垦荒的热情很高。这是一举三得的好事，既开垦了荒地，又解决了流民问题，且增加了国家的收入。

2. 兴修水利。康熙帝十分重视水利问题，其中最突出的就是加强对黄河的治理。他前后花三十余年的时间大力治河，一生中共六次南巡，主要是为治理黄河而去的。在早期，他起用了著名的治河大臣靳辅治理黄河，取得了卓越的成效。靳辅死后，他自己更多地参与到治河工作中。康熙帝重视治河其目的主要在于两个方面：一是要保证大运河的畅通无阻，因为它是清朝南粮北运的“漕运”之枢纽，清政府每年需要几百万石的粮食以供其用。二是为了防止黄河下游地区因河水泛滥而造成灾害，破坏农业生产。除了治河之外，康熙帝还注意在南方地区兴修水利，以保证农业生产。

3. 轻徭薄赋。康熙帝十分重视明朝灭亡的教训，因此他不愿过多地以苛捐杂税来增加百姓的负担。在他亲政的 50 多年里，他曾免收全国各地的钱粮税赋 3 次，免征南方的漕粮 2 次。遇到国家庆典、用兵和水旱灾荒等情况，他也分别减免有关地方的钱粮。这种“轻徭薄赋”的政策对广大百姓是有好处的。康熙帝在位期间，在税收方面还制定了一项重要政策。过去，政府收税按人头计，叫作“丁银”，许多农民由于交不起“丁银”而被迫四处流亡，这对国家的统治是十分不利的。康熙五十一年（1712 年），宣布以康熙五十年（1711 年）的全国丁额为准，以后额外添丁，不再多征“丁银”，这叫作“盛世滋丁，永不加赋”。这一政策在一定程度上减轻了人民负担，同时对保证国家的财政收入，稳定统治秩序都是有利的。

4. 惩治贪污。国家经济的发展不仅要靠发展生产，也需要政治上的保证，反对贪污腐败就属于政治保证中的重要的一项。康熙帝重视明亡教训的表现之一就是注重修明朝政，整饬吏治，奖励廉洁，惩治贪污，他本人也能以身作则。他曾说过："治天下以惩贪奖廉为要。"他把官吏的贪腐视为比当时西北的噶尔丹叛乱更可恨的事，认为别的罪行或许还能宽恕，"贪官之罪，断不可宽"。他在位期间，曾惩办了山西巡抚木而赛、两江总督噶礼、太原知府赵凤诏等罪恶昭著的大贪污犯。虽说封建时代的贪官是永远惩治不完的，但康熙帝的举措毕竟还是起到了威慑作用的。

康熙帝励精图治，他的种种旨在恢复和发展社会经济的措施，取得了很大的成效。到康熙六十一年（1722年），全国人丁户口比其即位时增加了近600万口，为2500万口左右；全国的耕地则增加了近140万顷，为683万顷左右。国家的财政收入也大为好转，国库充裕，存银数和存粮数一增再增。由于社会生产的发展，社会财富的增加，整个国家也随之出现了安定繁荣的局面。

三、完成全国的统一

在争取社会生产的恢复与发展的同时，康熙帝在政治和军事上也取得了很大的成功，其中最主要的就是在他统治时期，完成了全国范围的统一，使中国形成了一个疆域辽阔、民族众多、巩固统一的封建国家。

康熙帝亲政伊始，国内的政局和边疆的形势都不太稳定。

原已降清的明朝将领吴三桂、耿精忠、尚之信等“三藩”的势力尚存，他们图谋发动叛乱的迹象已经愈来愈明显；郑成功留下的抗清力量尚驻守在台湾，伺机而动；清政府在西藏、新疆、漠北地区还没有建立有效的统治秩序；沙俄在东北边境不断进行侵略骚扰。

为了削平割据势力，巩固清朝的统治，统一国家的权力，稳定中国的版图，康熙帝采取了一系列的措施：

康熙十二、十三年之交（1673—1674），“三藩”叛乱，吴三桂起兵云南，尚之信起兵广东，耿精忠起兵福建，郑成功之子郑经也乘势攻占泉州、漳州、温州等地。康熙帝派兵很快平定了“三藩之乱”，统一了我国的西南地区。

康熙二十二年（1683 年），康熙帝下令进攻台湾，郑成功之孙郑克塽战败投降，统一了我国的台湾地区。

康熙二十四年（1685 年），康熙帝派兵进攻强占雅克萨城的沙皇俄国军队，赶走了侵略军。并于康熙二十八年与沙俄签订了《尼布楚条约》，从法律上确定了中俄之间的东段边界，有效地遏制了早期沙俄殖民主义者对我国东北地区的侵略活动。

康熙帝还花了很大工夫在漠北、西藏、新疆地区建立起有效的统治秩序，这些内容十分丰富且复杂，也不仅仅是康熙一朝的事情，我们拟在后面另辟专题讲述清朝前期对边疆地区的经略与管理，这里仅就康熙帝的作为列一简单的时间表：

1690 年至 1697 年，3 次击败噶尔丹，统一了漠北地区；

1720 年，进军西藏，驱逐准噶尔，重新统一西藏地区；

1722 年，进军乌鲁木齐，开始了清朝对新疆地区的经略。

康熙帝执政时期，我国的疆域，东至太平洋，南达南沙群岛，西跨葱岭，北接西伯利亚。可以说，清代以前的任何一个封建王朝，从来没有在这样广袤的版图上实现长期有效的统治。疆域辽阔，国家统一，是合乎中国人民根本利益的。中国成为一个统一的多民族国家，是中国境内各民族在政治、经济、文化上长期发展的必然结果。康熙帝本人能够顺应这一历史发展的需要，通过自己的积极活动来推进其进程，是值得充分肯定的。

四、重视文化建设

在中国历史上，绝大多数皇帝贪恋的是声色犬马、吃喝玩乐，而喜欢读书的皇帝实在少得可怜，但康熙帝却属于比较特殊的一个。他从5岁就开始读书，一直到老而从不辍止。中国传统文化典籍如“五经”“四书”，《史记》《汉书》《资治通鉴》等经史著作，他无不研读。他很擅于利用中国传统文化来争取汉族的知识分子，利用儒家所提倡的伦理道德来加强对广大汉族百姓的统治。他强调儒家的“三纲五常”和“忠孝节义”，把它们当作治国安邦的思想武器。在他统治时期，全国一统，民族矛盾相对缓和，这与他宣扬儒家思想，争取汉族上层集团的支持与合作是分不开的。

康熙帝对文化事业也颇为关心，在位期间曾开“博学鸿词科”以招揽天下学人；开“明史馆”以修前朝的历史；组织学者编纂《全唐诗》《佩文韵府》《康熙字典》等；组织进行全国性的土地测量，并完成《康熙皇舆全览图》的绘制等等。以上这些都是康熙帝重视文化建设的具体表现。

特别应该指出的是，康熙帝在文化心态上的开放包容，他不忌“远人”，汲取“西学”的精神，值得一提。从明朝后期开始，西方的天主教耶稣会传教士开始进入中国，明朝政府曾利用他们掌握的西方科学技术，定历法，制铳炮，但明朝统治者始终有一种“忌远人”、中外有别和骄傲自大的心态。清朝入关后，多尔衮、顺治帝虽对传教士也比较重视，但他们更多的是注意其掌握的西洋历法和制造铳炮的技术。康熙帝虽然也很重视这些实用性强的西方技术，但他同样能不囿于此，以开放的心态和好学的精神来拥抱西方学术和思想。他即位后，为传教士汤若望平反冤狱，公开承认西方历法比中国传统的历法更精密；他还认真地向传教士学习几何学、天文学等，试图从学理上掌握西学；他组织中西学者编写了融汇中西的天文学、数学和音律学的《历象考成》《数理精蕴》《律吕正义》等书籍；他利用西方地图学的知识来绘制全国地图；他关心西方的医学，并把它与中医学作比较；他甚至还试图了解西方的哲学。康熙帝的这些做法，与徐光启等明清之际的先驱者学习西方科学、会通中西科学的实学思潮是相吻合的，代表了当时比较先进的思想。后来，由于罗马教廷干涉传教士在华的传教活动，才迫使康熙帝下令禁止传教士在华传教。

以上我们充分肯定了康熙帝在经济、政治、文化等方面的作为，但这并不等于说他就没有缺点和错误了。其实囿于时代背景，康熙帝的思想仍旧有不少局限性，如过分维护满洲贵族的经济、政治特权，制造“文字狱”以钳制知识分子思想，由禁止传教士传教而导向“闭关锁国”等等，这些都可谓是他的不足之处。不过，比较而言，他的功绩要大于过失。

经略与管理
清朝前期对边疆的政策和措施

在有意写罗马人的历史的时候，我认为必须从罗马人统治下诸民族的疆域开始。

——阿庇安《罗马史》

清朝统治者在剪灭了南明的几个小朝廷、平定了南方的各种抗清势力之后，便开始大力向西北边疆地区发展。历经康熙、雍正、乾隆三朝，终于建立起一个疆域空前广大的王朝。

一、清朝与准噶尔部的战争及对新疆地区的统治

新疆地区在我国的汉、唐、元朝时期，都直接隶属于中央王朝，并与内地保持着政治、经济和文化等方面的密切联系。明朝时期，新疆地区被蒙古的瓦剌部所控制。清朝前期对新疆地区的经略，主要表现在与属于瓦剌部后裔之一的蒙古准噶尔

部的长期战争方面。

明清之际，在我国西北地区居住的蒙古族共分为 3 部：漠南蒙古、漠北喀尔喀蒙古和漠西厄鲁特蒙古。在清朝入关之前，大漠以南的察哈尔、科尔沁、土默特、鄂尔多斯等 24 部蒙古人已先后归附了清朝，称之为内蒙古。漠北喀尔喀蒙古又分为扎萨克图汗、土谢图汗、车臣汗 3 部，它们都与清朝有着密切的联系，向清朝称臣“朝贡”，被称为外蒙古。在阿尔泰山以西的漠西厄鲁特蒙古（即明朝的瓦剌部），分为 4 个互不统属的卫拉特（部）：在额尔齐斯河流域的是杜尔伯特部；在塔城附近雅尔一带的是土尔扈特部；在乌鲁木齐地区的是和硕特部；在伊犁河流域的是准噶尔部。在这 4 个卫拉特中，以准噶尔部为最强。它们与清朝也保持着“朝贡”关系。

康熙时期，准噶尔部的噶尔丹夺得汗位，开始向其周边地区扩张势力。不久，噶尔丹合并了厄鲁特蒙古 4 部，接着就开始向外蒙古的喀尔喀蒙古进兵。康熙二十七年（1688 年），噶尔丹打败土谢图汗，占领扎萨克图部，侵入车臣部。喀尔喀蒙古的“活佛”哲布尊丹巴大喇嘛以各部风俗习惯、宗教信仰皆与满洲相同，决定率各部归附清朝。喀尔喀蒙古 3 部几十万人迁往漠南，请求清政府保护。康熙帝给予牲畜、茶叶、布匹等物资救济，并把他们暂时安置在科尔沁大草原。清政府命令噶尔丹退还喀尔喀 3 部的故地。噶尔丹置若罔闻，反而进一步向内蒙古发起进攻。

康熙二十九年（1690 年），准噶尔部的前军进至距古北口 900 里的乌珠穆沁，令清朝统治者大为震动。这时，清朝在汉族地区的统治已经十分稳固，使康熙帝得以3次出兵漠北。康熙二十九年（1690年）、三十四年（1695年）、三十六年（1697年），清军先后在乌兰布通、昭莫多等地与噶尔丹的军队展开了激烈的战斗，噶尔丹皆大败。最初，噶尔丹试图勾结沙俄，借俄罗斯的火枪兵来阻挡清军，但这一计划没有成功。噶尔丹在蒙古各部中日益陷于孤立，走投无路，服毒自杀，准噶尔部投降。平定了噶尔丹之后，喀尔喀3部重返漠北。清政府又在外蒙古增设了赛音诺颜部。将这4部分编为74个旗。为了对外蒙古实施有效的统治，清政府在科布多、乌里雅苏台等地派驻了将军和参赞大臣。

康熙帝镇压了噶尔丹，准噶尔部虽暂时投降，但其首领始终不接受清廷统治。到了雍正和乾隆统治时期，准噶尔部与清廷之间仍然时有战争。策妄阿拉布坦、噶尔丹策零、阿睦尔撒纳这些准噶尔部的首领，在西藏、青海、新疆等地煽动反清，迫使清政府屡屡派出大军征讨。双方的战争互有胜负，清军由于得到蒙古其他各部的支持，所以基本上掌控着主动权。到乾隆帝时，准噶尔在西藏、青海、喀尔喀蒙古等地的势力，已相继被清政府肃清。这时，漠西厄鲁特蒙古各部也开始分崩离析，除准噶尔之外，其他的部落纷纷向清朝靠拢，而准噶尔内部也发生了内乱。乾隆二十年（1755年），清军在西北蒙古各部的支持下，攻占了伊犁。策妄阿拉布坦的外甥阿睦尔撒纳降而又叛，要求清政府允许他一人独领厄鲁特蒙古4部，清政府没有满足他的愿望，于是战火又起。直到乾隆二十二年（1757年），准噶尔部才被清军全部平定。清朝统治者痛恨准噶尔部长期叛乱，平定之后对准噶尔部进行了屠杀，由统治者挑起的战争，却使无辜的准噶尔部人民受到戕害。

漠西蒙古大多居住在新疆的天山北路地区，居住在天山南路的主要是信奉伊斯兰教的维吾尔族，习惯上人们称之为“回部”。在清军平定准噶尔部之前，回部受准噶尔部的残酷统治。乾隆时平定了准噶尔部，回部的首领大、小和卓木（和卓木是对伊斯兰教首领的称呼，大和卓木名叫布那敦，小和卓木名叫霍集占）也乘机返回“回疆”。他们为了恢复过去的统治，号召回部民众举兵反清，一时间各部从者达数十万人。乾隆二十三年（1758 年），清军征讨回疆，但在库车、叶尔羌、黑水营等地接连被大、小和卓木的军队击败。后来由于大、小和卓木滥用其民，逐渐失去回民的支持，又加上乾隆帝派大量援军进入回疆，大、小和卓木终致败走国外，随行仅三四百人。

在基本上控制了天山南北地区之后，为了加强中央政府对当地的统治，清政府于乾隆二十七年（1762 年）在新疆设置了伊犁将军。伊犁将军驻扎在伊犁，统率新疆各地的军队并节制地方官员。其下设乌鲁木齐都统一名，伊犁、塔城、喀什噶尔各设参赞大臣一名，哈密、吐鲁番、镇西、叶尔羌、和阗等 12 城各设办事大臣或领队大臣一名。清政府还从各地调集了 2 万余人的军队作为新疆驻军，驻扎在天山南北两路。这些军队按八旗编制，由伊犁将军直接统辖。为了解决新疆驻军的粮食问题，清政府还在新疆地区实施了“屯田”制度。伊犁将军的设置，一方面固然是为了控制这一地区，以便及时镇压可能出现的少数民族起义；另一方面，它在保卫边疆，有效抗击外国侵略者方面，确实也起到了十分积极的作用。

二、清朝对西藏地区的管理

西藏地区与内地的关系早在唐朝时期就已经十分密切，文成公主和松赞干布的故事流传千古。从元朝开始，西藏就正式归入统一的中国版图。到了清朝时期，在统一的祖国大家庭里，西藏与内地的联系有了更进一步的加强，在中央的直接管理下，确立了一系列典章制度，对稳定西藏的社会秩序、推动西藏社会的发展，都有积极的意义。

早在清朝入关之前，西藏就与清朝建立了联系。皇太极崇德二年（1637 年），西藏派人到盛京会见皇太极。随后，皇太极宣布了尊奉佛教的政策。顺治九年（1652 年），五世达赖喇嘛到北京参谒顺治帝，受到清政府的隆重款待，为其专门修建了一座规模宏大的黄寺，作为达赖在京期间的住所。第二年，清政府对达赖颁赐金册、金印，并敕封达赖为“西天大善自在佛所领天下释教普通瓦赤喇怛喇达赖喇嘛”，从此达赖正式获得“达赖喇嘛”的封号。到康熙五十二年（1713 年），清政府又正式敕封了驻日喀则的五世班禅为“班禅额尔德尼”，这就是“班禅额尔德尼”封号的由来。

康熙年间，五世达赖去世，西藏行政长官（第巴）桑结秘不发丧，并盗用达赖名义胡作非为，他一面支持噶尔丹与清政府为敌；一面又要求清政府封他为国王。桑结私立仓央嘉错为六世达赖，不久青海各部又在西宁拥立了一个六世达赖。青海的和硕特部拉藏汗领兵入藏杀死桑结，清政府遂委任拉藏汗管理西藏。桑结的部属和准噶尔部的策妄阿拉布坦叛乱势力勾结，杀死拉藏汗，与清廷对抗。清政府于康熙五十九年（1720

年）派军队入藏驱逐了准噶尔势力，敕封噶桑嘉错为七世达赖，护送入藏“坐床”，封拉藏汗的下属康济鼐为贝勒、颇罗鼐为台吉，协助达赖、班禅管理前、后藏。

雍正五年（1727年），康济鼐被西藏叛乱分子所杀，但叛乱不久即被颇罗鼐平定，清政府遂封颇罗鼐为郡王，统理西藏事务，又在西藏设置了驻藏大臣办事衙门，派遣两名大臣长驻西藏，协助地方政府管理藏务。驻藏大臣的设置，标志着西藏地方与中央政府隶属关系的进一步加强。

乾隆年间，西藏地区又发生数次叛乱。其中最大的一次发生在乾隆五十六年（1791年），六世班禅之弟舍玛尔巴因与其兄为分割财产问题，而引尼泊尔的廓尔喀军队入后藏，攻打日喀则，大肆抢掠班禅住地扎什伦布寺。清政府立即派兵入藏，击败廓尔喀军队。在击退侵略军后，清政府在西藏实施了重大改革。乾隆五十八年（1793年），颁布《钦定西藏章程》，乾隆六十年（1795年），又批准了10项抚恤规定。这些措施的主要内容是：

1. 政治上由驻藏大臣督办西藏事务，其地位与达赖、班禅平等。噶布伦（乾隆十六年开始设置的西藏地方政府主管官员，由一僧三俗组成，协助驻藏大臣和达赖喇嘛工作）以下的僧俗官员都是驻藏大臣的属员，其人选和升黜赏罚由驻藏大臣决定，大小事务必须报告驻藏大臣后才能办理。达赖和班禅的亲属不得干预政治事务。

2. 确立达赖、班禅和各地呼图克图（活佛）等转世的“金瓶掣签”制度。“金瓶掣签”制度的执行由驻藏大臣监督，并需经清朝皇帝批准。

3. 达赖喇嘛管辖的大小庙宇之名目数字、管家、贵族、寺院所属范围的村落户籍等，一律造成花名清册，一式两份，分别存放于驻藏大臣衙门和达赖喇嘛处，以备稽查。

4. 西藏的一切外交事宜归驻藏大臣处理。邻国给达赖、班禅的信函要经驻藏大臣查验，并代为酌定回函。噶布伦等地方官员不能私自与外国联系。藏内喇嘛外出、外地人入藏，需由驻藏大臣发给执照，并限定往返日期。

5. 整饬藏兵组织，规定西藏常备兵3000人。各关卡要道及国境线上驻兵巡逻。驻藏大臣每年五六月间巡视边界，处理沿边事务。

6. 西藏地区的财政归驻藏大臣掌管。一切赋税和地方收支由驻藏大臣总核。所有差役、租税及储备粮饷的数目，由驻藏大臣核定增减，统一安排。

至于抚恤规定，主要是减免一些农牧民在应纳钱粮外的什税差役，取消农奴主的免役特权，限制农奴主兼并土地、强占水源，安抚流亡人员等等。

以上这些措施对稳定西藏局势，密切西藏与内地的联系，扼止外国侵略者侵扰等，都起到了很大的作用。

三、清朝对西南少数民族地区的政策

云南、贵州、广西、湖南西部等地区，历来是我国少数民族的聚居地。自元、明以来，在这里实行了土司制度，即利用少数民族地区原有的统治者，授予爵禄名号，加封其为世袭官员，对当地进行统治。

土司制度具体可分为“土司”和“土官”两种：“土司”名义上接受中央政府封赐的官爵名号，但事实上却是割据一方的地方政权，其职位是世袭的；“土官”就像汉族地区一样在当地设立府、州、县，委任少数民族头人担任土知府、土知州、土知县等土官，他们虽名为“土官”，实际上则行使土司的职能。土司制度是十分落后的统治制度，它是在西南少数民族地区经济落后，社会发展水平低下，而中央政府在军事征服或政治臣服这些地区之后，又无法马上改变现状的情况下所采取的一种特殊制度。

尽管土司制度在其初创时有一定的必要性，但随着这些地区社会经济的发展，尤其是明中叶之后大量汉族人民进入西南少数民族地区后，土司制度的残酷性和落后性就暴露无遗了。政府一般向土司收取的钱粮不过三四百两，他们却要向土民榨取上百倍的财物，一年四“小派”（派土民出钱粮），三年一“大派”，横征暴敛没有止境。诸如“火坑钱”“烟火钱”“锄头钱”等摊派杂税名目繁多。此外，土司家的婚丧、寿诞、生子、盖房、过节都要征派，上到金银货币，下到鸡鸭、猪酒、砖瓦，无所不包。因此，当地百姓咒骂土司是“生补”“穷补”“嫁补”“娶补”“死补”。不少历史资料记载，土司的儿子如果要娶媳妇，所有土民 3 年之内就不能结婚。土民有“罪”被杀，其亲族还要拿出几十两银子的所谓“玷刀银”。

土司恣意地胡作非为并且独霸一方，这不仅阻碍了西南少数民族地区政治、经济、文化的进一步发展，而且也不利于国家的统一，中央政府对这些地区只能进行间接的统治，致使西南边疆地区的统治很不稳定。所以，从明中叶以后，已经开始逐步实行“改土归流”的政策。所谓“改土归流”，就是废除世袭的“土司”制度，改由政府任命的非世袭、可变更的“流官”制度，即把少数民族人民置于中央政府官员直接统治下的制度。不过，明代的“改土归流”工作进行得十分缓慢，也难以普及，一直到清朝的雍正年间才真正全面地展开。

1726年，雍正帝任命鄂尔泰为云南、贵州、广西三省总督，办理西南地区的“改土归流”事务。鄂尔泰在广阔的“苗疆”，云南的东川、乌蒙、镇雄三土司，以及云南西南部与缅甸交界的各边地，大规模地推行了“改土归流”。鄂尔泰等对各少数民族的土司，采取了招抚和镇压两种不同的措施，先后招降贵州苗、瑶各族两千余寨，又缴广西土司的敕印和兵器两万余件，并在云南设置了普洱府。在“改土归流”的过程中，一部分地区在长期的历史发展过程中增进了民族间的经济文化交流，土民痛恨土司制度，迫切要求改革，“呼请改流”，土司在内有百姓要求、外有清军威迫的形势下，不得不放弃世袭爵位，接受“改流”。但也有不少地区的土司不愿“改流”，负隅顽抗，清军遂采取强制手段迫其就范，所以“改土归流”中也出现了一些纷争。

“改土归流”1726年开始，至1731年大体告一段落。这次“改流”，湖南一省全部完成，其余各省还有数量不等的土司被保留下来。清政府在“改流”地区设置了府、州、县、镇、协、营、汛等各级政府机构，以中央委派的流官代替土司、土官的统治，还派驻了军队。“改土归流”以后，清政府在原土司统治地区实行与汉族地区相同的政治、经济制度，如丈量土地、征收赋税、编查户口、组织乡勇等等，还着手对一些落后的制度进行了改革。

乾隆时期，四川西北部藏族聚居区的大、小金川土司攻打邻近各部落，并杀伤清朝的官兵。乾隆帝派兵镇压，前后花了29年，耗费达7000万两白银，才最终降服了大、小金川的土司。随后在该地逐步实行“改土归流”，设美诺厅、阿尔古厅，直接归四川省统辖。

清政府实施的“改土归流”，其主观目的在于加强对西南少数民族地区的直接统治。但在客观上，它对改善西南边疆地区落后闭塞的面貌，加强这些地区与内地的沟通联系，把汉族地区先进的生产技术推广到当地，都起到了积极的促进作用。

四、清朝时期中国疆域的确定

到乾隆时期，中国的疆域东南自台湾，西北至巴尔喀什湖，西南自云南边境，东北达外兴安岭，南至南海诸岛，北至恰克图，东至库页岛，西至葱岭。所有的这些地方，都置于中央政府的有效管辖之下。

这是一个幅员辽阔、国力强大、统一的封建国家。全国共分为25个省级行政区域，其中包括18个省、5个将军辖区、2个办事大臣辖区，还有蒙古的盟旗。在这片广袤的土地上，生活着五十多个民族，除了汉族之外，人口较多的民族还有：蒙古、回、藏、维吾尔、苗、彝、壮、满、朝鲜、侗、瑶、白、布依等族。这五十多个民族，就是我们中华民族的整体。

清朝疆域的巩固，对于促进我国各族人民经济、文化的联系，以及抵抗外国的侵略，都有着巨大的作用和影响。

思想的钳制
“文字狱”和《四库全书》

使天下之士，倾耳而听，重足而立，阖口而不言。

——贾谊《过秦论》

如前所述，清朝是中国北方落后少数民族入主中原建立起来的一个王朝。所以，清王朝的统治，不仅继承和发展了明朝的君主专制独裁统治，而且又加入了残酷而病态的民族歧视和民族压迫政策。这二者，构成了清代封建君主专制独裁制度的最基本的特征。由此产生的清朝的文化政策及种种举措，就是以钳制汉族人尤其是汉族知识分子的思想，扼杀其中可能出现的任何进步思想或反清的民族主义思潮，巩固清朝统治者在精神文化领域的统治地位为最终目标的。

在具体实施过程中，清朝统治者主要采取三方面的措施来钳制知识分子的思想：其一是拼命抬高以八股文形式表现出来的、已经僵化了的“程朱理学”（已非本来面目的“程朱理学”），并通过科举取士，对知识分子诱以高官厚禄，让知识分子头脑僵化，埋头于八股文中，钻营富贵；其二是大兴“文字狱”，严密控制读书人的思想，抓住读书人著作、诗歌等文字中的只字片语（甚至连文字也不是，仅仅是书的形式，如纪年的方式等等），乱加引申发挥，无限上纲，然后就是无情镇压，大肆杀戮，乃至株连九族，包括一些出版商、排字工也遭杀害；其三是标榜重视文化建设，组织大批学者编辑各种规模庞大的辞书、类书、丛书等。借此机会，一方面把一些著名学者的精力引向故纸堆，以防止他们可能出现的叛逆思想；另一方面，也是更重要的，就是“寓禁于征”，借征集各地图书为名，查缴各种他们认为不利于自己统治的书籍，加以销毁，最典型的就是乾隆时期编定《四库全书》。这里，我们先来说说“文字狱”和编定《四库全书》。

一、顺、康、雍、乾四朝的“文字狱”

“文字狱”，古人很形象地又把它称作“文网”。编织文网，对知识分子在文字上的所谓“越轨”“悖逆”加以威胁、恐吓乃至残酷镇压、无情打击，这在中国的封建时代几乎每个朝代都出现过，因为它本来就是封建君主专制政治的特色之一。但在明代之前，“文字狱”一般还多是偶尔为之。从明代开始，“文字狱”就多了起来，但明代的“文字狱”基本上集中在前期，尤其是明朝开国皇帝朱元璋统治时期。朱元璋出身寒微，青少年时代曾要过饭、当过和尚，又是从红巾军的农民起义起家，后来才做了皇帝。所以，朱元璋十分忌讳别人讥讪他早年那些“不光彩”的经历。再加之他读书不多，也怕读书人借古讽今。明初的种种“文字狱”，多半都与朱元璋的“忌讳”有关。然而，明代的“文字狱”较之于清代的“文字狱”，那可就是“小巫见大巫”了。

清代“文字狱”不同于明代的地方，就在于多因镇压汉族人民的民族意识而发起。理由很简单，就是由于身为少数民族的清代统治者，对数量庞大，又有着悠久历史文化传统的汉民族的恐惧。在清朝统治者看来，汉人民族意识一日不消灭殆尽，他们的统治就一日不得巩固。而汉人民族意识的阐发者和传播者，无非就是那些读书人。因此，对这批人必须加以特别严格的管制。而“文字狱”正是管制读书人的最重要、最有效的手段之一。

清朝的“文字狱”早在顺治时期就已出现，如顺治五年（1648 年）的“毛重倬坊刻制艺案”，毛重倬等人因在出版八股选文时所写的序中只用干支纪年，而不用清朝纪年，就被认为“目无本朝”而处死；又如顺治十七年（1660 年）的“刘正宗诗集案”，刘正宗出版诗集，张晋彦在为其作序中有“将明之材”句，清政府认为这句话诡谲暧昧，难以解释，刘、张两人因此均被处死。

康熙朝的“文字狱”，有康熙二年（1663 年）的“庄廷鑨《明史》案”，这是清代“文字狱”中的大案之一。庄廷鑨是浙江湖州的富户，盲人，好史学，以“盲史”自居。他从明代大学士朱国桢后人手中购得朱国桢所著《明史》稿本，又让人续撰了明天启、崇祯二朝事，合为《明史辑略》。书成后庄廷鑨死，其父庄允诚为之刊印。后被人告发。清政府以其书不记努尔哈赤、皇太极的年号，将南明隆武、永历二帝视为正统，又有指斥满洲的文句，故为“大逆不道”。于是把已死的庄廷鑨开棺戮尸；作序者、刻印者、校阅者、售书者、藏书者被杀共 72

人；庄氏家属发配边疆为奴，受牵连者多达数百人。康熙五十年（1711年），又有“戴名世《南山集》案”。戴氏为康熙朝的翰林院编修，在他的《南山集》中，叙述了南明几个小朝廷的事，还采用清初方孝标《滇黔纪闻》中所载南明桂王时事。于是便以“大逆”罪被处死，其家属也被处死；方孝标已死，开棺戮尸，其后人处死。牵连进此案的知识分子也多达数百人。

顺治、康熙两朝虽有“文字狱”，但数量还不是太多。到了雍正、乾隆两朝，统治者编织的文网更密，“文字狱”的数量也随之大大增加。这里我们选雍正朝的两个著名的“文字狱”案来看看：

雍正四年（1726年）的“查嗣庭试题案”。礼部侍郎查嗣庭任江西省主考官，出八股文试题“维民所止”。这句话原出自儒家经典《诗经》中的《商颂·玄鸟》：“邦畿千里，维民所止”，意思是王者之都十分宽广，都是臣民们居住的地方。但有人上告，“维民所止”中的“维止”即去“雍正”之首，也就是砍掉雍正的脑袋。于是查嗣庭就被革职查办，不久死于狱中，但仍被戮尸和砍头示众，其子皆被处死，家属被流放。又因为查嗣庭是浙江人，还下令停止浙江省的乡试、会试6年，以示惩戒。

雍正七年（1729年）的“吕留良文选案”。吕留良是明清之际的思想家，明亡后曾图谋复兴。事败，家居授徒，拒绝清廷博学鸿词科所召，削发为僧。其著作中含有明显的反清思想。雍正时，湖南人曾静偶读到吕留良的文选，大为感动，决心反清。曾静得知，当时任川陕总督的岳钟琪是宋代抗金名将岳飞的后裔，就派其弟子张熙去游说岳钟琪起兵反清。岳钟琪告发，曾、张被逮捕。雍正与他们辩论，并撰《大义觉迷录》批驳吕留良文选中的思想。对吕留良开棺戮尸，杀吕氏后人及学生和刊刻吕氏著作之人，吕氏家属发配边疆。为了表示“宽大”，雍正赦免了曾静和张熙，但曾、张却被乾隆所杀。此案在民间影响很大，后来雍正暴死于内宫，民间纷传是被吕留良的孙女吕四娘刺杀，传说尽管未必可信，但却反映出此案的影响及人民的义愤。

乾隆帝曾信誓旦旦地说过：“朕从不以语言文字罪人。”但事实恰恰相反，乾隆一朝是清代“文字狱”的顶峰，数量最多，共有8辑的《清代文字狱档》，记载了65起“文字狱”案，其中64起就是乾隆朝的。乾隆朝的“文字狱”不仅在数量上大大超过了前朝，而且其荒唐程度也是前朝所难以比拟的。如彭家屏写的家谱中遇弘历（乾隆的名字）的字样没有以缺笔来“避讳”，就令彭氏自杀；王锡侯编写《字贯》一书，被认为仿效康熙编《字典》，冒犯唐突，处斩，所著书全部焚毁；徐述夔诗中有“大明天子重想见，且把壶儿搁半边”之句，认为“壶儿”是“胡儿”的谐音，是在骂满洲人，徐氏本人包括其子已死，开棺戮尸，其孙处死；沈德潜《咏黑牡丹》诗中有“夺朱非正色，异种也称王”之句，被认定是影射满洲以异族夺得朱明王朝的皇位；胡中藻诗中有一句“一把心肠论浊清”，被认为是存心把“浊”字加在“清”字前面，实际依诗的格律，“浊”字必须加在“清”字前面才对，但胡氏被判“居心不良”而立即处斩；此外还有“清风不识字，何故乱翻书”案等等，真可谓是竭尽了妄意引申、构陷入罪之能事。

清朝顺、康、雍、乾四朝的“文字狱”，仅见于历史记载的就有一百多起，这是中国封建专制制度发展到顶峰状态的

“怪物”，是清朝残酷的文化专制和民族压迫政策所造成的恶果，也是中国文化史上黑暗、血腥的一页。

二、“寓禁于征”的《四库全书》编定

“文网”密布、“文字狱”大兴的乾隆中期，这位乾隆皇帝在文化政策方面又出新招，那就是要编一部汇集中国历史上各种书籍的大丛书——《四库全书》。

乾隆三十八年（1773年），在北京正式开设了“四库馆”。一时之间，北京的“四库馆”内，鸿才硕学荟萃一堂：总纂官纪昀是个通才，戴震擅长经学、历数、音韵，姚鼐擅长文学、理学，翁方纲擅长金石学，王念孙擅长文字学、经学，陆锡熊、邵晋涵、彭元瑞擅长历史学，周永年擅长校勘学……这是一个360人组成的大机构，由皇室的郡王及大学士16人为总裁，担任正总裁的则是乾隆帝的第六子永瑢，他们聚集在一起开始纂修《四库全书》。直到乾隆四十七年（1782年），全书告成。这部大丛书总计存书为3470部，共79070卷；存目6766部，共93556卷。书成之后，先缮写了4部，存放在北京大内的文渊阁、圆明园的文源阁、盛京（沈阳）的文溯阁、河北热河行宫避暑山庄的文津阁；接着又缮写了3部，分放在江苏扬州大观堂的文汇阁、镇江金山寺的文宗阁、浙江杭州的文澜阁。从四库馆开馆到七阁书完成，前后历时整整17年，可说是中国文化史上的一个浩大工程。

《四库全书》是我国历史上规模空前的一部大丛书，它卷帙浩繁，基本上囊括了乾隆以前中国历代的重要著作，可谓集我国古籍之大成，给学术研究提供了丰富的文献资料。从体例

上说，它把自晋武帝时荀勖创始的图书四部分类法发展到了极致，使汗牛充栋的古籍分别归入经、史、子、集四部。每部之下又有分类，每类之下又分子目，非常便于检索。它优于一般丛书的地方还在于，每部书的卷首都有一篇提要，将书的源流详加考证，内容大旨提纲挈领，这些不仅使人对本书先有了大致了解，而且本身也具有相当高的学术价值。

但是，《四库全书》这个中国文化史上的巨大功绩，却是建立在大量销毁珍贵古籍、残酷迫害知识分子的历史现实之上的。乾隆皇帝为什么要花如此之大的人力、物力来纂修《四库全书》呢？一方面，当然是想标榜自己“右文”，重视文化事业的建设，在统治期间有“文治”；另一方面，更主要的用意却不在此，而是想通过编纂《四库全书》，对中国古籍来一次大搜查、大集中、大审定、大销毁、大删改。

在正式开设四库馆的前一年，即乾隆三十七年（1772 年）正月，乾隆以编纂《四库全书》为由下诏，向全国各地征书。但当时人们对“文字狱”心有余悸，如惊弓之鸟，躲避唯恐不及，哪敢积极献书，各地的督抚们也抱观望态度。于是，第二年乾隆又下诏谕，并把当时中国“人文渊薮”的江苏、浙江两省作为重点，点名让两省的藏书家，如江苏的“传是楼”“述古堂”，浙江的“天一阁”“小山堂”等献书。还定出三条奖励献书的办法。江浙被突破后，征书在全国范围内展开。接下来的一步，就是要禁毁书籍了。乾隆三十九年（1774 年）八月，乾隆帝正式下诏谕销毁“有关碍”之书，并令各地查缴“禁书”。以后又多次下诏谕查缴、销毁“禁书”。

什么叫“有关碍”的书呢？乾隆在上谕中规定了这样的范

围：一是有诋毁清朝言语的书籍；二是明末清初的野史笔记；三是明末清初之人的“伪妄”诗文。这就把乾隆的用心暴露无遗了，他就是企图把满洲人入关之前的老底——清朝作为少数民族征服者的历史事实抹掉。

乾隆关于查缴“禁书”的上谕颁布后，全国除少数民族地区外，各地地方官遍贴公告，大造声势，劝藏书的人呈缴“禁书”，继而派出专人深入民间详细查访。有的地方还开出了“禁书”的目录，发交所属州、县及各学校，以便随时核对检查。也有的把收缴“禁书”的数量作为下级官吏政绩和升迁的考核指标，也有的规定用钱收买“禁书”等等，真是五花八门，无所不有。查缴“禁书”，一开始还只是要书，后来发展到追查印书版片，不仅书要销焚，而且书版也要销毁。之后就是要核查在民间流传的戏曲剧本，昆曲、秦腔、弋阳腔、石牌腔、楚腔……凡涉及金、女真、满洲、建州卫的都禁止上演。

经过这样全国规模的查禁销毁，到底毁掉了多少书籍？据陈乃乾《禁书总目》的统计：

全毁书目　　2453 种

抽毁书目　　402 种

销毁书版目　50 种

销毁石刻目　24 种

以上数目并不是全部的销毁数目，据一些学者研究的结果，在《四库全书》开馆的十多年里，被销毁的书籍至少在 10 万部左右（包括一些复本），册数就无法计算了。这个数字是《四库全书》著录与存目总数的 10 倍。

除了销毁书籍之外，《四库全书》开馆期间，还大兴删改之风。对一些记载历史的，又不便销毁的书籍，就大肆删改。不仅要删改明末清初的书籍，还要删改宋朝人的书籍，宋人著作中凡涉及金朝的词句都要改，不能改的就整段整段地删去。有许多历史书籍经过这样一番删改，变得面目全非。

乾隆皇帝由“文字狱”进而禁书、焚书，又由查缴“禁书”再屡兴“文字狱”，这一过程前后持续了近20年，比起秦始皇的“焚书坑儒”来，实在是有过之而无不及。这种血腥的封建专制恐怖统治，充分反映了封建末世统治者的横暴和腐朽。

三、思想钳制的恶果

“文字狱”和禁书、毁书，是清代封建统治者用以禁锢人们思想、钳制百姓言论、推行文化专制主义，以维护其统治的手段。由此而带来了许多恶果：

其一，从直接导致的结果来看，禁书和焚书，使得大量珍贵的历史文献因遭到销毁和删改而失传。如从14世纪到17世纪的汉文关于东北建州的史实几乎成为空白；明清之际许多进步思想家的著作失传；宋代的大量古籍被删改得面目全非而给研究者带来不少困难。

其二，使社会风气大受污染。由于告发检举可以谋取功名利禄，清代社会中告密之风盛行。一些心术不正之徒，不仅通过告密而升官发财，更恶劣者则以此来作为坑害他人的合法手段。他们如鹰犬一样，带着特殊的嗅觉，在别人的私宅、城镇的书坊和书肆中广泛地搜寻，精心地罗织罪名，专以害人为能事。

其三，使百姓对现实政治、国家前途、民族兴亡漠不关心。“文字狱”和禁书造成了中国人对政治冷漠的性格。如龚自珍在《咏史》中所说：“避席畏闻文字狱，著书都为稻粱谋”，知识分子面前只有两条路可走：一条是愈加埋头于科举八股之中，变成冬烘僵化的八股“道学先生”，而且是“假道学”，满嘴“仁义道德”，满肚子男盗女娼，一心只想升官发财。另一条路就是走上脱离现实，“冥心好古”，钻进故纸堆中，一心从事对古籍的考据工作。考据并不是坏事，但如果深陷其中而不能自拔，为考据而考据，就会变得细碎烦琐。至于普通百姓，则是噤若寒蝉，“莫谈国事”，全国上下鸦雀无声。

其四，从长远来看，17—18世纪的欧洲，在文艺复兴冲破了中世纪教会的蒙昧主义之后，出现了一个波澜壮阔的思想解放运动，资产阶级的近代文化一日千里，自然科学、社会科学、人文科学、技术科学、文化艺术等等出现了突飞猛进的发展。而在明清之际，中国资本主义萌芽已经出现，具有启蒙精神的社会学说和带有一定近代色彩的自然科学也在萌动，如黄宗羲、顾炎武、王夫之等思想家之学说，颇具启蒙意义；如徐光启、方以智等自然科学家及《天工开物》《本草纲目》《农政全书》《徐霞客游记》等科学技术杰作，与同时代的欧洲文艺复兴相比并不逊色。但由于封建专制的束缚，由于“文字狱”、禁书等一系列高压恐怖统治，中国启蒙文化的道路被粗暴地切断了，民主与科学的精神被钳制和扼杀。这种违背历史潮流的文化政策，再加上封建政治的黑暗腐朽，统治者的顽固昏庸，闭关锁国的夜郎自大等等，使得中国社会发展的节奏被大大延缓，封建主义长期停滞不前，与西方世界的差距愈拉愈大。所以，对清代实行的思想钳制政策所产生的恶果，以及给中国社会带来的危害，我们千万不能低估。

乾嘉学派
考据之学的得与失

清代理学的内容，已枯竭而无光采；忌讳太多，所以诗文、史著粗劣；实行愚民政策，所以以先王治国之道来治世的志向衰弱。家里有聪明人，大多去搞经典的考释，以便能延缓死亡，而这方面的工作做得可谓极其精致了。

——章太炎《訄书·清儒》（节译）

在中国的封建时代，儒家学说是统治阶级进行思想统治和文化教育的最主要的工具，因此儒家经典的研究也就成为一门专门的学问，叫作“经学”。自西汉中期汉武帝“罢黜百家，独尊儒术”以后，经学就始终处在一个文化“正统”的地位。某个时期经学研究的取向和风气，总是深刻地影响着整个社会的思想，人们对制度、政策、法令、文化乃至人物、事件的评判，几乎都以当代的经学思想为标准。经学的研究在那时可谓包罗万象，其他各类学科，如文学、史学、哲学、法学、政治学、伦理学、教育学、语言文字学以及天文学、地理学、草木鸟兽鱼虫的研究等等，在很大程度上都处于经学的派生和附庸的地位。

经学自西汉中期正式形成，经历了两汉的今文经学、东汉末至隋唐的古文经学、宋元明的宋学（即宋明理学），至清代一变而为“汉学”。因为“汉学”标榜的是对两汉经学的回溯和尊崇汉代儒生的经说，与偏重哲学研究，专意于“理”“气”“心”“性”等抽象概念探讨的宋明理学有所不同，所以清儒自称其学为“汉学”，以有别于宋元明时期的“宋学”。又因为这一学派的治学风格崇尚朴实无华，就事论事，十分注重资料的收集和证据的罗列，“实事求是”，无征不信，而很少有理论的阐述及发挥，也不注重文采，所以它又被称作“朴学”或“考据学”。显然，“汉学”是就其学术宗旨而言的，“朴学”和“考据学”是就其学术风格和研究方法而言的。如果从时间上来说的话，人们一般又把它称作为“乾嘉学派”，这是因为清代乾隆、嘉庆时期，是这一经学流派的鼎盛时期。

可以这么说，“乾嘉学派”是有清一朝传统学术研究的主流学派，它在学术研究上的影响力一直延续至现当代。

一、乾嘉学派的成因

乾嘉学派形成的原因，可以从内因和外因两个方面来考察：

就内因而言，乾嘉学派的兴起，有其作为儒家学说自身发展演变的内在逻辑。这是一个比较复杂的思想学术史问题，很难用三言两语来交代清楚，这里我们也不可能作具体的、展开的论述。只能概括地说，宋明理学在经过几个世纪的发展演变后，形成两个最主要的派别：一是以北宋程颐、南宋朱熹为代表的，强调“道问学”的“理学”（即所谓的“程朱理学”）；一是以南宋陆九渊、明朝王阳明为代表的，强调“尊德性”的“心学”。两派之间各行其是，争论不下，形同水火。到了明朝后期，程朱理学一派已经基本上陷入了“八股”之中，信奉此派的知识分子，除了钦定《四书大全》《性理大全》外，几乎什么书都不读；而信奉陆王心学一派的知识分子则干脆什么书也不愿读，“束书不观，游谈天下”。总之，两派的共同特点就是空谈义理，而于国计民生不闻不问。到了李自成、张献忠等发动农民起义，满洲铁骑入关，大明江山易主之时，这批自以为已经参透了儒家“道德性命义理”的读书人，就只能作“愧无半点匡时策”的哀叹。少数有骨气的学者以“临危一死报君王”的死节来显示自己平日的修养功夫，而更多的人则是作鸟兽散。沉痛的现实促使当时的知识分子反省，以顾炎武、黄宗羲、王夫之、颜元等为代表的一小批明清之际儒家学者，通过他们的学术研究及实践，对宋明理学进行了深刻的总结和批判。他们认识到宋明理学突出强调儒家道德修养的“内圣”之学，而把儒家经世济民的“外王”之学的传统丢掉了。他们认为，宋明理学的程朱、陆王两派各行其是，都说自己代表了孔子、孟子的真正精神，实际上却都与孔孟思想有所区别。要想真正把握孔孟的精神，只有回到儒经的原典中去寻找孔孟立论的依据，否则程朱、陆王各说各的，无法判定真假。他们还一致反对程朱、陆王之学的空疏无用，打出了“舍经学无理学”的旗号。主张根据经书和历史立论，恢复传统儒学作为经世致用的学问，以达到“明道救世”“知国家治乱之原，生民根本之计”的目的。

除了儒家学说自身发展演变的内在逻辑这一原因之外，乾嘉学派的兴起还有其形成的外部条件，即外因。那就是清朝前期统治者所实行的文化恐怖主义。从这点上讲，乾嘉学派也是清朝封建统治阶级文化专制、残酷镇压和笼络羁縻知识分子的文化政策之产物。如上文所述，清朝至雍正、乾隆时期，国内的统治获得了相对的稳定，于是开始对文人尤其是汉族的知识分子采取了非常严格的控制政策。乾隆统治时期，“文字狱”大兴，查禁和销毁书籍盛行。当时的文人学士不仅不敢抒发己见，议论时政，即使是诗文、奏章中偶有一言一名的疏失，也很有可能招致杀身灭族的惨祸，这就迫使他们放弃了与现实关系较为密切的政治、经济、义理等方面的探讨，而把时间和精力用在古代典籍的整理上，寻章摘句，搞一些很具体的古籍考证以逃避现实。知识分子的这种态度，受到朝廷的欢迎和鼓励。因为封建统治阶级想要培养的就是一些思想锢蔽、眼光狭隘的驯服奴才，这样才有利于巩固他们的专制统治。如乾隆皇帝就公开反对知识分子“以天下国家为己任”，说如果知识分子人人都“以天下国家为己任”，还要他这个皇帝做什么。而古籍的考据，不仅不会背离封建统治阶级的理论准则和最高利益，而且它还将成为日益衰落的程朱理学的辅助和补充。所以，清朝的那些皇帝们，表面上仍维持对程朱理学的崇奉，科举考试仍以朱熹的《四书集注》为标准，私下里却又都提倡考据之学。特别是乾隆皇帝，他即位后，一方面大开杀戒；另一方面则大力提倡对儒家经学的考证。“上有所好，下必甚焉”，于是在皇帝的鼓励下，当朝的一些达官贵人、帮闲文人如毕沅、阮元等，就卖力地倡导考据之学。这样上行下效的结果，便造成了当时学术领域中考据之风的兴盛，出现了家家谈许、郑，人人说贾、马（许慎、郑玄、贾逵、马融，都是汉朝著名经学家、语言文字学家）的现象。

二、乾嘉学派的渊源及主要流派

乾嘉学派源于明清之际，其奠基人学术界有多种说法。大致说来，一般可以追溯到清初的顾炎武、黄宗羲、方以智等人。他们十分重视对儒家经典的研究，特别是顾炎武。

顾炎武，原名绛，明亡后改名炎武，字宁人，学者称他为亭林先生，江苏昆山人。清兵南下，他遵循继母遗训“勿事二姓”，参加苏州、昆山等地抗清斗争。失败后变卖家产，遍游天下，结交朋友，观察山川形势，始终不忘反清复明。他在游历时总备有两匹马、两匹骡，骡专门用来驮路上要看的书。60岁后定居于陕西华阴。终身不事清廷。顾炎武学识渊博，对经学、诸子学、音韵训诂学、历史学、国家典制、地理、天文历象、河漕兵农等都有研究，是清初著名的大学问家。他认为研究学问，在于“明道救世”，“自一身以至天下国家，皆学之事也”；做人要像孔子说的“博学于文，行己有耻”（意即要广泛地学习文化知识，在行为上要有羞耻心）；他强调“保天下者，匹夫之贱与有责焉耳矣”，后人根据他这种对民族、社会、国家高度负责的思想，归结为“天下兴亡，匹夫有责”的名句，成为中华民族爱国主义传统的一个重要组成部分。顾炎武把经学视为儒学正统，认为不研究儒家经典，沉溺于理学家的语录，是“讲空虚之学”。他要求学者“务本原之学”。为了重振儒学，顾炎武一生致力于学术研究，提出了“经学即理学”

的思想。他主张儒家义理就在经书之中；研究经典应该首重文字，而治文字必始于知读音。他所撰的著作有十余种，共计二百余卷。其中《天下郡国利病书》《肇域志》等都是讲求实学的著作；而《日知录》《音学五书》等著作则广征博考、言必有据，成为清代考据家的必读经典，也成为乾嘉学者经典研究的主要方法和途径。也正因此，顾炎武被公认为是清代考据学的开山。

继顾炎武、黄宗羲等人之后，阎若璩、胡渭、毛奇龄、陈启源、万斯同、姚际恒、顾祖禹等也可谓“乾嘉学派”的先驱。这批人与其前辈不同之处，在于反对满洲的民族意识已经基本泯灭，经世致用思想也已十分淡漠，许多人与当朝大吏乃至皇帝保持着密切的联系。不过，在学术研究上，他们还是继承了前辈们强调读书、反对空谈的学风，如阎若璩自题楹联曰：“一物不知以为深耻，遭人而问少有宁日”，就充分体现了他们的勤奋好学精神。这批人学识广博，考辨精审，著述宏富，其中特别值得一提的是阎若璩和胡渭。阎若璩著《古文尚书疏证》，以确凿的事实证明了宋代理学家认为尧、舜、禹、汤这些“圣人”的“道统传心之要”皆在里面、并已经流传了一千多年的《古文尚书》，原来只是一部晋代人伪造出来的“伪书”；胡渭作《易图明辨》，考证出宋代理学家奉为神明和至宝的《太极图》《先天图》《后天图》原来是出于道教，与儒家的《易经》并没有什么关系。

到乾隆年间，由于清廷“文字狱”的大张，士大夫更加脱离经世致用的实践，纷纷钻入故纸堆里讨生活，“乾嘉学派”从此时开始正式形成了。“乾嘉学派”实际只是一个统称，其中又可分出以惠栋为代表的“吴派”，以戴震为代表的“皖派”，以及由清初黄宗羲所开创的清代“浙东学派”，和与“皖派”“吴派”关系密切的“扬州学派”等小的学派。

“吴派”因其代表人物惠栋为苏州吴县人而得名，其主要学者也是以苏州为中心的江南地区人士。一般认为，“吴派”是源于惠栋的祖父惠周惕、父亲惠士奇，至惠栋而大成。“吴派”治学首重《周易》和《尚书》，此派的特点主要表现在突出强调搜集汉代儒生的经说经注，进而加以疏通证明。它的最大特点就是“唯汉是信”，即极其推崇汉代儒生的经说，严格遵循汉代经学研究重视名物训诂、典章制度的传统。凡是属于汉代的经学内容，就一概予以采纳而加以疏通解说。此外，“吴派”也颇重视对历史的考证，尤其是钱大昕和王鸣盛，就属于当时史学考证的名家，钱著《廿二史考异》、王著《十七史商榷》，是清代三大考史名著中的两部。“吴派”的主要学者有沈彤、江声、余萧客、钱大昕、王鸣盛、江藩等。

“皖派”因其代表人物戴震为安徽休宁人而得名，其主要学者基本也都是清代安徽徽州府籍人士。一般认为，“皖派”是源于出生于徽州婺源的江永，至戴震而大成。“皖派”治学十分重视“三礼”（即《周礼》《仪礼》《礼记》）之学，尤其是对“三礼”中名物典章制度的考证。此派的特点是特别强调从音韵学和小学（即文字学）入手，通过文字、音韵来判断和了解古书的内容和含义，也就是以语言文字学作为治学的入门途径。他们在文字、音韵等方面做出了不小的贡献。此外，“皖派”也颇重视思想和理论探讨，如戴震作《〈孟子〉字义疏证》，就属于通过考据来谈哲学的例证。“皖派”的主要学者有程瑶田、金榜、洪榜、汪绂、段玉裁等。

“浙东学派”由清初黄宗羲开其先河，但其远源可上溯至南宋以吕祖谦、叶适、陈亮为代表的“浙东学派”（即吕祖谦的“金华学派”、叶适的“永嘉学派”、陈亮的“永康学派”)。因此派的学者如黄宗羲、万斯大、万斯同、全祖望、章学诚、邵晋涵等都是浙江东部人士，所以有“浙东学派”之名。“浙东学派”与以上两派有一定的关联但又不尽相同，其特色是经史并重，尤在史学方面建树颇多。此派中人在明史、学术史、史学理论、地方志方面都有不少佳作，如万斯同的《明史稿》，黄宗羲的《明儒学案》，黄宗羲、黄百家、全祖望等合撰的《宋元学案》，章学诚的《文史通义》《永清县志》等都是一时名著。

“扬州学派”较上面所提诸派出现稍晚，因其学者如王念孙、王引之、汪中、焦循、李惇、阮元、凌曙等都是当时扬州府籍人士，故名之曰“扬州学派”。“扬州学派”与“皖派”“吴派”关系密切，如王念孙、王引之父子就是戴震的学生，焦循也自述其学是私淑戴震；而汪中、李惇则有学者把他们归在“吴派”之列。因此，可以说“扬州学派”兼有“皖派”和“吴派”的特色，且又有所发展和总结。此外，“扬州学派”也有自己的特点，他们开始反对一味地墨守汉代经学，主张会通；并努力开拓新的研究领域，如对先秦诸子的研究、对中国传统数学的研究等等。

三、考据之学的得与失

清代的“乾嘉学派”，其学术研究的取向是有得也有失，认真地分析一下其得失，应该说对我们今天做学问、搞研究的人是有启示和教益的。

“乾嘉学派”大多数学者的毕生精力，都放在了从事整理国故的工作上，在经学、史学、文学、诸子学、音韵、天算、地理、数学、校勘、目录、辑佚、辨伪等方面，做出了很大的成绩。这些成绩主要是审订文献、辨别真伪、校勘谬误、注疏和诠释文字、典章制度以及考证地理沿革等等，这为后来的研究者，提供了可靠的材料和读书的便利。中国古书汗牛充栋，经过几千年的传抄，不免有不少混乱错误的地方，有的已经无法读通，而其中的意义就更加无法理解了。乾嘉考据学家们，用十分精密细致的校勘方法，几乎对所有重要的古书，都加以详细地考证，消除了长期以来附加在古书尤其是儒家经典上的种种歪曲和误解，使后辈读书人省却了不少精力，难读、难解的书，也都可以读通。“乾嘉学派”的研究成果是世所公认的，迄今为止，谁想要了解和研究中国古代的文化遗产，都无法拒绝利用这些成果。此外，“乾嘉学派”在保存和传递古代文化方面也有不可否认的价值及意义。“乾嘉学派”在学术方面所做出的贡献，还表现在他们的治学态度和方法方面，他们重视客观资料，不以主观想象轻下判断，广泛收集资料，归纳研究，有着细致、专一、锲而不舍等可贵精神，这里包含了不少科学的治学态度和方法。所以，“乾嘉学派”的功绩应该说是不可磨灭的。以上种种，也就是乾嘉考据之学的“得”。

但是，我们还应该看到，考据作为治学的一个内容和方法，各代都存在。但“乾嘉学派”是专门从事考据，把学术全部纳入考据的轨道，在考据和学问之间画上了等号，以为除了考据以外就没有学问了。他们反对宋明理学好发空论、言之无物的弊病，而走上了从书本中寻找疑难问题进行考据的务实道路。这在学术研究方面，固然可谓有相当的造诣和贡献。可是，如果从思想发展的历史来看，“乾嘉学派”的建树就算不上宏大了。乾嘉时期的考据学家们，遗其大而传其小，沉溺于故纸堆中，脱离现实，放弃了顾炎武、黄宗羲等做考证学问为的是经世致用的本意。

“乾嘉学派”存在的严重缺点，主要就是脱离实际、烦琐细碎。说它脱离实际，主要是指考据学家们大多厚古薄今、舍本求末。他们考订问题，用形式逻辑的归纳法，把同类材料罗列在一起，旁征博引，然后得出结论，只讲证据，不讲道理。结果虽然在细枝末节问题上的功夫很深，但一旦涉及较大的需要说明和解决的问题时，就往往变得无能为力，造成不通世务，不切实用，考据愈细愈是无用的后果，而此点实际上与宋明理学家的“空谈无用”殊途同归。“乾嘉学派”的另外一个明显弱点就是烦琐细碎。许多考据学家的作品，都是以繁为贵，以繁为博学，一字的偏旁、音训，考证起来动辄千言。为了标新立异，解释一个字的古义，用了累百盈千句话，议论不休。结果却是杂引衍流，不知所归。学者们毕生的精力，就耗在了这一字一句的正讹，一名一词的究源之上。号称“朴学”的乾嘉“汉学”，到这时已经变得“华而不朴”了。放眼 18 世纪中叶的西方世界，那里的知识分子正热衷于研究各种近代的自然科学和社会科学，如英国的瓦特发明蒸汽机、法国的孟德斯鸠发表《论法的精神》等等，而中国的知识分子却在那里搞这种既烦琐又无用的考证，实在不能不说是一种智慧的极大浪费。以上种种，也就是乾嘉考据之学的“失”。

正因为“乾嘉学派”有这些弱点，所以到嘉庆以后，当“文字狱”的恐怖氛围有所淡化，而新的社会政治危机又在日趋加深之际，在学术界有人从各个不同的角度对考据学派提出异议和批评，乾嘉考据学从此也就开始由极盛逐渐转向衰落。

乾隆朝
由盛而衰的转折

所谓的衰世，表现的形式像个治世，名称概念像个治世，说唱谈笑像个治世。黑白两色相杂代替了五颜六色，就像治世的素朴；高低音符相错销铄了美妙的音乐，就像治世的无声；道路荒芜、河堤崩塌，就像治世的坦荡；人心混混、没有争辩，就像治世的百姓不问国事。

——龚自珍《乙丙之际箸议第九》（节译）

清朝的康熙、雍正、乾隆三朝，占去了整个清朝统治时间的一半以上（以清朝入关后计算）。康熙帝在位 61 年，雍正帝在位 13 年，乾隆帝在位 60 年（不包括他作为太上皇的 3 年又 4 个月），加在一起共有 134 年之多。在康熙统治的前期，清政府忙于南征北伐，世道并不十分太平。但从康熙帝第三次亲征准噶尔部（1697 年）大获全胜后，直到乾隆帝把皇位“内禅”给了嘉庆帝（1796 年），时间恰好是 100 年整。在这 100 年里，国内虽然还时有战争的发生，但这些战争不是局于边疆地区，就是限于规模不大，因此都没有造成全国性的大动荡，世道真是堪称“太平无事”。说实话，一个社会的和平与秩序，这本来仅仅是百姓所祈求的最低要求，也是一个政府应该做到的最低职能。然而，持续整整一个世纪的太平，这在中国两千多年的封建社会里却实在称得上是难得。再加上这百年之内，论武功可谓“四夷咸服”，论文治则有《康熙字典》和《四库全书》，难怪旧史书会对此百年大加称颂，谓之“太平盛世”。

在清朝的百年“盛世”中，乾隆皇帝的统治又占去了其中的 3/5。所以，我们需要花点时间来看一看这个乾隆朝。

一、乾隆“盛世”

乾隆帝弘历，是雍正的第四个儿子，但他的 3 个哥哥都是冲龄夭折，所以他成为实际上的长子。雍正十三年（1735 年）十月，雍正帝去世，25 岁的乾隆便继承了皇位。

乾隆所继承的是一份令历史上大多数帝王感到钦羡的政治遗产。因为，在祖父康熙和父亲雍正两朝的努力恢复和持续发展之后，国家已经被治理得井井有条，社会秩序安定，国家的人口和财富也正在迅速增加，国力蒸蒸日上，一片升平气象。而且，乾隆的登基，授受合法，平稳接权，波澜不惊。既不像乃父雍正的即位，矛盾尖锐，争夺激烈，刀光剑影，兄弟喋血萧墙；也不像祖父康熙、曾祖父顺治的即位，幼冲践祚，孤立少援，外有强敌，内有权臣，主幼而国疑，统治基业极不稳固。他十分侥幸地躲开了历史上常见的那些为了争夺皇位而引发的种种诡谲阴谋、肮脏交易、明枪暗箭和血雨腥风。

在乾隆统治前期，尚能做到励精图治，他施行了一些有利于国家经济发展的措施，部分地减轻了百姓的负担，也缓和了一些紧张的关系。所以，到乾隆中期，清王朝达到了鼎盛时期。那时，全国的耕地面积超过了明末耕地的最高数字，达735万余顷，比顺治末增加了1/3左右；国家的人口也空前增长，已经接近3亿；商品经济也有长足的发展，国内城市随之繁荣起来，恢复甚至超过了明代的繁荣时期。

在政治方面，乾隆吸取了康熙、雍正两朝的统治经验，采取“宽严相济”，一张一弛的治术。康熙时代，针对当时全国统一不久的形势，比较注意休养生息，政策相对宽和。雍正时期，国内统治基本已经稳定，所以政策比较严厉，重在整顿纪纲，尤其是即位问题的斗争，所以在打击和清除内部异己势力方面，残忍而不遗余力。乾隆即位后，一方面多次下令蠲免正赋杂税，革除苛政，减赦罪犯，对被雍正无情打击的皇亲国戚、王公大臣实行宽大处理。并且还开博学鸿词科，招揽天下鸿儒硕学；编辑大型丛书，标榜文治。另一方面则打击朝廷朋党，惩治官吏；大兴“文字狱”，禁毁书籍，严格控制知识分子思想。刚柔相济的统治术，使得乾隆朝的前期政治颇有特色。

在武功方面，乾隆时期也不乏亮点。乾隆曾不无得意地宣称自己在军事上有十大战绩，即：两次平定大、小金川叛乱，两次平定准噶尔部叛乱；两次与尼泊尔的廓尔喀作战，平定新疆回部大、小和卓木叛乱，平定台湾“天地会”林爽文起义，与缅甸作战，与安南作战。志骄意满地夸耀自己有“十全武功”，并因此封自己是“十全老人”。当然，如果稍微了解一点清朝历史的话，马上就可以发现，在乾隆所谓的“十全武功”中，水分很多，当然这里就没有必要一一去揭穿它了。

乾隆在位满60年之后，因为不想自己在位的时间超过祖父康熙，所以就把皇位主动让给了儿子颙琰（嘉庆帝），自己当起了“太上皇”，但却仍然把持着朝政，直到嘉庆四年（1799年）去世为止。

总之，乾隆是中国历代帝王中一个非常少见的“幸运儿”。他不仅顺利地继承了父亲、祖父为他奠定的稳固基业，而且寿登上考，一直活到88岁。他的一生，顺多逆少、胜多败少。在位期间，皇权如磐石之固，他进退人物，生杀予夺，叱咤风云。中国封建专制政治中威胁皇权的种种势力，如母后、外戚、宦官、权臣、朋党、强藩（地方政府力量）等等，被削弱到了最低的限度，尽管这些大多不是乾隆帝本人所做的，而是其父亲、祖父为他扫清的道路。此外，当时国内也没有强大的反清力量，西北、西南的边患已经成为强弩之末，而西方资本主义列强的势力则还鞭长莫及。因此，乾隆朝可谓国力强盛，四海升平，经济富庶，文化发达。他以强大的武力平定西北，保护西藏，加强了国家的统一，确定了中华的版图。即使到了乾隆晚期，各种社会矛盾已经相当尖锐，清政府还是能全面控制内外形势，维持着强大的表象，屹立于亚洲的东部。

二、“盛世”的背后

上面所提到的乾隆“盛世”，确是事实，但也仅仅是表面上的事实。在这个“盛世”的背后，还有另外一番景象不能不说。那就是这个“盛世”在很大程度上是依靠加强对人民的种种镇压政策、措施来维持的。

清朝的统治者在全国各地派驻了大量用以镇压人民的军队，其中主要是“八旗军”，其次是“绿营兵”（由汉族人组成的军队）。此外，在蒙古地区有“旗兵”（由蒙古人组成的军队），在西藏地区有“番兵”（由西藏人组成的军队），在黑龙江地区有“索伦兵”（由鄂温克人组成的军队）。而“八旗军”中又分为“满八旗”“汉八旗”“蒙古八旗”等，其中最基本的力量是“满八旗”。“八旗军”一半驻防在北京及周围地区，还有一半驻防在全国的各大小城市中。如果遇到人民反抗，“八旗军”就立即配合其他军队进行军事镇压。

除了军队之外就是严格的法律。清朝政府颁布的《大清律》，可以说是集中国封建社会历代刑法之大成。在《大清律》中，凡是被统治者认为是“十恶”的，如“谋反”（企图推翻清朝的统治）、“谋大逆”（谋毁清朝皇帝的宗庙、宫阙等）、“不义”（杀害本地的行政长官之类的事）等等，一律被处以极刑。至于百姓的集会结社、聚众罢市、喧闹公堂，甚至编写或歌唱违禁的词曲，都在严令禁止之列。

此外，乾隆朝还以十分严格的保甲制度来防止人民的反抗。不论城乡，每10户人家立一个“牌头”，10个“牌头”立一个“甲头”，10个“甲头”立一个“保长”。每户人家的门上必须悬挂一块牌子，上面写上户主的姓名、丁数（家中成年男人的数量），同时必须登录在当地官府的册籍上，以便随时稽查。政府还在全国城乡的店房、寺院等处设立册籍，记录各地往来的客商。又责成地主、窑主或厂主对所属的佃户、佣工严加“管束”，或附记于牌甲之末，或附属于本户之下。如果发生了反抗朝廷事件，在保甲制度下的有关人家都要一并连坐，以此达到各户互相监视的作用。在广大少数民族地区，清政府也有类似保甲制度的控制人民行动的机构。

乾隆朝的高压政策，莫过于在思想文化领域的恐怖统治。大规模的“文字狱”和禁毁书籍，使得整个社会万喙息响，人民绝口不谈政治。知识分子要么陷入“八股”式程朱理学之中，“非朱子（朱熹）之传义不敢言，非朱子之《家礼》不敢行”；要么潜心于考据之学中，以消磨智慧和时间。

乾隆朝虽然号称“盛世”，但百姓的日子并不好过。尤其是遇到自然灾害，逃荒要饭、卖儿卖女的现象时有发生。当时著名的画家兼书法家郑板桥，曾有一首《逃荒行》，这首诗的价值绝不亚于郑氏所画的竹子和他所书的“难得糊涂”，诗中十分生动地描绘了催人泪下的农民逃荒之悲惨情境：

> 十日卖一儿，五日卖一妇。来日剩一身，茫茫即长路。长路迂以远，关山杂豺虎。……嗟予皮发焦，骨断折腰膂。见人目先瞪，得食咽反吐。……道旁见弃婴，怜拾置担釜。卖尽自家儿，反为他人抚。身安心转悲，天南渺何许。万事不可言，临风泪如注。

这位卖尽妻儿、日暮途穷的逃荒农民，与他所拣到的弃婴，后来的命运究竟如何尽管不得而知，但应该说也是不难想见的。

三、由盛而衰的转折

中国有句老话叫作“盛极必衰”，封建王朝强盛的顶点，往往也就是它衰败的起点。正是乾隆这个“盛世”，也孕育了清朝的衰亡。盛衰的转折点就在乾隆的中期。从乾隆中叶开始，清王朝的各种社会矛盾纷纷暴露了出来。

首先是统治集团日趋腐朽，奢靡成风。乾隆本人首当其冲。他大概看到国库丰盈，国家八方无警，国泰民安，一片歌舞升平的气象，于是滋长了奢侈享乐之心。最典型的就是他从乾隆十六年至四十七年（1751—1782）的“六下江南”。康熙帝在位时，也曾六下江南，但目的在于察看治水和了解东南民情，且每次出行都比较俭朴。乾隆帝则不然，尽管他信誓旦旦地说他下江南的目的与祖父一模一样。乾隆皇帝每次下江南，都要组织万人甚至万人以上规模的队伍，每到一处便挥霍一番，江南人民也因此被狠狠地剥去一层皮。据统计，乾隆六下江南共花去了两千多万两白银。当时身为翰林学士、《四库全书》总纂官的大学者纪昀，曾婉转地将江南百姓不堪忍受下江南所带来的经济重负的情况告诉乾隆，结果引来乾隆的一顿臭骂，说：“我看你学问上有点根基，才给你个官做做，这其实不过就像娼妓一样豢养起来罢了，你居然敢议论国家大事！”随着乾隆皇帝的奢靡铺张，自然就会引出上行下效的恶果，乾隆中后期的各级官僚，也莫不骄奢淫逸。

统治集团奢靡腐朽，势必引起吏治的废弛和贪污成风。乾隆中期以后，吏治的废弛日益明显。乾隆即位时，一个名叫孙嘉淦的“言官”（左都御史，职责是劝谏皇帝、弹劾官员）就提醒乾隆要防止“三习一弊”，“三习”就是：习惯听歌功颂德的话，习惯看谄媚拍马的举动，习惯别人讨好逢迎；“一弊”就是由“三习”带来的讨厌“君子”而喜欢“小人”的弊病。乾隆对此并不以为然，他自以为绝顶聪明，能洞察秋毫，乾纲独断，“三习一弊”不会在他身上发生。然而，当他在边疆小有成就后，就开始欣然陶醉于自己的“功业”来。这时，一个侍卫出身的满洲子弟和珅出现了。他善于揣摩乾隆的心事，利用乾隆好大喜功、自以为是的弱点，处处迎合乾隆的喜好。自以为高明的乾隆，被和珅的谄媚术完全蒙蔽了。于是和珅的官职愈升愈高，从一个小小的侍卫一直爬到大学士、军机大臣（相当于以前的宰相）。乾隆把大权交给了和珅，和珅便拉拢党羽，排斥异己。乾隆也满足于臣下唯唯诺诺，不愿听也听不到不同意见。到了乾隆后期，各级官员纷纷向和珅学习，竭力迎合乾隆虚骄的心理，粉饰太平，隐瞒实情，报喜不报忧。他们玩忽职守，不负责任，办事因循苟且，得过且过，一心谋求私利。他们上下勾结，共同作弊，互相包庇。吏治腐败的另一典型表现就是贪污腐化，贿赂公行。乾隆中期后，官员贪污成风，朝廷虽也抓了几个案件查究惩处，但对于根除贪官根本无济于事。因为当时最大的贪污犯就是乾隆本人及其宠信的和珅（此点容后再论）。随着吏治的腐败，清朝的军队也腐朽起来（此点亦容后再论）。

统治集团的腐朽、政治的腐败，势必要影响到国家的经济状况。乾隆即位时，国库充盈，当时每年国家的收入大约为 3000 万两白银，而国库的贮存平均也在七八万两左右。但由于乾隆的好大喜功，连年用兵，耗费巨大；乾隆本人南巡北狩，铺张浪费；治河工程每年都浮开虚报，官吏层层贪污，中饱私囊。这一切使得整个国家的财力被消耗殆尽，到嘉庆帝即位时，国库已经空虚，而国家财政日绌。乾隆中后期的经济问题，不仅体现在国家财政方面，还表现在人口问题和土地问题方面。由于社会长期处在和平状态，乾隆朝时人口得到迅速增长，到乾隆末期，我国人口的数字已经达到3亿左右。这比康熙末年的2500万左右（政府统计的户籍数），骤增了十多倍。整个国家社会生产的增长，远远赶不上人口的增长，这就势必造成人民生活水平的下降，而真正贫困的只能是广大百姓。

如果说人口问题还基本上是一个自然增长引起的社会问题，那么，统治阶级的大规模土地兼并，则完全是人为的社会问题。清代前四朝的土地占有关系，大致可以分为两个阶段：从清初到康熙中叶（17世纪80年代），是地主兼并土地趋势暂时缓和的阶段；康熙中叶以后，随着耕地面积的扩大、农业生产力的提高和商品经济的发展，中国封建社会内部固有的土地集中因素又恢复了作用，从而出现了新的土地兼并浪潮。这种兼并表现为农民的土地集中到地主手中，中小地主的土地集中到大地主手中。乾隆中期以后，全国占有良田千顷以至万顷的地主，比比皆是。如怀柔的大地主郝氏占有“膏腴万顷”；乾隆宠臣和珅占田八千余顷，他的两个家人也占有土地达六百余顷。满汉的军官从军营解甲后，也广置田产，一般地主则以高利贷为手段霸占农民土地。富者田连阡陌的必然结果就是贫者无立锥之地，土地兼并使大批农民乃至中小地主丧失了土地。贫苦的农民只能用自己的工具和劳动力长期依附于地主、官僚和皇室，租种他们的土地进行生产。高额的地租，迫使农民将其收获的50%以上交给地主、官僚和皇室。除了残酷的地租剥削之外，农民还要承受商业资本和高利贷的剥削，以及政府摊派的各种贡税，从事各种名目的无偿劳役。再加上天灾人祸接踵而至，许多无以为生的农民只有铤而走险了。乾隆三十九年（1774年），山东爆发了王伦领导的农民起义；当乾隆传位给嘉庆的那年（1796年），四川、湖北地区爆发了“白莲教”起义，这场运动一直持续了10年之久。据说，乾隆临死时，“频望西南，似有遗憾”，因为西南地区正是当时农民暴动如火如荼的地方。

总之，以乾隆中期为界，清王朝开始走向衰落。而到了乾隆末期，所谓歌舞升平、“十全武功”的“盛世”已经宣告结束。在60年漫长的“盛世”之后，是成倍增长的人口压力和尖锐的民族矛盾及阶级矛盾，以及统治集团的彻底腐败。如同曹雪芹在《红楼梦》中所说的：“如今外面的架子虽未甚倒，内囊却已尽上来了。”清王朝已经像即将倾颓的大厦势难支撑，而英国殖民主义者的炮舰却正在隆隆地驶近，中国的历史，即将翻开令人痛心疾首的一页。

“和珅跌倒，嘉庆吃饱”
清朝中期的官员贪污

廉吏、循吏在历史上之被重视与被崇敬，乃说明这类人物是如何的稀罕。历代对于贪官污吏所定法律之严酷，更说明这类人物该是如何的多。

——王亚南《中国官僚政治研究》

在中国两千多年的封建社会里，官员的贪污腐败，就如同一种无法医治的“历史病”似的，紧紧地附着在封建官僚政治这个肌体上。倘若碰上政治比较清明的时节，它的发作就相对要少一点，发作的程度也相对要轻一点；但如果遇到政治昏暗之际，那便是它大逞淫威的好时光。正因为官员贪污腐败的现象在中国封建时代是如此的盛行，所以中国历朝历代对贪官污吏进行惩治的法律都十分的严酷，而历朝历代那众多孤立无援的百姓就只能企盼有更多“循吏”“清官”的出现。

“清官”和“循吏”在中国历史上受到百姓特别的崇敬，

以至于一些有名的“清官”还进入了传世的剧本和小说之中，成为千古传唱的人物。看过电视连续剧《宰相刘罗锅》的人，我想一定会对其中两个主要的对立人物刘墉与和珅留下深刻的印象。刘墉与和珅同是乾隆中后期的朝廷重臣，电视剧的编导和演员刻意把刘墉塑造成中国历史上清官循吏的象征，而把和珅塑造成中国历史上贪官污吏的典型。应该说，电视剧拍得还是比较成功的。当然话得说回来，电视剧不可能没有艺术加工，或者叫作“戏说”的成分。所以，历史上真正的刘墉，绝没有戏里面的刘墉那么刚正清廉；但历史上真正的和珅，却绝对要比戏里面的和珅更加寡廉鲜耻，他是清朝历史上有名的佞臣，也是中国历史上最著名的大贪官之一。

这里，就让我们通过和珅其人，来透视一下清朝中期的官吏贪污现象，顺便也讨论一下中国历史上官吏贪污腐败的根源之所在。

一、“和珅跌倒，嘉庆吃饱”

和珅，姓钮祜禄，是满洲正红旗人，出身官学生（生员），世袭为官，在皇宫的金銮殿充当仪卫，职务是校尉。不久他得到了乾隆的赏识，职位迅速升迁，从侍卫、副都统、户部侍郎，一直到九门提督、尚书兼军机大臣、文华殿大学士，封一等公，可谓位极人臣。他的儿子丰绅殷德与公主结婚，他的弟弟和琳也历任兵部侍郎、工部尚书、四川总督等职，真是一门为官，炙手可热，势焰逼人。

和珅之所以能够官运亨通，主要就是极善观风使舵、揣摩人心。他把乾隆的心事揣摩得很透彻，表面上恭恭敬敬，处处迎合乾隆的喜好，因此很快得到乾隆的信任，到乾隆晚年就更受倚重，独揽国家大权。和珅为了巩固自己的地位，一面千方百计地在朝中扶植党羽；一面则把朝臣中反对他的人都借故清除掉。以至于当朝官员中希望保持禄位和继续升迁的人，都必须要走和珅的门路并付之以极重的贿赂。

和珅不仅恃权恣横，而且极端贪财嗜货，有一种聚敛财富癖，凡是他看中的东西，总是千方百计弄到自己的手里。据说，有个叫孙士毅的官员，从安南回京，打算把一个由明珠雕琢而成、十分精致的鼻烟壶献给乾隆。但几天以后，这个鼻烟壶就转到了和珅手中。可见和珅的专权已经到了可以完全瞒过乾隆的地步。和珅为官二十余年，聚敛搜刮了惊人的财富，其财富之多，令皇室成员也自叹不如。据说，有一次乾隆的第七子（七阿哥）打碎了皇宫中的一个直径约尺许的碧玉盘，这是乾隆帝十分喜爱的一件器皿，七阿哥很着急，马上派人去与和珅商量，和珅毫不在意地立即拿出一个玉盘送给他，而这个玉盘的尺寸和色泽都超过了原来的那个玉盘。由此可见和珅拥有的财富之巨。

和珅的专权和聚财，当然也引起了一些人的不满，如后来继乾隆成为皇帝的嘉庆就是其中的一个。但乾隆在世之时，嘉庆对和珅虽然看不惯，却也奈何他不得，只能是怀恨在心，等待时机的成熟。嘉庆四年（1799 年），当了 3 年又 4 个月“太上皇”的乾隆皇帝终于驾崩了，于是嘉庆立即就着手惩治和珅。乾隆帝死后才 5 天，嘉庆就下令把和珅逮捕入狱，和珅的党羽也都一一议罪处治。不久，又赐和珅自杀，其全部家产查抄没收。

嘉庆把查抄来的和珅家产，一小部分赏赐给了他的亲信和大臣，而极大部分则收归己有。后来民间流传一句民谣，叫作：“和珅跌倒，嘉庆吃饱”，以形容和珅的暴富，以及嘉庆帝借惩治和珅之机狠狠地捞了一笔。人们或许会问：和珅的家财究竟有多少，连皇帝也要来捞一笔？说出来也真吓人一跳，据和珅抄家清单上记载，他的不动产有：

田地 8000 多顷；

当铺 75 座；

银号 42 座；

古玩铺 13 座；

花园楼台 106 座。

此外，他还拥有大量金银珠宝、衣物首饰、古董珍玩之类的动产，仅衣服一项就有：

貂皮衣 1502 件；

杂皮衣 1243 件；

其他衣服 5316 件。

和珅的这些财产，折合成白银，共计为 8 亿两左右，而当时清政府每年的收入大约为 7000 万两左右，这就是说，和珅一人的财产就相当于当时整个朝廷 10 年的总收入！这个数字实在令人吃惊。记得明朝历史上也有一个著名的大贪官，名叫严嵩，他的儿子严世藩曾经对别人夸口说：“朝廷不如我家富！”但如果比较起来的话，严嵩之于和珅那就是“小巫见大巫”了。因为据统计，严嵩的家产是二百多万两白银，这个数字仅仅只是和珅家产的 1/40，因此远不能与和珅同日而语。

和珅的这些财产，大部分是通过他平时贪污公款、接受贿赂、敲诈勒索、强占民产等手段巧取豪夺来的。其余部分则是通过经商获利而来，即通过他开的那些银号、当铺、古玩铺等营业赚来的，而这实际上主要也是以权经商，所以其实质可以一个“贪”字来涵盖。

二、清朝中期的官吏贪污

和珅的贪污，仅仅是清朝中期官吏贪污中的一个最具典型意义的代表。当时，整个统治集团已经十分腐朽，贪污现象非常普遍。

在中国两千多年封建社会的发展演变中，形成了一种阶段性的规律。凡一个新王朝的出现，大多经历过一场代价昂贵的、痛苦的修复和更新的治疗，各种社会经济关系和政治关系在治疗过程中获得相应的调适和重组。因此，通常情况下，一个王朝初建之时，各种社会矛盾都会相对缓和。其表现在政治上就是，这一阶段的官僚队伍规模相对减少、国家的吏治相对廉洁、政权机构的运转效率相对要高一些等等。但随着时间的推移，各种社会矛盾又重新凝聚起来并逐渐激化，封建官僚政治的种种弊端于是再一次地凸显出来，进而为下一次的改朝换代准备了必要的条件。

和中国历史上以往的朝代一样，清朝开国后的七八十年里，吏治还是比较整饬的，官吏的风气也相对好一些。康熙帝时，正当立国初期，政治比较清明，整个社会风气在清朝堪称最好，因此官吏贪污现象比较少；到雍正帝时，其驾驭臣下严酷辣手，喜欢动用特务、间谍来监视官吏们的行动，这就使得官吏们人人自危，因此也很少有人敢明目张胆地进行大规模的贪污。但到了乾隆统治时期，尤其是乾隆中期以后，整个统治集团已经非常腐朽，吏治松弛，官吏的贪赃枉法之风已十分盛行。

在当时的官吏贪污中，有合法的贪污和非法的贪污之分。所谓合法的贪污，就是各级政府在向百姓征收钱粮及税赋时，要在规定的份额之外提取一部分以供官吏们的日常开支，这叫作“陋规”。“陋规”属于约定俗成的，宋代、明代等朝皆有，只是名称有所不同罢了。就在这种“陋规”的名义下，使各级官吏的贪污由不合法变为合法。除了合法贪污外，更多的则是不合法的贪污。

和珅执政时期就属于不合法贪污盛行的典型时期。在和珅执政的二十余年间，到处招权纳贿，他听任文官贪赃受贿，武官克扣粮饷，于是，大官僚勒索小官僚，小官僚敲诈百姓，上上下下，形成了一个巨大的贪污网。如云贵总督恒文授意其下属官员贡献金炉；山西巡抚蒋洲勒派其下属各州县想尽一切办法弥补出现的财政亏空；闽浙总督伍拉纳为了拍和珅的马屁进而吊打下面的州县官吏以逼索财物，而其下属就只好取之于民，再加派税赋。当时，官吏们上下勾结，不择手段，明目张胆地集体贪污现象也层出不穷，如甘肃总督勒尔锦伙同前任布政使（藩司）王亶望、现任藩司王廷赞等各级官吏六十余人，集体谎报灾情，然后把朝廷用以赈灾的银两全部侵吞掉。此案后来被揭发出来，因贪污银两达 2 万两以上而被处死的地方官吏就达 22 人之多。再如两湖地区，毕沅任总督、福宁任巡抚、陈淮任布政使，他们3人狼狈为奸，勾结在一起进行贪污。总督毕沅假装斯文，什么也不管，坐分钱财；巡抚福宁则广收贿赂；布政使陈淮更是专门敲诈下属官吏。当时两湖地区的百姓为他们3个人起的绰号是“毕不管”“福死要”“陈倒包”，还流传这样的民谣：“毕像蝙蝠，身不动摇，专吸过往虫蚁；福像虎狼，不顾人畜，一概吞噬；陈像老鼠，钻穴食物，使人不防。”

吏治败坏，贪污受贿，不仅在地方官中间非常盛行，就是在朝廷的京官中间也同样非常盛行。在北京的六部（吏部、户部、礼部、兵部、刑部、工部），一向号称“清苦”，但实际上他们也有自己的“发财”之道：吏部靠官员为“补缺”而送的“关节钱”；户部专门靠吃“平余”（正税、正赋之外多余的部分，如地方上每上交1000两白银，还需额外再交25两“耗羡银”之类）；礼部靠举行科举考试时徇情受贿；兵部靠克扣军饷；刑部靠打官司时的“赎款”及原、被告送的贿赂；工部则靠兴建工程时中饱私囊，尤其是一些大型的工程如治理黄河等。总之，这些京官们是“靠山吃山，靠水吃水”，甚至连皇宫里的太监，也有自己贪污的办法，如与内务府勾结，在承揽诸如修建宫殿、陵寝以及皇室大婚等事务上渔利，清代的宫殿经常着火，据说有的就是太监们自己故意纵火（这种事在明代也有），而其目的就在于创造贪污的机会。

自乾隆中期以后，各级官吏更是贪污成风。有些地方总督、巡抚、布政使因贪污过于严重而被告发，乾隆帝也为之大光其火，抓了一些案件查究惩处，也杀了不少贪官污吏。如督抚、布政使国泰、王亶望、陈辉祖、伍拉纳、浦霖等人的“贪黩案”，每一次抄没资产动辄数十万；再如前面提到的甘肃集体“谎报灾情案”，一杀就是几十名官员。但这些查处实际就像在熊熊烈火上浇几杯冷水，对根除贪官污吏来说无济于事。结果贪污的事件愈来愈多，贪污的办法也愈来愈巧妙，即使被人发现，弥补的办法也愈来愈圆通高明。各级官吏贪污钱财，从直接向百姓搜刮，发展到动用国家的积蓄，于是造成全国各省普遍出现财政亏空的情况。有的前任离职，后任不愿接受亏空的账目，只能靠上司出面说合；有的接收了前任的亏空，到自己离任时照旧亏空这么多，这叫作“原装原卸”。“原装原卸”应该说还是比较好的，更恶劣的是有许多地方本来并无亏空，到官员离任时卷一票走人，这叫作“做亏空”。这样一来，就出现了处处亏空的局面，而且亏空的数字也大得惊人。乾隆五十六年（1791 年），清查各省的地丁钱粮，有的省竟欠了二百多万两。到嘉庆十七年（1812 年）再次清查，各地的财政亏空更多，安徽、山东等省的积欠竟高达四百多万两。

国家财政亏空愈来愈多，势必造成人民负担愈来愈重；而人民负担愈来愈重，其结果必然就是清朝统治危机愈来愈深。当乾隆末年、嘉庆初年的白莲教大起义时，一句最响亮的口号就是——“官逼民反！”

三、官吏贪污的根源

如前面已经指出过的，官吏的贪污并不是乾隆中期以后才出现的特有现象，而是中国封建时代官僚政治中屡屡发作的顽症和无法医治的绝症。那么，要寻找其存在的根源，就不能简单地就事论事，而需要从制度和文化的层面对这一现象进行深入的剖析。然而，这是一个十分复杂的问题，本书也无法进行全面的解答，这里仅仅提纲挈领地为读者诸君提供几个供进一步思考的方面：

其一，官吏的官俸太低。尽管相对广大民众而言，官吏的收入已属丰厚。但一般说来，中国历代的官吏，其俸禄都不高，特别是地方官吏。有研究者根据历代的米价和平均生活消费量与当时官吏的俸禄加以对比计算，研究的结论认为，仅靠俸禄以满足生活之需的官吏在中国历史上几乎是不存在的。他们必须借助如上面提到的“陋规”这些“外快”来贴补自己的生活。这一点连明智一点的皇帝心里都很明白，如康熙帝就曾对徐乾学、高士奇的贪污案发表“高论”说：这些人在做秀才时，都徒步、穿素，一旦登上仕途后，便高头大马，后面又有跟班的、抬轿的簇拥着，他们哪里来的这么多钱，你能对他的日用开销一一问清楚来源吗？事实也确实如此，在中国古代，一个人做了官，有妻妾、子女、仆人，又要讲点排场派头，仅靠官俸来满足家庭开支肯定是不够的。北宋的王安石在其“变法”时，曾提出要给官吏高薪以“养廉”，有了高薪再贪污就从重处罚，这当然不是王安石靠“拍脑袋”想出来的“奇思”，而是有现实根据的。但王安石没有考虑到，许多官吏的贪得无厌不是靠加官俸就能解决问题的。如果历代的官吏仅仅只是捞点“外快”的话，那只能算是“聊补”，发不了横财，也算不上大的贪污。

其二，最高统治者的贪污。在中国历史上，历代帝王由于意识到官吏的贪污会严重影响到其统治地位的稳固，所以他们对贪污的官吏一般也会处以重罚。在这方面，历史上有大量的资料记载，这里没有必要详引。从历史上看，对贪官处置最严厉的大概要数明太祖朱元璋，他规定官吏贪污在60两银子以上者，不仅要杀头，而且还要剥皮。但是，作为国家最高统治者的皇帝，自己的屁股也大多不太干净，往往皇帝本人就是最大的贪污犯，而国家的法律中却从来没有如何处置皇帝贪污的条款。如讲到乾隆朝的贪污，人们一般马上就想到和珅，可实际上最大的贪污犯不是和珅，而是乾隆。乾隆本人就经常通过众多地方官吏去压榨剥削百姓，以增加他本人的财富，和珅不过是从乾隆压榨剥削民脂民膏中乘机掠夺了不少财富而已。乾隆在位时，就经常接受和珅和其他督抚等官员的"贡献"，每当皇太后和他本人寿辰之时，就要让各级官员"祝寿"，于是从朝内军机大臣到地方督抚、将军，都竞相贡献金银珍玩。有一次寿辰，乾隆仅收到金佛就有1万尊以上。清朝皇室表面上一般不能动用国库的钱财，但却有自己的"小金库"，即内务府中的"广储司"，其中的钱财称作"内帑"。"内帑"的主要来源是皇室从国家的各种税收中收取的"盈余"，官商、皇商"经商"得来的盈利，犯罪官吏家中查抄没收的金银财物，各级官员秘密赎罪所交的"罚款"等等。如在雍正、乾隆两朝时修建的著名的圆明园，就是用所谓"内帑"的经费修建的。其究竟所耗多少，今已难知其详，但肯定要超过后来慈禧太后所修建的颐和园，只是当时清朝正处在盛世，没有多少人去注意它。再如嘉庆惩处和珅，固然大快人心，但他的目的绝不是想反贪污腐败，而是一半在于泄旧日之私愤，一半在于把他的钱财占为己有。后者实质上就是公开贪污。所以，最高统治者大多也是贪污犯，要想根除官吏的贪污几乎是不可能的。

其三，官利一体化思想根深蒂固。在中国历史上，“当官”往往与“发财”联系在一起。为什么“当官”就能“发财”？无非就是在这个“贪”字上做文章。一切大小官吏，几乎都可以凭借手中的权力而获得各种利益。清代有句民谚叫作“三年清知府，十万雪花银”，说的就是仕途即发财之途。王亚南在其《中国官僚政治研究》一书中曾深刻地指出：中国仕宦的做官发财思想是中国特殊的官僚封建社会的产物。做官被看成是发财的手段，做大官发大财，做小官发小财。专制官僚统治一定要造出官、商、高利贷与地主“四位一体”的场面，又一定要造出集权的或官营的经济形态，更一定要造出贪赃枉法的风气，而这三者又最可能息息相关，相互影响。

其四，缺乏有效的社会控制机制，这也是贪污不能根除的重要原因。在中国历史上的官吏制度中，一向缺乏有效的控制机制，如行政系统内部的控制机制，这包括审计监督、会计监督等等；行政系统之外的控制机制，如民众的监督、舆论的监督等等。我们知道，一项制度的有效与否，不仅要靠制度本身完善的运作机制，还要靠对制度的社会控制机制，缺一不可。在封建专制制度下，有效的监督和控制机制无法真正建立起来，在这样的土壤、环境中，官吏的贪污恐怕永远是制止不了的。

其五，社会风气潜移默化的作用。中国历史上的官场贪污成风，已经到了几乎容不下“循吏”“清官”存在的地步。有些官吏一开始对此还不敢胡作非为，有的甚至还表示厌恶乃至痛恨，但他们往往对此无能为力，有的甚至为了查究官吏的贪污案而丢了乌纱帽，更重的可能就丢了性命。所谓官不好做，做好官更难，做好官未必有好报。这样，久而久之许多人便见怪不怪、习以为常了，对许多贪污腐败现象逐渐漠然处之，不少人还进一步与贪官们同流合污起来。历史上许多有为的好官，为了办成一些有利于百姓的事，有时也往往要向上司送礼。这是社会风气使然，但这也是在行贿。这样的传统文化心态，从某种意义上说，也助长了贪污腐败的风气。这一点应该也是贪污之风在中国历史上朝朝相承的一个原因，当然它绝不是主要的原因。主要原因还在于封建制度本身。由于封建制度本身的腐朽性，决定了它不可能杜绝官吏的贪污腐败。

八旗兵
从常胜军到寄生虫

生于忧患而死于安乐也。

——孟子《孟子·告子下》

在清朝兴起的过程中，满族人的八旗制度起了非常关键的作用，从努尔哈赤到皇太极，八旗兵是他们对内对外作战的主力，为他们打天下立下了汗马功劳。但是，随着时间的推移，清朝入关并坐稳江山以后，八旗制度发生了很大的变化，八旗兵的作用也逐渐地在清政府的军事力量中减弱并最终消失。这里我们简单地考察一下这个演变的历史过程，从中或许也能使我们得到一些启示。

一、八旗制度的由来

八旗制度是从女真族氏族制基础上逐渐发展起来的。还在早期的建州部时，女真人出去打猎或征战，有一种比较原始的领催制，这实际是一种组织形式，叫作“牛录制”。这种制度的内容大致是这样的：凡出行时，不论多少人，各按本氏族而行，每10个人为一单位，各出一箭，以一人为头目。这个头目在满语中叫作“牛录额真”，“牛录”汉语意为“箭”；“额真”（亦作“厄真”）汉语意为“主”，后来译作“佐领”。

努尔哈赤于1583年起兵，到1601年时，为了巩固和拓展自己的势力，便对女真族这种世代相传的狩猎组织形式“牛录制”进行了重大的改革。根据当时战争的需要，他把原来10人为一单位的“牛录”，改编成以300人为一单位，“牛录”成为最基本的军事单位兼行政单位。又在“牛录”基础上设置了“甲喇”（亦作“扎拦”）和“固山”，每5个“牛录”为一“甲喇”（汉语意为“队”），每5个“甲喇”为一“固山”（汉语意为“旗”）。初建时共有4个“固山”，以不同颜色的旗帜区别，分别为黄、红、蓝、白。到1615年，也就是努尔哈赤正式建国前一年，他手下的“固山”已经发展为8个，即在四正色之外又增加了四镶色，合起来就是正黄、正红、正蓝、正白、镶黄、镶红、镶蓝、镶白“八旗”，共有6万人左右。这就是八旗制度的由来。

根据八旗制度，努尔哈赤是八旗的家长和最高统帅，八旗的旗主都必须听从他的指挥。八旗的旗主满语称作“固山额真”（汉译为“都统”），一般都由努尔哈赤的子侄们担任，其副手满语称作“梅勒额真”（亦作“美凌”，汉译为“副都统”）。以下再分别有“甲喇额真”（汉译为“参领”）和“牛录额真”，他们都是各部落的贵族，后来后金政权的大小官职，也基本上由他们担任。额真们拥有大量的财富、奴隶、耕地和牲畜，其中有的人甚至有“千百为群”的马匹，多至五十余所的田庄，都由属于其名下的奴隶们耕作。

在八旗内部，旗主拥有绝对权力，努尔哈赤的命令只有通过旗主才能对各旗发生效力。不过，在当时的八旗内部，还存在着明显的氏族部落军事民主的作风，实行联合共治：凡遇到军政大事，努尔哈赤都要召集8家共同商议；努尔哈赤要举办宴会之类的事，食物等由8家均摊；而出兵掠夺来的财物，也由8家共同均分；其中最主要的规定就是，建州部首领即努尔哈赤的继承人，必须要由8家协商选举产生。

八旗的兵士，出自各部的满族平民。这些平民在满语中称作“固伦”（汉译为“国人”），他们是固山额真的属民。“固伦”们“出则为兵，入则为民”，“无事耕猎，有事征调”，必须世代当兵，不得随意离开“牛录”，也没有迁徙的自由。他们都有自己的耕地和牲畜，一般不脱离生产，也有部分人因战功而拥有少量的奴隶，一般是一两个到四五个奴隶。“固伦”们也有赋税和徭役的负担，努尔哈赤通过八旗的各级头领向所属的“固伦”征兵役和力役，也向他们索取耕牛及各种杂物。

生活在八旗这种社会组织最底层的是奴隶，满语称作“包衣阿哈”，简称就是“包衣”，汉译为“家的”或“家里的”。“包衣”的基本来源是战俘，但也有满族平民因贫困或一些贵族获罪其子孙沦为“包衣”的，此外还有所谓“投充”（参见前文）而来的等等。所以“包衣”中有汉人、蒙古人、朝鲜人、满族人等不同种族的人。“包衣”与主人住在一起，为主人从事农耕、狩猎等生产活动，以及服各种各样的家内杂役。

"包衣"被看作是主人的"财产"，主人可以任意对他们进行凌辱、鞭笞和买卖，但一般说来主人不能随便杀害"包衣"。

从以上简单地叙述中不难看出，八旗制度作为一种社会的组织形式，具有行政、军事和生产三个方面的职能，而军政合一可以说是它最大的特点。八旗制度的出现，是与女真族当时的社会经济基础相适应的。它的建立，为努尔哈赤创建后金政权，奠定了非常必要的军政基础。同时，努尔哈赤也紧紧依靠八旗制度，在以后的兼并战争以及与明朝的战斗中，始终处于有利的地位。

二、八旗制度的演变

皇太极即位以后，女真族的社会经济有了进一步的发展，封建制度开始形成。这当然与后金政权进入比较发达的辽东地区有很大的关系，因为到这时，后金政权所占有的耕地面积扩大了许多，统治地区的人口也急剧地增加，生产力的水平也有了很大的提高。原来八旗的人口，大部分已经从原来的都城赫图阿拉迁到了辽沈地区。因此，八旗制度也随之出现了一些新的变化。

天聪五年（1631 年），皇太极将各旗中的汉人拨出，另编为一旗，以黑色为旗帜，称之为"皂旗"，这支力量后来定名叫"汉军"。天聪八年（1634 年），由于归附后金的蒙古人口日渐增多，于是就专门成立了"蒙古八旗"。"蒙古八旗"的旗色与原来的八旗相同，而原来的八旗就称作"满洲八旗"。皇太极崇德四年（1639 年），又将"汉军"扩充为 4 个旗，即：

纯皂（黑色）旗、皂镶黄旗、皂镶白旗、皂镶红旗。到了崇德七年（1642年），又进一步将“汉军”的四旗也扩充为八旗，并取消了“汉军”原来所用的黑色旗，旗色改为与“满洲八旗”“蒙古八旗”完全相同。到了满洲入关之时，清政府已经拥有满洲、蒙古、汉军各八旗，因此实际上已经是24旗，但习惯上仍然把它们统称为“八旗”。从此以后，八旗制度中虽然还有人口增加、佐领数量变化等情况的出现，但八旗的旗数算是固定了下来，再也没有发生什么变动。

除了增加蒙古八旗和汉军八旗之外，皇太极在八旗制度方面所做的最大变动，就是取消了努尔哈赤时代在八旗内部所实行的联合共治这一氏族部落军事民主的因素。首先，皇太极削弱了本来应该与他实力相当的其他三大贝勒（即皇太极的兄弟代善、莽古尔泰和堂兄弟阿敏）的权力，废除原来“四大贝勒”的“并座受贺”的制度。他自己直接控制三个旗，即由皇帝本人担任镶黄、正黄、正白三旗的旗主。以后这三个旗就被称作“上三旗”，号称是“天子自将”，其他五个旗则称作“下五旗”。之后，清朝皇帝的保卫工作就主要由“上三旗”的子弟组成的“亲军”担任；而原属“上三旗”的“包衣”，也就相应地成立了类似于以往朝代太监制度的“内务府”。除此之外，皇太极还开始逐渐改变以往八旗旗主平起平坐的惯例，以削弱八旗旗主的权力，加强君主专制集权的独裁统治，不过，这方面的改变则等到满洲入关以后，尤其是雍正统治时期才有大的动作。

满洲入关以后，清朝的皇帝又进一步进行了削弱八旗旗主势力的努力。因为在皇太极时期，虽然已初步建立了中央集权的封建专制制度，但满洲的八旗旗主们依然保留了不少在关外的传统。旗主在其所属的旗内，地位就如同君主一样，皇帝的命令必须通过旗主才能对各旗发生效力。虽然“上三旗”已经直接归皇帝指挥，但“下五旗”仍由满洲贵族统领。在这五旗中，奉旗主为君的传统并没有多大的改变，这在清朝最高统治者看来是难以容忍的。

这些旗主广占田地，奴役满洲旗丁和“包衣”佃农。他们在政治上也拥有特权，能够参与“议政王大臣会议”。所谓“议政王大臣会议”，是清初在内阁、六部之外另设的，由满洲贵族组成而汉人不得参与的会议，凡军国大事，都必须由诸王大臣签议，所以其实际权力在内阁和六部之上。康熙即位之初，满洲大臣鳌拜、明珠等利用“议政王大臣会议”擅权，各旗主也十分跋扈，对皇权构成了一定的威胁。这些人最后虽然受到了康熙的制裁，但旗主的势力仍然很大。到康熙晚年，派皇子出办旗务，其目的就是要加强对各旗的控制，但这又导致这些皇子们倚仗各旗的势力展开争夺皇位的斗争。康熙共有35个儿子，其中除了次子胤礽为皇太子外，还有一部分封为亲王。他们大多勾结旗主，广植党羽，互相残害。皇四子胤禛（即后来的雍正帝）就是通过夺嫡取得了皇位。雍正即位后，深知旗主的威胁，于是以残酷的手段展开了削弱旗主权力的工作。他大杀满洲亲贵，严禁八旗贵族与外吏交结，直接委派自己的心腹亲信管理各旗旗务；还下令八旗旗丁必须尊奉皇帝为至高无上的君主，让他们脱离与旗主的直接隶属关系，不得在旗主门下行走。从这时开始，八旗旗主除了作为满洲贵族的一些特权之外，已经无权过问八旗的具体事务，皇帝实现了对八旗的完全控制，八旗也完全变成了中央集权国家机器的一个组成部分。

三、八旗兵的蜕变

按照清代制度的规定，编入八旗的人户称为“旗人”或“旗下人”，入某旗即为某旗人，其子孙也算某旗人。每隔3年对八旗户口进行一次调查，目的在于不许旗外之人假冒入旗，同时也防止旗人擅自离开。又按清制，“八旗子弟，人皆为兵”，凡男丁16岁以上就可以“披甲当差”。但不是同时人人入伍，而是根据兵丁的类别，定出名额，由各佐领“挑补”，分别立营训练，这些称作“额兵”。此外还有“随甲”，属于武官的随从。其余的均称“余丁”，不满16岁的则称“幼丁”，他们可以挑补为预备兵（称“养育兵”）。

清代的八旗兵分为“亲军”“骁骑”“前锋”“护军”“步军”5种。从这基本的5种类别中又可细分出一些兵种。在满洲入关之前，八旗兵作为正规部队，是满洲政权的军事支柱。当时作战主要就是依靠满洲八旗兵和蒙古八旗兵，汉军八旗只是处于次要地位。但到满洲入关以后，3种八旗兵在作战中就处在同样的地位了。入关以后，八旗兵又成为保卫清王朝的重要工具，被统治者视为“国家根本之所系”，八旗兵的职能和作用主要变成了驻防部队。八旗兵中的一半驻防在北京及其周围地区，另外一半驻防在全国的各大城市。而政府对内对外的主要作战任务由入关后改编和新招收的汉人部队“绿营兵”（亦称“绿旗兵”）承担，八旗兵虽也偶有派出作战的，但战后仍回其驻防地。

由于八旗兵长期远离战争，主要做一些驻防和欺压百姓的事，其战斗力很快就一降再降，不久就变成了一支不能打仗的部队。顺治十四年（1657 年），顺治帝已经公开承认：现在的八旗兵荒疏于武事，军队素质大大下降，已经不能与以前的八旗兵相比了。到康熙十二年（1673 年），吴三桂等“三藩”叛乱，八旗兵（包括汉军八旗）差不多已不能作战，清政府只能用汉人的绿营兵进行征剿，每次作战，都是绿营兵在前，八旗兵尾随其后。然而，驻防各地的八旗兵在扰害百姓方面的本事却愈来愈大，康熙年间的王鸿绪曾指出：八旗驻防将领在当地恃威放肆，或占夺民田，或放高利贷，或强娶民妇，或胡乱抓人，或收罗流氓，经常干出种种坏事。他还具体列举出了在西安、荆州等地驻防的八旗兵扰民的事例。到乾隆年间，八旗兵已经腐朽不堪，乾隆四十九年（1784 年），嘉庆随乾隆到杭州阅兵，在那里驻防的八旗兵箭箭虚发，有人甚至还从马上掉下来。嘉庆年间，征调去镇压白莲教起义的满洲八旗兵，不要说与起义军交战了，就是在山路上行军都十分困难了，两天才走了 70 里路，充分暴露出八旗兵的腐朽。

八旗兵的生活全部依靠政府供给，因此旗人基本上都脱离了劳动，不事生产。入关以后，人口不断增加，而八旗兵是有定数的，政府所供给的粮饷也有定额，许多旗人不能当兵，成为闲散人员。而根据清政府的规定，旗人又不能离开本旗自谋生计。这样，仅北京城就有数十万旗人到处闲逛，他们不做工，不种地，不经商，不读书，终日游手好闲，无所事事。于是，这些旗人就出入于茶馆、戏园、赌场、妓院等场所，要么就是搞一些养鸟、养花、斗鸡、斗鹌鹑、斗蟋蟀之类的事，以后还染上了吸鸦片的恶习。他们靠着朝廷所拨给的房地（旗产）和口粮，吃喝玩乐，完全过着寄生虫的生活。由于养尊处优惯了，这批人就愈发腐朽堕落下去。他们不仅不事生产，而且还奢靡成风，政府所供给的钱粮根本不够他们的花销，于是就只得靠借债典当或预支粮饷度日。由于旗人负债累累，“八旗生计”成为清政府十分头痛的一个问题。八旗兵是清政府的正规军，又基本都是本族人，所以清廷对八旗生计还是十分关注及重视的，也采取了一系列措施试图解决这个问题。

一开始，清政府采取了赏赐银两和建立基金的办法。康熙年间，朝廷从国库拨出 540 万两白银为旗兵们还债，后来又从国库中拨银 655 万两作为贷款，建立旗兵生活和生息的基金，但这笔贷款的绝大部分，兵丁们不仅没用来生息，甚至连本钱也都花光了，根本无力偿还，朝廷也只能作罢。到雍正、乾隆时期，朝廷也曾多次赏赐八旗兵丁银两，但这种做法除了能暂时缓和一下满族内部矛盾之外，并不能解决八旗生计问题，而且还明显地制造了满汉人民之间经济地位的差异，成为引起民族矛盾的因素。

赏钱不行，清政府又采取了增加八旗兵额的办法。雍正年间，朝廷增设了所谓的“养育兵”，以安排闲散的八旗“余丁”。“养育兵”的数量从雍正时期的 4800 名，增加到乾隆时期的 2.5 万名，但人口增长实在太快，“养育兵”充其量只能吸收少数人，这种杯水车薪似的吸纳根本无济于事，仍不能解决八旗生计问题。于是清政府又想出新办法，让汉军八旗的人员出旗为民自谋出路，或者将驻防的汉军八旗改任绿营兵，空出的名额由满洲八旗闲散的“余丁”和少量的蒙古人补充，以扩大满、蒙八旗的兵额。可是，出旗的人数还是远远赶不上八旗人口的增长数量，并不能从根本上解决八旗的生计危机。

清政府也意识到应该让八旗人员从事生产来自救。雍正初年，朝廷曾在靠近北京的河北地区设立“井田”，安置100户旗民去从事农业生产，并把这视为解决八旗人员生计问题的一个尝试，希望在取得成效后进一步加以推广。但是，八旗人员已经习惯于不事生产，让他们劳动难上加难。结果10年之中，100户旗民中有九十多户申请返回北京，试验宣告失败。乾隆年间，清政府再一次决定采取屯垦的措施解决八旗“余丁”问题。政府在拉林开垦荒地，建造房屋，想从北京选派3000户旗人去那里耕种，最后只去了2000户，而且很快许多人又逃回了北京城。所以，乾隆年间的“京旗移垦”就只能以失败告终。后来清政府又决定从北京迁移3000户旗人到双城堡垦种，结果也只去了698户。这些旗人已经习惯于大城市悠闲的生活，不仅没有生产劳动的技能，更没有劳动的习惯甚至体能，哪怕让他们受领垦田，不干活坐收租息都不愿意去。

孟子曾经说过一句名言：“生于忧患，死于安乐。”这其中的道理很简单，忧患使人勤奋，因而得生；安乐使人怠惰，因而致死。试看曾经所向披靡、不可一世的常胜军八旗兵，在安逸怠惰的环境里不到百年，就完全变成了寄生虫，虽生犹死，这就充分证明了孟子所揭示的道理。

愚民的工具
八股文与科举制

（唐太宗）私幸端门，见新进士缀行而出，喜曰："天下英雄入吾彀中矣！"

——王定保《唐摭言》

几年价，软刀子割头不觉死……

——贾凫西《木皮散人鼓词》

科举考试制度，是指中国封建王朝设立各种科目，通过公开考试的方式选拔政府官员的制度。科举制度创始于隋朝，形成于唐朝，完备于宋朝，至明清逐渐走向衰败。清光绪三十一年（1905年），清朝政府在朝野的一片声讨中，被迫宣布"停科举以广学校"，这标志着科举制度最终被近代以来的学校制度所取代。

科举制度在中国整整经历了一千三百余年，对中国封建社会中后期的政治、经济、文化、教育，以及知识分子乃至整个社会风尚，都产生过难以估量的巨大影响。其影响力之大，还超出了中国的国界，波及东亚和西欧的一些国家和地区。一般认为，近代以来西方社会的文官制度，就是在中国科举制度的影响和启示下建立起来的。

就制度本身而论，科举考试在选拔的公正性方面，确实有其不容否认的优越之处。而且，在唐宋时期，通过科举考试也的确选拔出了不少有用的人才。但是，我们还应该看到，科举制度即使在唐宋时期也还有其不小的弊端。至于从明清开始，科举考试更陷入了僵化的八股文之中，从而也就把科举制度彻底引向了死胡同。在这里，我们不准备具体讨论中国历史上科举制度的功与过，仅就明清时代科举制和八股文对人民思想的禁锢问题略加考察，进而从一个侧面来总结一下历史的经验和教训。

需要说明的是，之所以把明清两代的科举制度放在一起论述，是因为明清两朝在科举制度上差别很小，而且在弊病方面也颇多类似之处。再者，本套书中论述明代部分的一册，没有论及科举制度问题，故合而论之，但基本还以清代为主。

一、明清两代的科举制度

中国的科举制度发展到了明清时代，已经完全成熟了。当时，不仅形成了非常严格的规定，而且还有十分繁琐的程序。

首先，关于考生的资格有严格的规定。唐宋时代，允许考生“怀牒自荐”，只要有才能，均可参加报考。但明清时代，规定考生必须要入学读书，在取得了一定的资格以后方允许报考科举。当时，有所谓“学校储才，以应科举”之说，自学成才而未取得入学资格者，不得报考。由此，科举与学校紧密结合在一起，成为明清时代科举制度的一个重要特点，而进学校也就成为参加科举的必经之路。

明清时代的学校分为中央和地方两级。“县学”“州学”“府学”属于地方一级的学校，称为“郡县学”，其中的学生称为“生员”，俗称就是“秀才”。“国学”则属于中央一级的学校，又称之为“国子监”，其中的学生有两种：一种叫“贡生”，是指经考选升入京师国子监读书的生员，他们不再属于县、州、府，而是地方上“贡献”给皇帝的人才，故称“贡生”。明清时代贡生的名目颇多，这里就不一一列举了。另一种叫作“监生”，监生的名目也相当繁多。一开始，对监生的资格要求比较严格，需经过考试或皇帝特批，以后渐渐地就仅存虚名，可以出钱捐得，故不甚为人所重视。以至于自乾隆以后，一般所称的监生，就是指未入府、州、县学而欲求试科举中“乡试”者，或未得科名而欲入仕为官者，出钱捐一个监生的头衔，而从未在国子监中读过书的人。

取得生员的资格，是明清科举考试的起点。取得生员资格的考试称为“童生试”，习惯上也称作“童试”“小试”“小考”等。应考“童生试”的考生，无论其年龄大小，均称作“童生”，也有称“儒童”“文童”的。“童生试”每3年举行两次，共包括“县试”“府试”（或直隶州、厅）和“院试”3个阶段。“县试”合格者可参加上一级的“府试”，“府试”合格者可参加上一级的“院试”，“院试”合格者才能成为生员。生员送入府、县的学宫，称“入学”，受教官的月课和考校。“童生试”的考试除以上所提之外，还有所谓的“岁考”“科考”或“录遗考”“录科”等，内容十分繁琐。

明清两朝的正式科举考试，分为“乡试”“会试”和“殿试”3个阶梯：

“乡试”每3年举行一次（逢庆典有时还会加出次数，称为“恩科”），由各省的布政使司主持。考期在8月份，所以又称“秋闱”（“闱”是考场的意思）和“秋试”。考场设在各省城（包括京城）的“贡院”。凡本省的生员、贡生、监生，经过科考、录科、录遗考试合格者，均可应考。此外，还有为官员子孙等特设的“荫生”“官生”，也可应考。考中者就成为“举人”，其中的第一名称为“解元”。

“会试”也是每3年举行一次（如乡试有恩科的话，也对应有“会试恩科”），由礼部主持，因此也称“礼部试”。时间定在乡试后的一年举行，考期在2月份，所以又称“春闱”和“春试”。考场设在京城的“贡院”。凡各省取得举人资格者，都可以应考。考中者就成为“贡士”，其中的第一名称为“会元”。如举人在会试中屡考而不中者，吏部一般也会酌情授予一些低级的官职。

“殿试”又称“廷试”，在会试的同一年举行。时间在会试以后，考期在3月份。考场就设在皇宫中的“奉天殿”，由皇帝亲自主持。“殿试”分为“三甲”录取，统称“进士”。其中一甲取3名，第一名称为“状元”，第二名称为“榜眼”，第三名称为“探花”，赐“进士及第”；二甲若干人，赐“进士出身”；三甲若干人，赐“同进士出身”。

凡考中进士者，就可以做官了。在清代，经殿试后，除一甲三名分别直接授予翰林院的“修撰”及“编修”官职之外，其余取得“出身”的进士，还须再应一次殿廷的考试，称作“朝考”。朝考由特派的大臣阅卷，成绩出来以后结合殿试的名次，由皇帝决定应分别授予何种官职。一般其中最优秀者录取为翰林院庶吉士，俗称“点翰林”。余下的再分别授予各部的“主事”“中书”等职，或用为地方的知县等职。被录取的翰林院庶吉士，经过3年后，还要进行甄别考试，称“散馆”。散馆优秀者，原来的二甲进士授翰林院“编修”，原来三甲的进士授翰林院“检讨”；次者改任各部的主事或地方的知县等职。

此外，明清的科举制度中还有“武举”，清代还有“繙（翻）译科”（翻译满文、蒙文等少数民族文字）、“博学鸿词科”、“孝廉方正科”，晚清又增设“经济特科”，这些就不再具体论述了。

二、明清科举考试中的八股文

在明清的科举考试中（主要是乡试和会试），一般都分作3场来考：第一场考试“经义”，以考察生员对儒家经典的理解与熟悉的程度。题目范围基本上限定在“四书”，即《大学》《中庸》《论语》和《孟子》，标准答案则限于南宋理学大师朱熹所撰的《四书集注》；此外，也或有小部分“五经”（《诗经》《书经》《礼经》《易经》《春秋》）的试题，标准答案则是宋代一些理学家的注释。第二场考试“论”“判”“诏”“诰”“表”等，以考察生员对政府常用的各种文体的掌握与运用的程度；以后也考一些特别讲究排比、对偶、押韵的“试帖诗”。第三场考试经史、时务方面的“策论”，以考察生员在了解、分析、解决某一历史或现实的政治问题方面的能力。在以上所提到的这3场考试中，最重要的实际是第一场，其答卷的行文格式有极其严格的限定，也就是通常所说的“八股文”。下面就主要来谈一谈八股文。

八股文的称谓颇多，有“时文”“时艺”“制义”“制艺”“八比文”等等。所谓八股文，即由“破题”“承题”“起讲”“入手”“起股”“中股”“后股”“束股”八个部分组成的，又在“起股”以后的四个部分中，每一部分必须要有两股两相排偶的文句组成，共计八股，故名曰“八股文”。稍稍具体来说：“破题”是要求用两句话点题，即说破题目之要义；“承题”是承接破题的意义，进一步加以阐明或发挥；“起讲”是全文议论的开始；“入手”又称作“领题”，为起讲之后的入手处；“起股”“中股”“后股”“束股”又称作“起比”“中比”“后比”“束比”，它们才算是正式的议论，依次将议论层层推进，在这其中，最重要的是“中股”，它被视为全篇文章的重心之所在。

八股文的文体，源于宋代王安石变法后科举考试中的“经义”考试，到明朝时，明太祖朱元璋命大臣刘基仿宋代经义考试而加以规定。但明初时还不十分严格，如“起讲”之后的排比对偶有时可以略作变通，到明中期的宪宗成化年间后，就完全固定下来了，不允许有任何变通，成为一种定式。

八股文的题目，多取之于“四书”，正因为如此，所以明清时代也有人把八股文称之为“四书文”。八股文的题目，在一开始时还比较正规，取之“四书”中的某一句话，或数句话，或一节，或一章。但是，由于题目的范围只能限定在“四书”之内，所以时间一长，可能出的题目都出光了。而对以前出过的题目，一些出版商为了赚钱，编了大量稿本和选本，供青年士子们习诵模仿，因此大家都很熟悉，于是，就不得不开始出一些怪题、偏题。到清代以后，考试命题就出现了许许多多的名目，如以“大题”和“小题”来分类，有：“连章题”“全章题”“数节题”“一节题”“数句题”“单句题”“两扇题”“三扇题”“四扇题”“五扇题”等等，这些都属于“大题”的范围；“截上题”“截下题”“截上下题”“承上题”“冒下题”“承上冒下题”“半面题”“上全下偏题”“上偏下全题”“上下俱偏题”“截上兼下题”“截下兼上题”等等，这些都属于“小题”范围。此外还有其他一些题型，如“截搭题”（其中又可细分出许多名堂来，如“长搭”“短搭”“有情搭”“无情搭”“隔章搭”等）等。要想具体弄清楚这么多的题型，不是一件容易的事情，这里就不困扰读者诸君了，因为即使弄清了它们也没有什么大的用处。

三、明清科举制和八股文的弊端

中国古代的科举制度，就其本身而言，其基本精神应该说是一种平均主义的自由竞争，因此从表面上看，它具有统一性、广泛性、平等性等优点。然而，我们还是不要像有些不太了解历史事实的人那样，去津津乐道科举制的种种优点。因为，透过现象看本质的话，所谓科举制的广泛性、平等性，其程度是极为有限的。

众所周知，官职是一个定数，而争取官职的人却是个变数，所以自隋唐科举制度出现之后，中国历史上的科场永远是处在粥少僧多的局面下，千军万马过“独木桥”，其竞争之激烈不难想见。就以明代为例，虽说每次“上榜”者济济以百数计，但全国应试者每次却多达50万人左右，实际的录取比例在1‰弱。科场给中国古代的知识分子留下的是一条极其狭窄、几乎是可望而不可即的、漫长且辛酸的甬道，有不少秀才们哀叹，“初望乡（试）场，继望会（试）场”，其中辛酸苦辣的滋味实在难与外人所道。但这还算比较好的，要知道当时有多少人一辈子连秀才都考不中，连望“乡场”的资格都没有，更遑论望“会场”了。这样一来，广泛性即使不能说没有，却大打折扣了。

此外，激烈的竞争，不仅残酷地折磨、摧残着读书人，而且也为社会风气的败坏大大开了方便之门，作弊、贿赂、开后门、以权谋私等不良风气畅通无阻、愈演愈烈。这方面的例子实在太多，我们就不再列举，大家只消去读一读《儒林外史》和《二十年目睹之怪现状》这两部小说就已经足够了。这种不正之风，也使得科举制的所谓平等性原则，受到了极大的损害。

但是危害最大的应该说还是八股文。就事论事，八股文的形式固然死板，但如果作为一种文体，以训练学生作文的技巧，本也不一定就完全一无是处。但问题在于，八股文的内容是规定死的，必须限定在宋明理学家注释的儒家经典中。理学家们注释的儒家经典是否完全准确无误，这里且不去细究（实际上这方面问题也很多，清代乾嘉学派的考据学家们对此颇多驳正），仅就限制青年士子的思想而言，实在是起到了很坏的作用。

作为封建统治者而言，他们提倡八股文的目的，就在于不让读书人有思想的自由，所以从朱元璋开始，就强调作八股文就是“代圣人立言”，不需要你有什么自己的想法，甚至不需要你有自己的表达语言的方式，当然就更不允许有所谓“犯上作乱”的思想言论了。清初的康熙帝甚至公开表白：“非不知八股文为无用，特以牢笼人才，舍此莫属。”这里“牢笼”两字，用得真可谓再贴切不过了。“牢笼”的结果，就造成青年学子知识结构单一，头脑僵化，脱离实际，轻视真正的学问，热衷于功名利禄，而有真才实学的人反而被压制、被遗忘。到了19世纪中叶，西方资本主义列强用炮舰轰开中国的大门，在国家和民族生死存亡关头，中国亟需大批有用的人才来救亡图存之时，中国选拔人才还必须通过以八股文为关键的科举制度，这能选拔出什么样的人才？更进一步，作为教育人才基地的学校，也只是科举考试的“预备班”。这实在不能不令人为之扼腕叹息。

从明到清，许多有识之士纷纷对科举制和八股文进行了严厉的批判。这里我想节录翻译一段清末著名思想家康有为的一份要求废除八股文奏折中的文字，他是从八股科举中走出来的人，对其中弊端的体会最深，因此反思也就特别深刻。所以这段话尽管显得比较长，但我觉得比我们现代人的描述要准确精到得多，我们何不来看看过来之人的现身说法：

> 八股作为科举的文体，立法过严，认为只是代替以往的圣人说话，所以文章体裁应正，不能旁引诸子百家之说来混杂，也不能引述后世的著作而混乱时代。因此，不是夏商周三代的书不许读，不是朱熹的解说不能看……使得学生们荒弃了真正的儒家经典，只读“四书”，并拒绝其他学问，只从事八股文的写作。……圣人的言论，几乎成了戏子们唱的剧本；东涂西抹，自童年起就咿咿唔唔地摹仿照搬；八股文的对偶、排比，一直要学到年老才能按节吟诵。这种因陋就简的东西，把人们的才智都闭塞了。考官妄取，使得谬种代代相传。青年学子只要因循这一套东

西，不识字的空疏之徒也能登第中举……这些人中竟有不知司马迁、范仲淹是哪个朝代的人，不知汉高祖、唐太宗是哪一朝的皇帝。如果再要问及亚洲、非洲的地理位置及其状况，欧洲、美洲的政治制度，那就更是张口瞠目，不知你在说什么。……读书人是否有才能，是国家命运的寄托。考进士的举人为数虽然不多，但童生却是读书人的基础。我国有1500个县，大县的童生有几千人，小县也有几百人，仅仅以每县平均700人来计，就已经有近百万人了。……许多人从小孩时应试，到老还没有考得一个秀才的资格。有人或则考了10年，最后不得不改行。假如平均为30年考中，那么全国共要有300万人不断地在参加考试了。所以，有的读书人，一辈子都没有写过一篇真正发挥儒经大义的文章。从孩提时代到壮年、老年，实在是一个人最有用的年华、最有精力之时，假如他们能从事科学，讲求政艺，那么300万的人才，足以抵荷兰、瑞典、丹麦、瑞士的国民人数了。用这些人来为国服务，有什么东西求不到？什么想法干不成？可是让300万人有用的精力、才智和时间，去挖空心思，劳神费思于八股文的写作之中，让他们去读儒经中的大义，又不允许他们自由发挥。只让他们不识不知、无才无用、盲聋老死，这比起秦国的白起活埋赵国40万士兵，还要多出近10倍。八股文的立法之荒谬怪异、其流弊之奇诞吓人，实在是古今所没有听到过的，也是外国人尤其感到不可理解的。就拿我来说吧，从小孩时学写文章，特别害怕八股文的“小题”和“截搭题”，这文法死板严格，比钳网还要严，任何地方都可能会触犯。

如果把一切书都放下，才稍稍能熟悉它。假如再去看其他书而不从事它的写作，不久又会触犯其文法。所以我参加童生试共达六次，一直因触犯其文法而被淘汰。从此可知，八股文与学问最相抵触。况且，童生可视为国人的启蒙老师，现在老师既然愚昧粗陋盲目到了极点，那全国人民的闭塞就势必更加严重了。靠他们又怎么来为国效劳！

八股文的形式死板，内容空洞，千篇一律，陈陈相因，其中的弊端不可胜数。鲁迅先生说过："八股原是愚笨的产物。"它是明清两代封建统治者愚民的工具，成为束缚人们思想的"紧箍咒"。所谓"为圣人立言"，替古人说话，替古人设想，就是依样画葫芦。一部小小的《四书集注》，成为当时知识分子的必读教科书，束缚了一代又一代中国人的聪明才智。而八股科举又从形式到内容把人们的思想之路统统封死，使知识分子中的大部分人从不敢思想变为不能思想。中国的思想文化正是从此时开始患上了"贫血症"。在宋代，中国的科学技术在世界上还处于绝对领先的地位，"四大发明"中的 3 项（火药、活字印刷、指南针）就是宋代出现的。可是，明清两代，中国的科技几乎处于停滞不前的状态中。像编定《本草纲目》的李时珍、撰成《徐霞客游记》的徐宏祖，都是在抛弃了科举后才在科学上取得了成就。明末宋应星在其名著《天工开物》的序中痛心地说："此书与功名进取毫不相关。"相反，欧洲人却正是在这几百年里取得了长足的进步，到 1840 年的鸦片战争，英国人用中国人首先发明的火药，轰开了中国紧闭的大门，这真是莫大的讽刺！而明清两代的科举制和八股文，尽管不能承担这其中的全部责任，但却也是难辞其咎的。

夜郎自大
“闭关”政策的恶果

一个人口几乎占人类三分之一的幅员广大的帝国，不顾时势，仍然安于现状，由于被强力排斥于世界联系的体系之外而孤立无依，因此竭力以天朝尽善尽美的幻想来欺骗自己，这样一个帝国终于要在一场殊死的决斗中死去。

——马克思《鸦片贸易史》

读鲁迅先生的杂文，除了有一种文学上的享受之外，每每还能给人以不少启示，激发我们去思考一些问题。在《看镜有感》一文中，鲁迅先生这么说道：

> 汉唐虽然也有边患，但魄力究竟雄大，人民具有不至于为异族奴隶的自信心，或者竟毫未想到，凡取用外来事物的时候，就如将彼俘来一样，自由驱使，绝不介怀。一到衰弊陵夷之际，神经可就衰弱过敏了，每遇外国东西，便觉得仿佛彼来俘我一样，推拒，惶恐，退缩，逃避，抖

成一团，又必想一篇道理来掩饰。

鲁迅先生所说的神经“衰弱过敏”的“衰弊陵夷之际”，大而言之指的是明、清两代，但更主要的还是指清代的中期以后。因为，从乾隆朝起，清政府开始执行严格的“闭关锁国”政策，患上了严重的“神经过敏症”。这里就让我们来看一看清朝的“闭关”政策，分析一下它产生的原因，以及由这一政策所带来的恶果。

一、清代的“闭关”政策

说起清朝的“闭关”政策，人们一般马上会联系到鸦片战争以前，在广州专与外商做生意的“十三行”，和各洋行之间实行的“公行”制度，以及清政府所制定的一系列控制和管理外国商人的章程条例。但实际上我们所说的“闭关”政策，并不仅限于此，而且可以说这些还不是最重要的。所谓的“闭关”政策，是指清政府在与外国交往时所采取的一整套对内对外的政策和措施，这种政策和措施并不限于外贸和外交的领域，而是在政治、经济、文化等各个方面，都带有一种与世隔离、盲目排外的倾向。

清朝初年，由于当时东南沿海一带有郑成功、张煌言等领导的抗清武装势力的活动，清政府为了断绝他们的粮食和其他物资供应，也为了防范这一地区的汉族人民参与他们的抗清斗争，于是施行了“迁海”及严厉的“海禁”政策。规定严禁人民出海，“片帆不准入口”，当时对外通商的口岸只有澳门一地，远洋贸易几乎处在停顿状态之中。到康熙二十二年（1683

年），清政府平定了台湾，“海禁”才得以稍稍放松了一点，允许沿海地区的人民造船和出海。两年以后，又在广东、福建、浙江、江苏设立了4个“榷关”（即后世的海关），并以澳门、漳州、宁波、云台山为对外贸易港口，允许外商在此进行贸易。至此，清政府总算打开了一条对外交往的“门缝”。尽管这条“门缝”开得很小，但由于它符合了当时商品经济发展的要求，所以也一度使得东南地区的工商业出现颇为繁荣的景象。可惜，好景不长，清政府的这个解禁措施仅仅维持了二十多年，到康熙五十年（1711年），又开始重申“海禁”政策。从乾隆二十二年（1757年）起，清政府规定对外贸易只准在广州一地进行，并制定了许多禁令。而且，禁令越来越严密、繁琐。从清政府所制定的各种禁令来看，大致可分为两类，一类是属于对外的；另一类则属于对内的。

先说对外的。在管理对外贸易方面，清政府废止了唐宋以来的“市舶司”，设立粤海关。粤海关的监督由皇帝的亲信出任，负责征收外贸税饷，并与两广总督、广东巡抚等地方官共同管理外贸事务。但是，粤海关并不直接与外商发生关系，一切有关事务都要通过“牙行”（即“洋货行”，简称“洋行”）的“行商”（或称“洋商”“官商”）从中经办。“牙行”通称为“十三行”。以后各“牙行”之间为了避免过度的竞争，于康熙五十九年（1720年）共同成立了一种行会性质的“公行”。“公行”垄断了对外贸易，其他商人不得参与。

在康熙、雍正时期，清政府对外国商船的活动和逗留在中国境内的外国人，已经比较注意和防范。后来，随着海上贸易的发展，各国来华的外商增多，外商在中国沿海地区进行的不法活动随之增加，清政府在只保留广州一个口岸、关闭其他贸易港口的同时，颁布了许多限制外商的条例。概括起来，大致有以下几个方面：

1. 只允许外商于每年的5月到10月间在广州进行贸易，不准在广州过冬。如届期因货、款未清，只能酌留一两名有关人员在澳门过冬。

2. 外商在广州期间，必须住在行商为之特别建造的“夷馆”（商馆）内，其生活等事宜均由行商负责照管。外商不得出外闲逛，不得乘舟行于江上（后来放宽为每月的初八、十八、二十八日，可由行商派人带到附近寺庙、花园游玩，每次不得超过10人，日落必须回馆）。

3. 中国的百姓不得出入“夷馆”。外商要雇佣看门、挑水、挑货等中国民人有一定的限制，绝对不准雇佣中国的仆妇。

4. 外商的家眷（主要指外国的女人），不得居住在广州的“夷馆”中，只许停留在船上或澳门。

5. 禁止中国的“行商”拖欠外商的贸易款项，违者以“结交外国，诓骗财物”问罪。一经查出，行商将被革职充军，其资财房屋田产等全部折价抵债；如仍不够，则勒令其他行商摊还，甚至先由粤海关垫付。

6. 外商船只停泊之地，由清兵加强巡查。

7. 外商上岸不得携带武器，严禁将武器偷运至商馆。

8. 外商船只到中国后，如不纳入口税，走私、贩卖鸦片者，立即驱逐。

以上这些规定，应该具体分析。有的过于苛刻专横，如限定外商在华时间。有的近乎无理，如不许外国女人上岸（理由据说是不让外商在华享受家庭生活，以免其留恋不去）。有的不无道理，如规定外商活动时间，就兼有对外商的保护和监督双重用意；而禁止行商拖欠款项也有双重含义，一是维护“天朝”尊严，免得“贻笑外夷”，实际是保护外商利益；二是防止行商受外商控制。有的则完全符合国际公法而且完全必要，如上列的6、7、8三条，就属于任何一个主权国家都会采取的正当措施。所以，清政府的“闭关”政策在对外方面并不能说特别严厉，其重心应该说还是放在对内控制方面。

在对内方面的“闭关”政策，主要有：

1. 对造船业的严格限定。沿海各省渔船除福建可用双桅船之外，其余只许用单桅船，且桅的梁头不得超过1丈。出洋贸易的海船许用双桅船，但梁头不得超过1.8丈，载重不得超过500石。

2. 严格限制出洋水手、客商。允许发给出洋者“腰牌”，上面刻有姓名、年貌、籍贯，以便官兵稽查。出洋船只每船限人数为28人（包括水手在内）；所带口粮严格根据路程限定；所带自卫防盗武器每船火炮两门，火药30斤；其余必备用品如铁钉、油灰、麻绳等都有严格的数量限定。

3. 严格的出洋手续。规定要求出洋者必须要经申请、具结、取保等等十分繁琐的手续。

4. 严格限制中国货物的出口。如粮食、豆类、铁、铁器（包括铁锅、铁钉及一切废铁在内，限定出洋携带铁钉的数量即出于此）、金、银、铜器、兵器、硫磺、硝、马匹等等，属于严禁出口之列。丝、丝织品、茶叶、大黄等物品属于限制出口之列，只有广州的商行可以有限的经营，其他各省不得自己经营，必须通过“十三行”转手。

5. 严禁中国的历史书籍出洋。外商入华不得收购中国史书，中国人将史书卖给外国人将处罪，“枷号一月，发近边充军”。这是钦定的法规，到下面官员又将范围扩大为凡“内地书籍，不准出洋”。

6. 严格中国人与外国人交往。中国人教外国人汉语、汉文者以“汉奸”论处，严拿治罪。同样，中国人学外语、外文也有十分严格的限定，普通百姓如学外语、外文也将受处罚。

7. 极端歧视华侨。由于闽粤地区地处沿海，又加上这里人口稠密而土地量少质差，所以这里的人民很早就开始向海外移民，到明朝郑和下西洋后，更有不少华人移居地广人稀的东南亚地区。清政府认为这些华侨为了追求财富而抛弃祖先的坟墓，去“父母之邦”，因此是一批“不安本分”的“海贼奸民”。康熙五十六年（1717 年）规定“南洋、吕宋、噶喇巴等处，不许前往贸易”，违者严拿问罪。以后又严令在南洋一带的华侨限 3 年内回国，否则“不得复归故土”。当时，华侨是不允许自由来去的。清政府甚至可以对一个回国华侨商人随时逮捕，送进监狱，处以死刑，而理由是他们属于“私通外番”的“汉奸”。

以上的种种措施，才是清政府“闭关”政策的实质之所在，而其目的很明显，就在于防范中国人的对外交往和联系。

二、“闭关”政策的原因

清政府之所以要采取“闭关”政策，其原因应该说有不少，但最主要的是两个方面，其一就是社会历史的根源；其二则是现实政治的需要。

就“闭关”政策的社会历史原因来看，首先应该考虑的就是中国长期以来的封建小农业与小手工业牢固结合的经济特点，及由此而产生的历代封建王朝重农抑商的政策。众所周知，中国古代基本生产方式的形成，与中国特定的地理环境息息相关。孕育中华民族的黄河和长江流域，水源充足，土壤肥沃，季节分明，大自然在它的周围又安排了非常艰难的生息环境，东边是地球上最大的海洋太平洋，西边是世界上最高的高原青藏高原，北方是辽阔无边的草原和沙漠，南方是瘴疠弥漫的热带丛林。在这四周阻隔、陆路交通极不便利，而内部幅员广大、回旋余地广阔的自然环境下，我们的先民很早就形成了内向的、封闭但又庞大的经济共同体。这个经济共同体的最大特征，就是小农业与家庭手工业密切结合的个体经济，以家庭为基本经济单位与自然打交道，自给自足，靠天吃饭，万事不求人。就是这样的生产方式，逐渐成为中国封建国家的经济基础，而商品经济充其量只是一种辅助的经济手段。为了巩固自己的经济基础，历代封建王朝无不把农业视为根本，而把工商业视为枝末，厉行重农抑商的政策，以防止商品经济对其经济基础可能产生的瓦解作用。所以，中国历代政府基本上都尊奉重农抑商的信条，对国内的工商业采取限制、摧残的方针，至于海外贸易更是被他们视为无足轻重的事。郑和下西洋的时间要早于欧洲资本原始积累时期的地理大发现，而其船队的规模也是哥伦布、达伽马等无法比拟的，但在中国既有的生产方式和政治体制的限制下，不可能出现什么实质性的经济变化。清朝统治中国后，全部承继了历代封建政府的这一套。比较开明的康熙帝，还亲自绘制了“耕织图”，以示其对传统男耕女织生产方式的认同；雍正帝一再颁布“劝农诏”，以重申“重农抑末之意”，把工、商视作下等之民。而从最实质的方面来看，当时清政府的财政收入也主要是依靠农业税，及官方垄断的“盐课”（盐税），而真正的商业税在国家财政收入中只占很小的比重。以乾隆十八年（1753 年）为例，当时江苏、福建、浙江、广东 4 个海关的税收，加在一起只有 99.48 万两银子，还不到国家整个财政收入的 1/40。到乾隆二十二年封闭其他 3 个口岸，粤海关每年的税收长期停留在四五十万两的水平，比起农业税来实在是微不足道。所以，清朝的官员一向认为，海关的收入“自天朝视之，则无关毫末”。因此可以说，清代的“闭关”政策是中国历史上重农抑商政策的一种自然延续，其目的是为了保护封建经济的基础。

“闭关”政策的社会历史原因，还可以从传统的“夜郎自大”的文化心态上来分析。小农业与家庭手工业密切结合的个体经济，使得亿万农民分散地生活在经济上自给自足、政治上被封建宗法束缚的农村中，无数个村庄、集镇、城市互相隔离，没有和周围广阔的世界进行交往和联系的必要和可能，再加之地理环境上对外的交通不便而自然形成的与外部世界基本隔绝的状态，由此产生了因循保守、妄自尊大、闭关自守的文化心态。更何况，中国有着自己悠久的历史和文化传统，几千年来和中国打交道的周边地区，都是些落后的“夷狄蛮貊”，所以更养成了一种虚骄夸诞、夜郎自大的习性。孟子说过的“吾闻用夏变夷者，未闻变于夷者也”，这样的观念在中国封建士大夫的头脑中根深蒂固，可以说已经进入了无意识的深层的文化心理结构中去了。到清代前期为止，在绝大多数中国人的心目中，一直以为中国就是世界的中心，是“万王之王”的“天朝上国”。明末的西方耶稣会传教士利玛窦到北京，献上《舆地全图》(世界地图)，引起封建官绅们的哗然，中国怎么不在世界的中心？中国怎么这么小？实际上利玛窦深知中国人的文化心态，他的世界地图已经做过一些变通，但还是让许多人认为是“肆谈无忌”。一直到清朝乾隆年间修的《清朝文献通考》中，对世界的描述还是：“中土居大地之中，瀛海四环，其缘边滨海而居者，是谓之裔；海外诸国亦谓之裔。裔之为言边也。”在这种心态的作用下，中国历代的封建统治者根本没有与世界其他民族互通有无的贸易意识，他们把到中国做生意的外国人，统统看成是“藩属国”来向“天朝上国”进贡，在乾隆和嘉庆年间修的两部《大清会典》中，就把包括荷兰、葡萄牙、意大利、英吉利等在内的“西洋诸国”，都算作是自己的“朝贡国”。而且，中国的统治者也不在乎你“朝贡”什么，只是作为“天朝上国”给你们这些“化外之民”一些优惠，让你们做点生意。乾隆五十八年(1793年)，英国派特使马戛尔尼来华，名义上是来为乾隆帝祝寿，而真正意图是提出一些外交上和外贸上的要求。马戛尔尼的外交使团受到了清政府的盛情款待，但其要求遭到乾隆帝的拒绝。在回复英王的两封信(“敕谕”)中，乾隆帝的一些话足以表明“天朝上国”的心态，这里不妨节译两段来看看：

> 你们远隔重洋，倾心中华文化，特派使节，恭恭敬敬地捧着表章，来叩祝我的万寿。我披阅表章，见你词意恳切，说明你有恭顺的诚意……(第一信)

我们天朝上国，物产丰富，无所不有，根本不需要与外夷互通有无。只因天朝所产的茶叶、瓷器、丝绸等，是你们西洋各国所没有而又必需的物品，所以才特别开恩怜恤，准许你们在澳门开设洋行……（第二信）

这些话我们不要视为乾隆帝是在为自己脸上贴金，而恰恰是当时中国统治者文化心态十分真实的写照。为了让这些“化外之民”开开眼界，看看“天朝”的辽阔和富庶，乾隆帝还特准马戛尔尼从大运河南下，再经浙江、江西、广东等省回国。实际上大家知道，这时的世界历史早已进入了一个新时代，英国也已基本完成工业革命，西方资本主义列强绝不是历史上周边的那些“蛮夷”所能相提并论的。但中国的统治者却还沉醉在“天朝上国”的迷梦中。

从上可知，闭关自守的状态本是中国封建社会的基本特征之一，但是，清政府所实施的是特别严格的“闭关”政策，这就与当时的现实政治有密切的关系了。对清政府来说，“闭关”政策是其现实政治的一种需要。所谓现实政治的需要，实际很简单，就是因为清朝是一个由少数民族统治大民族的政权，因此，除了一般的阶级压迫之外，清朝统治者还有相当露骨的民族压迫倾向。从清初的“迁海令”到后来的“海禁”，在很大程度上都是防范汉族人民可能出现的反清斗争。由于汉族的人口实在太多，已经属于防不胜防的问题，如果一旦他们又与外来的异己势力接触，很有可能会加强反政府的力量，也很有可能酿成新的骚动。这也就是鲁迅先生所说的神经“衰弱过敏”，是清政府政治上虚弱的一种具体的表现。马克思在分析中国当时推行“闭关”政策的原因时指出：

> 推动这个新的王朝实行这种政策的更主要的原因，是它害怕外国人会支持很多中国人在中国被鞑靼人征服以后大约最初半个世纪里所怀抱的不满情绪。由于这种原因，外国人才被禁止同中国人有任何来往。
>
> （《马克思恩格斯选集》第2卷第6—7页）

这个分析无疑是正确的。清朝统治者由于猜忌心理、由于对自己的统治缺乏自信，所以想构筑起一道隔绝中外的“防线”，以为有了这道“防线”，就可以不管外面的世界如何变化，自己还是可以高枕无忧。当然，这只是他们的一厢情愿而已。

三、“闭关”政策的恶果

清政府实行的“闭关锁国”政策，对中国社会的发展起了严重的阻碍作用。由它带来的恶果，可以从许多方面来考察，我们这里就选最主要的两点略加论述。

其一，“闭关”政策严重地阻碍了中国人学习当时世界先进的思想文化和科学技术。众所周知，17—18世纪，西方世界在冲破了中世纪的黑暗，经历了文艺复兴和启蒙运动以后，在思想文化和科学技术领域出现了突飞猛进的发展。然而，中国的知识分子还沉浸在程朱理学、八股文、考据学之中，中西方之间在文化和科学方面的距离开始拉大。明末传教士来华，徐光启等少数先进的知识分子还能对西方学术有相当的了解。但历史进入到清朝，在“闭关”政策的阻碍下，像徐光启这样的人也出现不了了。当时绝大多数的中国人根本搞不清西方的情况，葡萄牙、西班牙、荷兰、英吉利这些与中国已经打了多年交道的国家，它们究竟在哪里？它们之间有什么区别？几乎没有人能说得清楚。如在清朝人编撰的《明史·外国传》中，葡萄牙和西班牙是不分的，统称为“佛郎机”；它们的地理位置据说是“近满剌加（马六甲）”。荷兰人和英国人也分不清楚，统称为“红毛番”。再如大学者阮元，在听了传教士介绍哥白尼的“日心说”之后，认为这是“上下易位，动静倒置，离经叛道”的“邪说”。阮元在当时还算是比较开明的人，像一些顽固者就不管三七二十一地反对西学。如一个名叫杨光先的顽固派人物，在确实比较先进的西方历法面前，竟然说：“宁可使中国无好历法，不可使中国有西洋人。”（这不能不使人联想到“四人帮”的“宁可要社会主义的低速度，也不要资本主义的高速度”的谬论，他们之间真是有惊人的相似之处。）再如马戛尔尼的使团，邀请当时乾隆帝的宠臣、大将军福康安检阅其卫队演习欧洲新式火器（枪炮）的用法，福康安非常冷淡且傲慢地回答：“这种东西谅也没有什么稀罕之处，看也行，不看也行。”同样，他们向和珅表示愿意在北京城表演当时欧洲新发明的热气球载人升空，和珅的态度也是极其冷漠。他们不仅对当时世界的科学进步一无所知，而且对这些进步还傲然置之，连送上门来的东西也不愿接受。这除了愚昧、顽固之外，恐怕再也找不出什么合适的形容词了。这种思想在封建统治者中，一直要延续到清朝的末年。这不能不说是“闭关”政策所带来的恶果。

其二，“闭关”政策严重地阻碍了中国资本主义萌芽的生长。从 16 世纪中叶开始，中国已经明显地出现了资本主义的萌芽。那时，欧洲最先进的国家，也还处在资本主义的初期阶段，中国在这方面并不算太落后。但由于“闭关”政策，使得中国社会的发展真正落伍了。如造船业，在15世纪郑和下西洋时，中国的造船技术在世界上还是属于一流的，但由于种种限制和摧残的结果，使得中国的造船业不仅没能进步，反而是退步了。这不仅影响了中国的商船、渔船的建造水平，同样也影响了官船和战船的建造水平，后来鸦片战争中中国水师的惨败，与之有相当大的关系。再如“闭关”政策的种种措施，使得中国的手工业、商业乃至农业，也遭到了极其严厉的压制。像丝绸、瓷器、茶叶等是当时中国手工业和对外贸易的王牌，资本主义萌芽在这些行业中也最为显著，清政府恰恰就是从这里开刀，其作用之恶劣不言而喻。此外，对出国商人、华侨的种种刁难和迫害，对中国资本主义的发展也造成很坏的后果。南洋的华侨对促进当时国内闽、广、江、浙等地的工商业发展，是起到不小的间接作用的。西方国家对国民出海冒险是千方百计进行奖励的，并以此作为带动海外贸易的中介，它们的商人有国家作后盾，在国外拼命竞争，如英国后来发动鸦片战争，就与当时英国的东印度公司的要求有很大关系。而中国不仅不支持华侨在海外的商业竞争，反而还把他们视为祖国的敌人。华商、华侨真是腹背受敌，遭到来自内外两方面的夹攻。在东南亚的华侨，曾多次遭到西方殖民主义者大规模的残酷屠杀，但却从未得到过自己政府的保护。清政府不仅不保护华侨，甚至还认为这是华侨“自弃王化，孽由自取”，这确实是怎么也无法使人理解的怪事。尽管如此，东南亚的华侨后来还是在当地的工商界取得了很大的成功，这只能归功于中华民族的勤劳和智慧。

这里有一个问题需要指出，过去有人认为，“闭关”政策在限制外国侵略者活动这一点上还是起到了一定作用的。这实际是个似是而非的观点。从历史事实来看，这种落后的、消极的、自我隔离的“闭关”政策，只能束缚中国人民自己的手脚，却根本不能限制穷凶极恶的西方资本主义列强的对外侵略。不久后发生的鸦片战争，就是最有力的证明。它不仅证明了西方资本主义列强的侵略不是“闭关”政策所能限制的，而且还证明了“闭关”政策就要被西方资本主义列强的侵略所打破。

总之，当资本主义在世界上刚刚出现之时，中国的社会发展进程与西方差距并不大，有的甚至还比西方略胜一筹。但当西方世界经历了工业革命以后，而中国却遭到“闭关”政策的种种限制，于是，中西方之间社会发展的差距就变得越来越大。中国真的落后了，落后的中国要挨打也为时不远了。

洪亮吉的忧虑
人口问题与社会矛盾

古时候，男人不用耕种，自然界草木的果实就足以供人食用；妇女不必纺织，禽兽的皮就足以供人穿着。不费力做事就足以供给生活，人少而东西多，所以人民之间没有争夺。因此用不着厚赏，也用不着重罚，人民自然能够安居乐业。现在一个人有五个儿子不算多，每个儿子又有五个儿子，祖父还没死就已经有了二十五个孙子。因此人民多而财物缺乏，费尽力气做事还不够供给吃用。所以人民就争夺，虽有加倍奖赏和加重处罚，还是免不了纷乱。

——韩非子《五蠹》(节译)

18世纪末，英国有个叫马尔萨斯的经济学家，提出了一个有关人口问题的著名理论，后来被称“马尔萨斯主义”或“马尔萨斯人口论”。马尔萨斯的“人口论”认为：如果不遇到什么阻碍的话，人口的增长是按几何级数进行的（即等比级数，如1、

2、4、8、16、32、64……）；而人们的生活资料即使在最有利的生产条件下，也只能按照算术级数增长（即1、2、3、4、5、6、7……）。所以，人口增长的速度，要大大超过生产资料的增长速度。如何解决这对矛盾呢？马尔萨斯认为：必须要限制人口的数量。限制人口的“消极”办法是晚婚、计划生育、不婚、堕胎等，这样可以减缓人口增长的速度；而“积极”的办法则是通过战争、瘟疫、繁重劳动、贫困和饥荒来消灭“剩余”的人口。马尔萨斯的“人口论”因为鼓吹通过战争等手段来控制人口的增长，所以过去遭到了许多批判。批判马尔萨斯的“人口论”是对的，但是，我们还应该看到，马尔萨斯的结论固然有不少是荒谬甚至是反动的，但他所揭示的人口增长与生活资料增长之间的矛盾、认为应该控制人口增长的速度等，却不能说毫无道理。

众所周知，中国是世界上人口最多的国家。中国的人口太多这个问题，并不是从现在才开始的，而是古代已然，到清代则成为一个突出的社会问题。所以，中国的学者对人口问题，也有自己的看法。据目前所知，中国有个著名的学者叫洪亮吉，也提出了一个关于人口的理论，其中有些内容与马尔萨斯的观点还颇有不谋而合之处。据考证，洪亮吉的人口论提出的时间，比马尔萨斯的“人口论”还要早大约5到10年。下面，我们就来看看洪亮吉的人口论。

一、洪亮吉其人及其人口理论

洪亮吉，字君直，号北江，晚年号更生，江苏常州阳湖人。洪亮吉是一个多才多艺的学者，文学方面，他善写诗和骈体文；史学方面，他精通三国魏晋南北朝的史事；经学方面，他对《春秋》“三传”颇有研究；哲学方面，他提出了无神论的思想。乾隆五十五年（1790年），45岁的洪亮吉进士及第，名列殿试一甲二名，即俗称的“榜眼”，授翰林院编修之职。后来曾出任过国史馆纂修官、贵州学政等职。

嘉庆四年（1799年），乾隆皇帝驾崩，嘉庆帝亲政，“诏求直言极谏之士”。嘉庆帝让敢说话的人出来批评时政，实际上仅是做做样子罢了，但洪亮吉却认真地把它当一回事来对待了。由于他在国史馆参与了《清高宗实录》的编写工作，掌握了大量历史资料，所以对号称“盛世”的乾隆60年间的社会矛盾了如指掌。于是他给当时三位重臣同时上疏，极言时之弊政，并指出改变的方法。此疏一上，便召来了杀身之祸，洪亮吉被逮捕入狱，判处“斩立决”。后来总算嘉庆帝“开恩”，改判流放新疆伊犁。过了一段时间，嘉庆帝大概仔细读过了洪亮吉的上疏，又认为他的上疏在内容上并没有什么大的过错，只是洪亮吉上疏给大臣“错”了，于是便下令赦免洪亮吉。嘉庆六年（1801年），洪亮吉遇赦放回老家，从此以后，他便闭门著书，直至老死。

洪亮吉的人口理论，主要发表在他的专著《意言》中的《治平》《生计》两篇中，它主要包括：

1. 关于人口增长与生活资料的关系问题。他指出，清代自康熙朝起，太平日子已经有百余年了，全国的人口在这一段时间里成倍地增长，百余年间增加了近20倍左右，而生活资料却并没有增加多少。他以一个家庭为例，说：当高祖、曾祖之时，这一家有田地一顷，住房10间，人却只有一个，后来娶了老婆也不过是两个人，住房和田地中的出产对这两人来说是绰绰有余。后来生了 3 个儿子，又分别娶了媳妇，又加上佣人，大概算 10 个人吧。10 个人住 10 间房，吃一顷地生产出来的粮食，住和吃都算是刚刚够了。但是，儿子又生孙子，孙子又娶媳妇，尽管可以减去一些因老病而死者，可此时的人口已不止二十多人了，以二十多人住 10 间房，吃一顷地生产出来的粮食，住和吃尽管非常节俭，但我知道肯定已经不够了。再往下到曾孙、玄孙，就比高祖、曾祖时的人口多了不止五六十倍……洪亮吉关于百年间人口增长了近 20 倍的说法，并非实数，而是根据自己主观的猜测，此点可以不去考虑。令人感兴趣的是，他的论点，与马尔萨斯关于人口增长按几何级数进行、生活资料增长按算术级数的观点相当近似，即也是从人口增长与生活资料增长之间的关系这一点着眼。这说明，无论中外，这对矛盾的存在是同样的。

2. 关于人口激增引出的社会矛盾。洪亮吉指出，在以上提到的问题中，还不包括当时存在的大量官僚豪强兼并农民土地，一个人就占了 100 人的住房，一户人家就占了 100 户人家的土地的情况。即使这一点也暂不计在内，就仅从人口激增来说：从事农业的人数增加了 10 倍，而土地并没有增加；做生意的人数增加了 10 倍，而商品并没有增加；读书的人数增加了 10 倍，而学校并没有增加。人口增多，势必对米、布之类生活必需品的需求也要增加，但这些物资并没有增加多少。求大于供、供不应求，于是就必然造成生活资料的涨价。这样一来，一些勤勤恳恳的人辛苦地干活，也很难维持生计，如遇上天灾人祸，还会有饿死的可能；至于一些游手好闲的家伙，平时就会干出各种坏事，而碰上灾害就更可能铤而走险，使社会发生动乱。这不能不引起人们的担忧。

3. 关于解决人口过剩的办法。对这个问题，洪亮吉认为有两个办法，一个叫作“天地调剂之法”，即通过自然灾害、各种疾病和瘟疫，自然地淘汰过剩的人口。这一点与马尔萨斯所谓“积极”办法大致相同，但不同之处在于洪亮吉没有鼓吹以战争来消灭人口，这一点与中华民族历来爱好和平的文化传统有相当大的关系。第二个办法叫作“君相调剂之法”，即由政府采取一些调整和救济的措施，如移民开垦荒地，减轻赋税，遇到自然灾害政府实施赈济等。这一点与马尔萨斯的所谓“消极”办法全然不同。洪亮吉提出的实际是人口已经增多后的应急措施，而马尔萨斯提出的则是控制人口增长的预防措施。这里反映出封建主义与资本主义之间的社会差距。尤其像晚婚、计划生育之类，是中国封建宗法制度与传统伦理道德所不能容许的。

二、乾隆朝的人口激增及其原因

构成洪亮吉人口论的这些论点，既不是受舶来品的影响，也基本上不是对前人已有思想的发挥，而是生活在乾隆后期的洪亮吉，对当时社会上人口激增和社会矛盾日益激化的现状，进行反思后所产生的一些看法和忧虑。

清代进入乾隆朝以后，人口增长的速度确实产生了飞跃。清朝初年，全国的人口大约在6000万左右。据记载，顺治八年（1651年）时全国“丁男”（成年男子）数1000余万，由于当时户籍是以一户一丁计算的，如果假设每丁户有 5 人的话，那就已经近 6000 万人左右了，实际上，当时还有不少为了逃避赋税而隐瞒起来的人口，所以 6000 万左右的人口是完全可信的。到了康熙朝，全国的人口就已经突破了 1 亿（民间实际人口数）大关。再到乾隆后期，全国的人口数骤增到 3 亿左右。也就是说，大约在 150 年里，中国的人口数量就增加了 5 至 6 倍之多。而且，特别是从乾隆六年到乾隆五十五年（1741—1790）这 50 年，也就是洪亮吉的青壮年时代，人口增长的速度变得异常的迅速。

再来看看作为当时生活资料主要来源的耕地面积的情况。当顺治十八年（1661 年），全国的耕地面积是 540 余万顷，一顷地合百亩，那么，实际上就是平均每人近 10 亩土地左右。到了乾隆三十一年（1766 年），全国的耕地面积增加至 780 余万顷左右，那么就是平均每人只有 2 亩土地左右。耕地面积仅仅增加了 30%多一点，还不及人口增长的 1/10。当然，我们或许还可以考虑一下耕地的单位面积产量的增长因素，但是，在当时的科学技术和生产条件下，单位面积产量的增长即便不能说完全没有，也可以说不可能太大。仅仅从以上这个对比中，我们就完全可以看出洪亮吉的忧虑绝不是在杞人忧天，而是具有相当的实际意义和社会价值的。

中国历史上的人口数量，由于史籍记载的不完整，所以很难得出一个精确的数字，有人甚至认为中国历代的人口数永远是个谜。这个说法有点失之偏颇，因为事实上，中国历代的人口虽无确数，可大致还是有案可查的。学术界现在一般认为，中国古代的人口在清朝以前没有突破过 1 亿（盛唐之时也仅为

9254万左右)。到乾隆朝时，中国的人口数达到一个高峰，以后就一发而不可收了。据统计，从清朝康熙二十年（1681年）到咸丰初年（1851年）的170年中，中国人口的总数约增加了3.1亿左右。其中，仅相对富庶的东南8省就增加了1.8亿之多，鸦片战争前夕，中国的人口已经达到了4亿多，在以后的近百年里，我们就一直笼统地称有“四万万同胞”。

乾隆朝之所以会出现中国历史上的人口高峰，其原因当然可以从不少方面去追究，但我以为最主要的不外乎两点：

其一，从康熙到乾隆间的百年承平之政治局面。此点在前面已略有论及，概言之，清朝的统治自平定“三藩之乱”和台湾之后，康、雍、乾三朝除对边疆地区数次用兵之外，在全国的心脏地区基本上没有出现太大的变乱。长期安定的社会环境，使得人民得到了较长时间的休养生息，这对人口的增长具有非常重大的影响。因为，一般在动乱的战争年代里，人口的数量往往会出现大量的减少，反之则会大量增长，人口的增长与社会的稳定成正比，这是一条规律。马尔萨斯之所以要鼓吹战争，也正是从这一规律出发的。

其二，与清朝的赋税制度有密切关系。康熙五十一年（1712年）开始执行“圣世滋丁，永不加赋”的赋税政策，这一政策规定，以康熙五十年（1711年）全国的丁额2462万（丁银数为335万余两）作为国家征收赋税的标准，以后增加的人丁数就不再征收人头税。雍正朝，又进一步采取了“摊丁入亩”“地丁合一”的办法，把已经固定了的“丁银”数平均摊入各地的田赋银中，一体征收。“永不加赋”和“地丁合一”的实行，田地多的地主、官绅分摊的丁银就多，而少地和无地的农民、“市民”、佃民就少摊甚至不摊丁银。这一点无疑是减轻了人民的负担，尤其是对那些贫困的人而言，多生小孩无需加税，由此对刺激人口的增长起到了很大的作用。

三、清朝人口激增引出的社会矛盾

人口的迅速增长，势必会引出一系列的社会矛盾，这实际并不难理解。清朝中期开始出现的人口骤增，引出了许多社会问题，下面我们就选择几个主要的方面略作叙述：

1. 引起人口与土地的紧张关系。随着人口的骤增，清朝人均耕地面积的缩小前文已提及。从康熙二十年（1681 年）到咸丰初年（1851 年），中国人口的总数约增加了 3.1 亿。其中，仅东南 8 省就增加了 1.8 亿，这里也就成为中国人口压力最重的地区。但这一区域的土地资源，自宋明以来就已经被广泛地开发，几百年间，一面是人口日见其多，一面是余地日见其少，“虽硗确之地，亦耕殆尽”。在这一人口与土地间尖锐矛盾的大背景下，便出现了大规模的移民浪潮，由人口集中地区向人口稀少的地区移民。

2. 移民对生态环境的破坏及迁徙的恶性循环。从康熙时期开始，中国历史上出现了长达半个世纪的所谓“湖广填四川”的移民浪潮。四川的河谷平原被开垦完毕之后，又出现乾隆、嘉庆年间向川、陕、楚山区和川、鄂、黔三省交界的“苗疆”进发的第二次移民高潮，以及嘉庆、道光年间向云南、广西、贵州迁移的第三次移民高潮。这些移民的迁入及其后裔的人口总数，据统计大约有 3300 万左右。大量移民的迁入，一方面开发了中国的西南地区，但是另一方面，使西南山区的自然生态、水土肥力遭到极其严重的破坏。史籍记载，在移民们开荒之初，其“一二年内，杂粮必倍至”，所种的玉米“高至一丈许”，可谓“种一收千，其利甚大”。但“四五年后，土既挖松，山又陡峻，夏秋骤雨冲洗，水痕条条，只存石骨”。所种玉米高仅二三尺，产量大减。而生态环境一旦恶化，所带来的则是一个人口迁移长久不定的过程，处在这个过程中的移民今年在此，明年在彼，甚至一年之中迁徙数次。清代有所谓“闯关东”“走西口”“下台湾”等名称，说的都是当时出现的移民运动。中国的农民一向以“安土重迁”著称，所以对这众多的移民来说，并非他们好动，而是大自然不允许他们不动。千辛万苦垦出的山地，只要偶被雨水冲刷，便会一夜之间成为不能再耕的石田荒山，迫使人们不得不另寻山地耕种，这种游耕式的生产方式，反过来又会进一步加快毁林开荒的速度和水土流失的程度，开垦者越穷越垦，越垦越穷。而最根本的原因就是一点，人口实在太多了。

3. 引起阶级矛盾的激化和社会的动乱。人口一多，不仅与自然界的关系日益紧张，导致人们的生活水平每况愈下，更坏的作用就是造成社会的动荡不安。洪亮吉担忧的所谓“攘夺之患”，指的正是此点。洪亮吉已经看到了当时的白莲教大起义和苗民起义，尤其是川、楚的白莲教大规模起义，波及湖北、四川、陕西、甘肃、河南等省份，时间长达 9 年之久。这实际与当时这一地区的大量移民有直接的关系。从白莲教起义伊始（1796 年）到道光二十年（1840 年）的 44 年间，见于史籍《东华录》记载的农民暴动或起义就有 93 起；从道光二十一年

（1841 年）到二十九年（1849 年）9 年中，《东华录》记载的农民暴动或起义更有 110 起之多。之后爆发的“太平天国”大起义，实际也与移民有直接或间接的联系。

最后说点题外话，人口问题是当今世界各国尤其是发展中国家的一个不容回避的现实问题。中国是一个人口大国，我们至今仍然承受着人口膨胀的巨大压力——温饱、就业、就学、民工潮、社会安定……洪亮吉的人口论中一些具体的办法和措施固然不足取，但二百多年前洪亮吉所揭示出的一些矛盾，以及由此产生的忧虑，在今天是否还有借鉴意义呢？

穷则思变
嘉道间的经世派

祖宗旧的法令制度是没有不会败坏的，众人的议论是不可抗拒的。与其让后人做一番猛烈的改革，还不如自行改革好。

——龚自珍《乙丙之际箸议第七》（节译）

在中国现存最古老的典籍之一《周易》中，有一句话，叫作“穷则变，变则通，通则久”。这里的“穷”并不是我们今天一般理解的经济上贫穷的意思，而是指某一事物的发展已经到了尽头，经济上的贫穷只是从这层意思中引申出来的。以上这句话的解释大致就是：事物发展到了尽头，就要想办法变化；一旦变化了，前面的路就又可以畅通；任何事物的发展只要能保持畅通无阻，就可以长久地存在下去。这是一句很富哲理的话，是我们的祖先在长期的生活实践中观察总结出来的，它代表了一种中国式的智慧，后来的“变通”“穷则思变”等词语和成语，都是从此而来的。不仅如此，这句话以后也成为历代谋求政治或经济改革的有识之士的理论基础及经典依据。

清朝至嘉庆、道光统治时期，其发展已到了“穷”这样的地步，于是，就有一批有识之士出来呼吁变革，那就是嘉道间出现的所谓“经世派”。

一、嘉道间社会危机加剧与经世派崛起

当历史的车轮进入公元19世纪之时，中国的封建社会就如同一个龙钟的老人，在经历了漫长的岁月之后，蹒跚地步入其最后的一段行程。

从中国社会的内部发展线索来看，维持了60年之久的“乾隆盛世”，如同梦幻般地消失得无影无踪，而各种社会危机却像火山喷发一样地展现了出来。成倍增长的人口压力、尖锐的民族矛盾，它们预示了整个19世纪连绵不断的流民迁徙、农民起义和民族叛乱。长达9年多的川楚白莲教大起义还历历在目，嘉庆十八年（1813年），在北方又爆发了天理教的起义。天理教教徒林清在嘉庆十八年九月，率几十名信徒竟然直捣北京的紫禁城，攻入西华门，占领尚衣监、文颖馆，直逼隆宗门，有少数人甚至还冲到了养心殿。这一事件虽然很快被镇压了下去，但它却真如嘉庆帝惊呼的那样，是汉、唐、宋、明历代从未出现过的“非常之大变”，“暴民”居然敢进攻皇宫了。在天理教起义的同时，陕西又爆发了伐木工人的起义；次年，河南的捻军起义也开始了。除了内地各省很不安宁之外，甘肃、新疆的回民骚乱也是此起彼伏，经久不息。

而此时的清朝最高统治者，已经彻底腐朽，且不说如康

熙帝的雄略、雍正帝的肃杀，就是连乾隆帝的手段也拿不出来了。统治集团中的绝大多数成员，骄奢淫逸，醉生梦死，官吏贪污成风，吏治腐败，财政拮据，军事懈怠，整个统治机器运转失灵，国家的“河政”“盐政”“漕政”“学政”“海防”“塞防”……漏洞百出，弊端重重，这一切都标志着清王朝无可挽回地走向乱世和衰世。

更糟糕的是，清王朝比以往任何一个朝代进入衰世时的处境都更加艰难。因为，来自西方的资本主义殖民侵略者，正在以咄咄之势向老大的中华帝国步步逼近。而英国殖民主义者，则成为西方列强大规模侵略中国的急先锋。此时的英国，已经基本上完成了工业革命，机器大工业取代了以往的工场手工业，这就促使它要大大加快在海外寻找新的市场、开辟新的殖民地的步伐。早在乾隆末期，英国就曾派了马戛尔尼使团来华，试图打开中国的门户。嘉庆二十一年（1816 年），英国又派了一个名叫阿美士德的人来华，重弹起马戛尔尼的老调，当然也遭到奉行“闭关”政策的清政府的拒绝。与此同时，英国殖民者开始在中国东南沿海地区进行武装试探，英国的军舰数次在广东海面寻衅，劫掠澳门、闯入虎门、轰击中国的船只和炮台，气焰相当嚣张，但由于中国军队的反击，英国军队亦因数量太少，只能退出。

文的武的都不行，英国殖民者挖空心思，终于找到了鸦片这一特殊的商品，把它作为打开中国大门的工具。鸦片含有大量的吗啡和尼古丁，是一种极易吸食上瘾而又很难戒除的毒品。吸食鸦片的人中毒后慢慢变得身体虚弱，骨瘦如柴，精神萎靡，上瘾时浑身瘫软，哈欠、眼泪、鼻涕不止，非要吸上几口才能恢复。鸦片进入中国的历史，大约在明代的中叶，中国最早吸食鸦片上瘾的人，现在所知大概是明朝的万历皇帝（明神宗），他后来连续二十几年不上朝的原因，据说很主要的一点就与此有关。明清之际，鸦片主要是作为一种治病的药物引进的，真正吸食的人很少，所以需求的数量很有限。可是到18世纪末，尤其是英国东印度公司独占了鸦片贸易之后，就开始把鸦片大批运到中国来。1833年，当英国取消了东印度公司贸易特权后，其对华贸易的竞争进一步加剧，鸦片的输入量也随之激增。据统计，嘉庆五年（1800年）时输入中国的鸦片为4570箱，到道光十八年（1838年）已激增至4.02万箱。据估计，道光十五年（1835年）时，中国吸鸦片的人数已达200万以上。鸦片的大量输入，不仅使中国的白银大量外流，政府的财政更加困难，而且使得城市的工商业和农村的生产力也遭到很大破坏，同时也使统治者更加腐朽，军队的战斗力进一步下降。

内忧外患的时局，唤醒了当时士大夫中的一批有识之士，他们以匡济天下自命，以挽救民族危机为己任，还自诩是为国家治病的"医国手"。这批人被后来的史家称之为"经世派"。这里所谓的"经世"，就是关心和治理世事。嘉道间"经世派"的主要代表人物有：龚自珍、魏源、林则徐、包世臣、管同、姚莹、黄爵滋、陶澍、徐继畬、贺长龄等。他们对当时的社会弊病进行了尖锐的批判，提出了不少社会改革的方案，其中有的人还把其视野扩大到所谓的"夷务"方面，即对西方殖民主义者的大规模鸦片输入及其军事侵略动向的关注。

二、经世派的社会批判思想

嘉道间的经世派具有十分强烈的忧患意识，他们敏锐地察觉到了当时四伏的社会危机，预感到了社会大动荡的风暴即将来临。出于强烈的危机感和对国家民族命运的深切关注，他们对当时存在的各种社会危机进行了大胆的揭露和尖锐的抨击。经世派社会批判思想的内容十分丰富，其中最主要集中在这么几个方面：

1. 对衰世、乱世即将到来的预感，并提出警告。在这方面，龚自珍的揭露可谓入木三分。他根据儒家经典《春秋公羊传》的“三世”学说，把世道分为“治世”“衰世”和“乱世”。并直言不讳地指出当时已经进入了“衰世”，是“将萎之花，惨于槁木”，即将要凋谢的花朵，连枯树还不如。龚自珍指出，“衰世”虽然在表面上还维持着虚假的太平，但实际上却潜伏着随时都会爆发的严重危机；姚莹认为，当时天下的艰难表现在人口太多、军队腐朽、民心不平、法令不严、财政匮乏等各个方面；林则徐认为，当时整个国家各方面都已经十分空虚，即使让能干的人来都难以治理了，更何况当道者多是一群无能之辈。类似的预感，在经世派的许多人中都有同感，这一切都说明社会已经进入了衰败时期。

2. 对吏治腐败的揭露和批判。经世派中所有人对当时清政府的官场弊病都有所揭露和批判。他们认为，当时的官场弥漫着苟且、谄媚、鲜廉寡耻、唯利是图、醉生梦死、自欺欺人的风气，绝大多数官吏既无能又无耻，他们在对待国家的事情时，都表现得暮气沉沉、碌碌无为，他们对如何治理好国家一窍不通，但对如何压榨百姓、结党营私、贪污贿赂、升官发财却十分精通。没有多少人真正愿意为国家、为百姓着想，就如魏源说的，这些人“除富贵之外，不知国计民生为何事”。

3. 对士风堕落的揭露和批判。经世派人士认为，当时的官场之所以会如此的黑暗，与当时读书人的风气堕落有根本的联系。他们认为，读书人的风气关系到国家的命运，就如龚自珍说的：“读书人都懂得廉耻，国家就永远不会有耻辱了；读书人如果不懂得廉耻，那就是国家的最大耻辱。”经世派把当时的读书人的风气分为几类：一是标榜程朱理学，这种人言行不一，迂腐空疏，欺世盗名；二是醉心于考据之学，这种人自命学问精深，不求古代“圣贤”的学问精髓，搞一些枝节末微的东西，还自我陶醉，结果是既害了自己也害了别人；三是沉湎于八股文之中，一心只想谋求功名利禄，通过科举猎得富贵，这种人不学无术，读了一辈子书还不知道书中讲了些什么；四是兼商兼吏，这种人不好好读书，凭着有点钱有点势力，在乡里横行霸道。以上这四种读书人，其最主要的特征不外乎两点：即“无实无用”和“唯利是求”。这种人做了官，官场的风气还能好吗？

4. 对人才枯竭局面的揭露和对封建主义摧残人才的批判。官场腐败，士风日下，跟随而来的必然就是国家人才的严重枯竭，就如龚自珍所生动描述的那样：朝堂上见不到能干的宰相和其他官员，城外面见不到能干的将军，学校中见不到能干的读书人，田地里见不到能干的农民，工场内见不到能干的工匠，商店里见不到能干的商人，甚至在街道上也见不到能干的小偷，市井中见不到能干的市侩，丛林沼泽中见不到能干的强盗，这就是说，不仅君子少见，就连小人也少见。造成国家人才枯竭的原因，除了僵化的程朱理学及八股文、考据学这些东西之外，还有封建主义对人才的摧残、扼杀，龚自珍深刻地揭露道：如果有才能的读书人和百姓出现了，就会有成百倍的庸人出来监视、束缚乃至杀害他们。这种杀害，不是用刀、锯、水、火等，也不是公开、宣于法律的，而是用风俗习惯；不是杀他们的头，而是杀他们的心——杀他们能忧虑的心、能愤怒的心、能思考的心、能有所作为的心、能知廉耻的心、能消除杂念的心；也不是一天就杀了，而是慢慢地，3年、10年甚至百年。就这样从上到下的长期摧残，能不造成国家人才的枯竭吗？

此外，经世派还对封建政府和官僚豪强对农民的严重剥削而造成的贫富不均和流民大增，对鸦片大量输入中国所造成的政治、经济、军事的危害，对科举制度的无用有害，对政府在用人方面过分强调“资历”，对整个政府机构中上传下达的“言路”闭塞，对封建君主专制“乾纲独断”的独裁等许多方面的矛盾，都有揭露和批判，这里就不一一详举了。

三、经世派的社会改革主张

经世派以其尖锐触目的语言抨击时政，揭露社会黑暗，其目的就在于“醒世”，在于希望改变现状。因此，在揭露和批判的同时，他们更大声地疾呼“变法”，强烈主张因时而变，革新图治，更张现行的腐朽政治。龚自珍说：祖宗留下来的旧法令和制度，没有不衰败的；众人的议论一定会所向披靡，与其让后来的人进行猛烈地改革，还不如自己实行改革。魏源认为：天下没有行百年而不产生弊病的法，没有穷极而不变的法；小变则产生小革，大变则产生大革，小革则社会得到小治，大革则社会得到大治。

经世派人士普遍认为，人才问题是事关政府行政效能乃至整个国家政治、经济、文化振兴的大事。因此国家要进行改革，首先就需要得力的人才。林则徐指出："欲图整顿，务在得人"，国家应"首以人才为重"；姚莹提出："人才为天下之本"；魏源认为，国家要富强起来，财力、物力和人力三者不可缺一，而人力就主要是指人才，而不是一般的劳动力；龚自珍则更以其传世的名诗大声疾呼：

九州生气恃风雷，万马齐喑究可哀。

我劝天公重抖擞，不拘一格降人才！

经世派再三呼吁国家重视人才，他们所谓的人才就是能通晓古今治乱、经济事务的经世致用人才。而经世派自己实际上就是这样的人才，他们不醉心于八股制艺和考据辞章（不是不会），而是悉心稽查历代的治乱得失，深究天下之利病，熟悉朝章国故，关心国计民生，勇于做事的士大夫。他们对当时国家的钱、谷、兵、刑、漕、河、盐诸政，提出了许多具体的、有建设性的改革主张。

针对当时"漕运"（通过内河水路运粮食到京城）的积弊，包世臣主张以海运代替漕运，即雇佣私人商船，把江浙的一部分漕粮由海路运送到北京，以减少运输耗费，保证京城的粮食供应。魏源也主张"漕运"应以海运代替河运，以商人代替官吏，他指出此举如行则有利国、利民、利官、利商"四利"。

林则徐、贺长龄等都支持魏源的漕运改革的主张，并在其主管的部分地区尝试实行这一改革。

针对当时盐业的衰敝，魏源、包世臣、陶澍、林则徐等主张打破盐业运销的国家垄断制度，推行“票盐”制度，即实行自由运销，无论什么人，只要照章缴纳盐税，就可以领票采盐贩运，国家只收税利和场价。这样不仅可以杜绝走私，而且由于收费过程简化，大大减少了中间环节的“浮费”，使国家的实际收入增加，还可以适当减低盐价以利民。这一思想不仅对清代的盐政有利，而且也打破了中国自汉代以来“盐铁官营”的传统经济思想。

治理黄河的“河工”，在清代与“漕运”“盐务”并称为“三大政”。针对当时“河工”中的弊端，林则徐、魏源、包世臣等也提出了认真总结历代治河的经验教训，疏浚与修坝并举；主张通过对黄河进行人工改道的方法防止决堤。此外，魏源对长江出现的“江患”也提出了建立分湖区，禁止围湖筑圩等建设性的意见。

针对当时鸦片大量输入后所造成的严重社会问题，经世派人士提出了各种各样的方法，有以黄爵滋、林则徐、魏源、龚自珍、陶澍、包世臣、徐继畬等人为代表的“严禁”主张，也有以吴兰修、许乃济等人为代表的“弛禁”主张。他们在对待鸦片的策略问题上尽管有分歧，但都是为了解决鸦片泛滥所造成的社会危机做出的一种努力，其精神实质应该说是基本一致的，即留心于“经世”和“时务”。

针对当时因鸦片输入日增，白银大量外流而造成的“银贵钱贱”的问题，王鎏、包世臣提出了“纸币说”，主张“以纸代币，不以银为币”；林则徐、魏源则提出了“铸银币”的主张，以银作为统一的等价物行使价值尺度。此外，当时还有“铸大钱”“行钞法”等具体的货币改革主张。这些货币理论所关心和争议的中心问题，就是采取什么样的货币本位制才能缓解乃至解决现实中的“银贵钱贱”的矛盾。

针对当时的农业危机和社会贫富不均的问题，包世臣提出了“州县屯田法”，龚自珍提出了“农宗法”。他们的理论虽然都没有超出以往“重农主义”的范围，但在某些具体方面，也还是有创新的地方，如包世臣针对“重本轻末”的传统思想，提出了“本末皆富”的观点；龚自珍试图设计农地分配方案，以解决当时贫富分化问题等。

针对当时的政治上之积弊，经世派人士提出君臣“共治吾天下”的思想，反对君主专制；提出扩大内阁权力以分散军机处的独揽大权；主张开放言路，废除有名无实的“谏官”；主张肃清吏治，将不合格的官吏或革或降等等。

总之，嘉道间的经世派提出了许多改革的方案，尽管这些方案很少能为最高统治者所真正采纳，但却开了学者议政之风。

嘉道间的经世派是一批志在匡时救世的地主阶级革新派人士，他们大多出生在商品经济比较发达的东南地区，有的人甚至还曾直接从事过商业活动（如魏源就是如此）。因此，他们能突破封建自然经济的局限，眼界比较开阔，保守思想较少，敢于接受新鲜事物。同时，他们中的一些人或为清政府的封疆大吏（如林则徐、贺长龄等），或是长期担任一些大臣的幕僚（如魏源、包世臣等），因此对当时社会的政治、经济、军事诸问题有深入的了解，而且也具有比较丰富的实际知识和经验，所以他们对当时清政府所面临的弊政也就具有相当深切的认识，也就能提出一些切合实际的批评意见和改革方案。

嘉道间经世派的批判和揭露思想，以及他们关于改革政治、经济的许多措施，虽然在当时并没有起到多大的实际作用，但他们的思想却影响了不止一代人。经世派的功绩就在于开了学者议政和倡言改革的风气。龚自珍在其一首诗中说得好："一事平生无齮龁，但开风气不为师。"这两句话用来评价嘉道间经世派的作用和影响是很恰当的。自此以后，中国出现的洋务派、资产阶级改良派等，都不同程度地受到了经世派思想的影响。晚清的梁启超说过，近代思想自由的先导，就是从龚自珍开始的，光绪年间的那些提倡"新学"的思想代表，大致人人都经历过一个崇拜龚自珍、魏源的时期，这个评价是符合历史实际的。

睁眼看世界
魏源的《海国图志》

鸦片战争后，魏源著《海国图志》百卷。篇中有不少讲自己的对外政策观点，如所谓“以夷攻夷”“以夷款夷”“师夷长技以制夷”这三大主义。今天看来，这些观点有点幼稚可笑。然而，这些思想支配人心近百年，直到今天还没完全摆脱。所以，从历史上看，此书的影响不能说小。

——梁启超《中国近三百年学术史》(节译)

鸦片战争的疾风，揭开了中国近代历史的沉重的帷幕。一向自视甚高，号称有什么“十全武功”的“天朝上国”，居然如此不堪一击，被一个远隔重洋的“蕞尔小国英吉利”打得一败涂地。鸦片战争失败后不久，清政府就被迫与英、美、法等资本主义列强签订了《中英南京条约》《中美望厦条约》《中法黄埔条约》等一系列不平等条约。通过这些不平等的条约，西方资本主义侵略者不仅勒索了中国的巨额赔款，霸占了香港，迫使清政府开放广州、厦门、福州、宁波、上海为通商口岸，而且还取得了协定关税、领事裁判权、片面最惠国待遇、传教自由等许多特权。从此以后，中国便由一个独立自主的封建国家，一步一步变成了一个半殖民地半封建的国家。

战争失败的巨大耻辱，不平等条约的严重后果，极大地刺激了中国的那些富于忧患意识、不愿意看到祖国衰落沉沦的爱国之士，同时也驱使他们认真地去了解和研究中国之外那些国家的情况。还在鸦片战争爆发前夕，经世派代表人物林则徐，就已经开始注意了解中国以外的世界大势。林则徐可以说就是近代中国“睁眼看世界”的第一人，在他的影响下，出现了魏源、徐继畬、梁廷楠等经世派人士由爱国而研究西方的活动。这里，我们主要来谈一下魏源及其名著《海国图志》。

一、魏源其人与《海国图志》

魏源，字默深。湖南邵阳人。道光进士。历任兴化、高邮知州等职。魏源是嘉、道、咸年间著名的经世派学者之一，他和龚自珍“齐名”，同为当时提倡“通经致用”的代表人物，时有“龚魏”之称。少年时的魏源喜欢研究明代王阳明的哲学，还好读历史书籍，家贫无书可读，就借族人的书读。嘉庆十九年（1814 年），魏源到了北京，师事刘逢禄，学《春秋》“公羊学”，并与龚自珍结识，一起切磋学问，议论政治，主张革新弊政。鸦片战争爆发，魏源坚决主张抗击侵略，还曾亲自赴浙东前线，参与筹划抗英斗争。鸦片战争失败后，他撰写了《海国图志》，以后又多次加以增补修订。魏源与龚自珍是同时代人，他比龚自珍虽小两岁，但却比龚自珍晚去世十几年，他经历了前后两次鸦片战争以及太平天国的起义，又担任过一些高级官员的幕僚和几任地方官员，还到过当时已经成为殖民地的香港、澳门等地，所以他对当时的时代特征有更为深切的了解，因此他的“变古”和“更法”思想比龚自珍走得更远，并且还大胆地提出了学习西方的主张。魏源一生的著作不少，除了《海国图志》之外，另有专著《圣武记》《道光洋艘征抚记》等，他的文集后人编成了《魏源集》，但其中影响最深最广的无疑当推《海国图志》一书。

魏源之所以会编写《海国图志》，还得从林则徐说起。早在鸦片战争爆发之前，少数有眼光的中国人就已经开始注意到了当时在香港、澳门的那些西方商人所掌握的先进的科学技术，其中有代表性的人物就是林则徐。林则徐本是科举正途出身的封建官僚，他不熟悉“夷情”，也不懂外文，但他是个头脑清醒的爱国主义者，也是一个有志于改革的有为之士。所以，他在广州主持禁烟事务时，从中国兵家传统战略所谓“知己知彼，百战不殆”的思想出发，极力主张要“洞悉夷情”，即了解世界、了解外国，反对那种坐井观天、夜郎自大的愚蠢态度。他“日日使人刺探西事，翻译西书，又购其新闻纸”（魏源《道光洋艘征抚记》），派专人进行了解西方世界情况的工作。林则徐根据当时他所了解的关于西方地理、历史、社会等方面的情况，编了一部小册子名叫《四洲志》。鸦片战争的失败，打断了林则徐研究域外情况的进程，他被革职查办，发配到新疆伊犁。道光二十一年（1841 年），林则徐在去新疆途中，于京口会晤了魏源，二人同宿一室，对榻长谈，林则徐将他编写《四洲志》所用的全部资料交给了魏源，嘱托魏源编写一部有关西方各国情况的更为详尽的著作。魏源早已有此志向，于是欣然接受了林则徐的建议，并立即着手进行编写工作。就在《四洲志》的基础之上，魏源很快编写出了《海国图志》。《海国图志》初成于道光二十二年（1842 年），当时共有 50 卷。以后魏源又对此书进行了一些修订，到道光二十七年（1847 年）增补成为 60 卷；到了咸丰三年（1853 年）又进一步把它扩大成为 100 卷，共八十余万字，其中还附有地图 75 幅、西洋船炮器艺图式 57 页。

在《海国图志》的编撰过程中，魏源曾广泛地收集了各种资料。据统计，百卷本的《海国图志》除以《四洲志》为基础外，先后征引的历代史志有 14 种、中外古今各家著述七十多种、各种奏折三十多种。此外，还有一些是魏源亲自调查获得的材料，如收入在《海国图志》中的《英吉利小记》一文，就是魏源依据在鸦片战争中亲自审问英军俘虏所得到的口供材料撰成的。以上多方面材料汇聚起来，使得《海国图志》一书所提供的外部世界信息的丰富程度和真实程度，都是以往任何书籍所无法企及的。值得指出的是，魏源在《海国图志》中所采用的资料不仅广泛，而且还特别注意征引外国人的直接记载。这一点，用他自己的话来说就是“以西洋人谈西洋”“以夷人谈夷地”，因此也在一定程度上避免了仅仅依据中国典籍中那些凭传闻杂录论述海外情况的不实之弊。以上的这些优点，就使得《海国图志》一书，成为 19 世纪中叶中国乃至东亚的一部内容最丰富的世界知识百科全书，尽管以今天的眼光来看，其中还是有不少错误不实的地方。

二、《海国图志》一书的内容

《海国图志》虽然是一部介绍西方地理、历史、政治、经济、民族、宗教、历法及社会情况的著作，但其内容绝不仅仅是一部知识性的读物，而且更是一部中国爱国者探究抗击外国侵略，谋求祖国富强的经世著作。因为自鸦片战争以中国惨败而告终后，如何反侵略、御外侮、雪国耻，已经成为一切爱国者共同关心的现实问题。正如魏源在其《海国图志》序文中所说的："凡有血气者所宜愤悱，凡有耳目心知者所宜讲画。"所以《海国图志》的内容并不仅限于介绍西方，其中有不少内容是涉及如何抗击外国侵略者的方法、策略等问题。这里我们主要介绍其中最重要的内容：

其一，军事上如何反击侵略的战略和策略。根据西方殖民主义侵略者船坚炮利、与之在海上作战对我不利的局面，魏源提出了"守外洋不如守海口，守海口不如守内河"的策略，即把其引到内河来打，使其长处难以发挥。魏源指出，西方国家的战舰质地坚，炮火猛，速度快，长于海战。与敌军争战于海上，以军舰对军舰的战斗，对我们不利。因此应该以守为攻，"守外洋不如守海口"。但"守海口"也有缺点，因为海口以固定的大炮打击活动的敌舰，命中率不太高，鸦片战争中的虎门、厦门、吴淞口炮台就是如此。所以，应该改变简单地把敌人拒于国门之外的战略，把敌人引进来打，所以魏源又提出了"守海口不如守内河"的策略。即除海口布防之外更要加强纵深的布防。具体来说，就是先以少数兵力守海口，引诱敌军深入，而把主力放在守内河上。因为内河河道狭窄，敌人的舰队只能鱼贯而入。而我军却可以建立“犄角”火力，以排炮从内河的两岸同时打击敌人。在内河之中，敌人大军舰不能像海上那样掉头，进退都不自如，于是就只能被动挨打，其结果就没有不败的道理。用魏源的话说，这叫作：“守远不若守近，守多不若守约，守正不若守奇，守阔不若守狭，守深不若守浅。”（《海国图志·筹海篇》）魏源的这个观点是很有见地的，也符合当时敌我实际军事力量及优劣的对比。此外，魏源在《海国图志》中，还探讨了如果敌人在陆地上进攻如何实施守城的策略。提出“调客兵不如练土兵，调水师不如练水勇”，即依靠当地军队及人民的力量来抗敌更为有效。这些策略或措施应该说都是有一定军事眼光的，这里就不一一展开叙述了。

其二，在外交上如何利用西方资本主义列强之间的矛盾，达到“以夷制夷”的目的。这个思想在林则徐禁鸦片烟之时就已经初步形成，魏源则在林则徐思想的基础上进一步加以完善。魏源认为，当时中国最大的外敌就是英国人，所以他详细地分析了当时英国在世界范围内与其他各国之间的矛盾。他指出，当时与英国矛盾很深的国家有俄罗斯、佛兰西（法国）和弥利坚（美国），此外英国对廓尔喀（尼泊尔）、暹罗（泰国）、缅甸、安南（越南）、印度等国也存有惧戒之心。据此，魏源设想了一些很具体的办法，讲述怎样利用这些矛盾来牵制和打击英国的势力。魏源“以夷制夷”的思想，实际是中国古代就颇为有效的一种外交谋略，从理论上说它是没有问题的，但从当时实际的国内条件和国际形势来看却很难行得通。因为，一方面当时的清政府已经衰败至极，没有什么实力可言，而众所周知外交谋略的实施往往是以一定的实力为基础的；从另一方面而言，当时清政府的那些封建官僚们，绝大多数也还不具备近代外交家所必需的知识和素养，所以，“以夷制夷”的国内条件不具备。再说，当时国际殖民主义势力之间固然存在种种矛盾，但这也仅是一个方面，如果从它们力图打开中国门户，侵略中国、瓜分中国这一方面来看，这些殖民主义国家之间又有共同的愿望，所以它们之间相互勾结的可能性与必然性，要远远大于它们之间的相互斗争和相互排斥。因此，魏源“以夷制夷”的外交谋略，尽管从一种爱国的经世方案来说，具有一定的合理性，但从当时的实际条件而言，却只能说是一厢情愿的美好愿望而已。

其三，大胆地提出了向西方学习的主张。魏源认为，要战胜西方侵略者，不仅要有正确的战略战术，而且还必须改变我们的武器装备和军队训练落后的状况。他提出：“不善师外夷者，外夷制之”（不善于向外国人学习，就会被外国人牵制），因此我们必须“师夷之长技以制夷”（学习外国人在技术方面的长处，并用这些长处来对付外国人）。魏源所谓的“长技”，主要就是指西方侵略者在战舰、火器，及养兵、练兵之法等方面的优点。魏源在《海国图志》中提出了许多具体的“师夷之长技”的办法。如请西洋的技师、工匠来华，在广东开设造船厂、火器厂；同时也可以派中国的工匠留洋，专门学习西方资本主义国家相关方面的技艺，通过一段时间的学习，就可以“尽得西洋之长技为中国之长技”，不必再依赖外国人。一旦我们有了自己的先进武器装备以后，中国就可以建立起自己新式的水师。到时，我们也就可以不必再惧怕敌人的“坚船利炮”，直接在海上与敌人作战，真正实现拒敌人于国门之外的战略理想。除了军事器械之外，魏源还敏锐地觉察到，英军在鸦片战争中之所以能大获全胜，不完全是靠他们的“坚船利炮”，还因为英军拥有一套优良的“养兵练兵之法”。所以，清政府还应该学习这套方法。魏源在这方面也提出了许多具体的措施，这里就不再详述。在提出“师夷之长技以制夷”的思想时，魏源是充满了爱国主义和民族自信感的。他指出，中国人一向勤劳，有智慧，在历史上曾经有过许多伟大的发明创造，现在，中国虽然暂时落后了，但只要我们能够抛弃坐井观天、夜郎自大的愚蠢想法，认认真真地进行反省和学习，中国就一定能赶上西方资本主义国家，就一定能够“风气日开，智慧日出”，一定可以看到中华民族不比世界上任何一个民族差，“方见东海之民，犹西海之民”。魏源在140年前所提出的“师夷之长技以制夷”的口号，具有极其重大的历史意义，它在中国近代史上产生了极大的影响，这个口号成为近代中国人向西方学习先进思想的先声。这个口号更重大的意义，还在于它成为中国人自己重新认识中国的开始。在此之前的几千年里，中国人一向以老大自居，“天朝上国”“文明之邦”，而别人统统都是野蛮落后的“蛮夷之邦”。现在，野蛮落后的“蛮夷”居然比我们还要先进，这一点对中国人的震动之大是不言而喻的，尽管清政府中的守旧派官僚始终对此不愿或不敢承认。但对一批有思想、有见地的知识分子来说，他们已经完全意识到，这个铁的事实不能不承认，而且更重要的是我们必须老老实实地放下“天朝上国”的架子，勇敢地承认自己有许多不足之处，应该向西方认真学习，学习它们的长处并转而为我所用。这个在中国思想文化史上有特殊意义的观念，就是从魏源的“师夷之长技以制夷”的口号开始的。

其四，开始注意西方资本主义国家发达的工商业，和远比当时中国先进的社会政治制度。在百卷本的《海国图志》中，魏源补充了大量新材料和新内容，其中最突出的就是加强了对西方资本主义国家工商业情况的介绍，并由经济扩展到政治，介绍、赞美和羡慕西方资本主义国家的民主政治体制。魏源作为一个勇于面对社会现实的经世派人物，一个敢于睁眼看世界的实学家，在其《海国图志》的“师夷”内容中，虽然用了大量的篇幅介绍西方先进的军事技术，但他也充分注意到“西夷”之所长并不仅限于技艺。随着对西方世界了解的不断加深，在百卷本《海国图志》中，他认真探究了英国之所以能快速致富的原因。魏源认为，英国的强大主要是因为重视发展自己的工商业，并且以国家的军事力量来帮助本国的工商业向海外拓展势力，工商业和军事互相配合的结果，就使得它在当时世界列强中能够称雄称霸。由此，魏源提出了中国也应该努力发展自己的工商业，“缓本急标”（放慢发展农业的速度而加快发展工商业），这显然是对西方资本主义商品经济的肯定。尽管他在这方面的论述很不完整，其发展中国工商业及如何发展的思想也很不成熟，但他毕竟已经开始意识到了工商业对一个国家发达的重要性。对于西方资本主义的民主政体，魏源在《海国图志》中也有不少具体的介绍和由衷的称颂。这一点过去人们并不太重视，仅承认魏源“师夷之长技以制夷”思想的历史地位，应该说这是不够的。在《海国图志》中，魏源明确地讲到了中西方政治制度的差异。他介绍了英国的议会制度（巴厘满衙门“Parliment”），英王即位必须先通过“巴厘满衙门”；国家的用兵、和战等重大事情，也必须由“巴厘满衙门”讨论并通过方可实施。议会对于来自民间的意见，实行“大众可则可之，大众否则否之”的办法，并准许百姓通过新闻媒介监督政府。魏源在这里从议会制度的民主原则、国王与议会的关系、各自的权力界限、人民对政府的监督等方面，大致准确地勾勒出了与当时中国封建君主专制很不相同的英国议会制度的轮廓。对美国的民主共和制度，魏源不仅从民主原则、议院的组成及其职能等方面作了具体的介绍，而且还给予了高度的评价。他指出，美国的民主共和制度是“一变古今官家之局”，“又变封建郡县官家之局”，所以人心所向。这里所谓的“古今官家之局”，“封建郡县官家之局”明显是指当时中国式的封建君主专制制度，魏源称赞美国改变这些制度，隐含着他对自己所生活于其中的清朝君主专制制度的不满，以及对西方资本主义民主制度的向往。此外，魏源在介绍瑞士时，也极力称赞其不设君位，不立王侯，实行民主共和制度，认为瑞士就是“西土之桃花源也”。魏源对西方资产阶级的民主制度的认识，尽管只限于表象的层面，其见识也具有明显的理想化倾向，但其思想的历史地位与价值之深远，是绝不容忽视的。

三、《海国图志》的时代影响

《海国图志》一经问世，便以其广阔的视野、崭新的观念、紧扣时代脉搏的现实感和强烈的爱国主义热情，激起了广泛的回响。由于《海国图志》一书在当时确实做到了收罗宏富，内容翔实，因此大大开阔了中国人的眼界，也开启了中国近代向西方学习的先河。“师夷之长技”、御侮图强是《海国图志》一书的灵魂之所在，所以此书影响最大、作用最突出的也正表现在这些方面。而受其影响最大的则是后来的洋务派与改良派人士。

《海国图志》中的“师夷之长技”的思想，对清朝稍后崛起的以曾国藩、左宗棠、李鸿章等为代表的洋务派人士，产生了极大的影响。十九世纪五六十年代，有两件事对清朝统治者教训极深，一是英法联军依靠坚船利炮再次制服清政府，攻陷北京，火烧圆明园；一是曾国藩利用洋枪洋炮镇压了太平天国起义。于是，“师夷之长技”的思想在清朝统治者中的不少人那里得到真正的认同，于是接踵而来的就是洋务运动的兴起。有关洋务运动的内容我们后面还有专门的论述，这里就仅举左宗棠在重刻《海国图志》时所作的序文一例。左宗棠认为，他们之所以要建立轮船局、枪炮局等军事工业，和随之又建立起来的一些相应的民用工业，都是受了“魏子（源）所谓师其长技以制之”思想的影响。确实，从洋务派人士提出的练兵、制器、造船、筹饷、用人等一系列主张来看，在理论上都没有脱离魏源“师夷之长技以制夷”思想的框架范围。

《海国图志》在中国产生的更大影响，要数对中国近代资产阶级维新改良派的启迪。无论是以冯桂芬、王韬、郑观应、薛福成、马建中等为代表的早期维新改良派，还是以康有为、梁启超、严复、谭嗣同等为代表的后期维新改良派，他们都是以魏源图强御侮的爱国思想为出发点，进一步探索抵制外国资本主义列强侵略的救国方略，并在经济上、政治上、思想文化上提出了比其前辈更明确的改革主张。我们以康有为为例，据康有为的《自编年谱》记载，他在青少年时代就读过魏源的《海国图志》，后来游览了香港，阅读了更多的西方书籍，加深和提高了对世界的认识。到22岁时，他再一次仔细阅读了《海国图志》，于是“渐收西学之书为讲学之基础”。后来，当帝国主义掀起瓜分中国的狂潮之际，康有为终于发动了“戊戌维新”，提出了实行资产阶级的君主立宪、变法图强等一系列纲领，把中国近代的救亡图存运动推进到一个新的阶段。

总之，无论是在以学习西方军事“长技”为中心的洋务运动中，还是在移植西方君主立宪政治的维新变法运动中，魏源《海国图志》的影响都非常深广，并发挥了十分积极的作用。梁启超在《中国近三百年学术史》中论《海国图志》一书对中国近代社会的影响时，曾指出：“中国士大夫之稍有世界地理知识，实自此（指《海国图志》）始。”而《海国图志》一书，“实支配百年来之人心，直至今日，犹未脱离净尽，则其在历史上关系，不得谓细也。”这些话应该说都是符合历史事实的不刊之论。

《海国图志》刊行后，不仅在中国产生了极大的影响，而且其影响也波及海外，引起外国人的高度重视。英国人威妥玛曾把《海国图志》中论述日本的部分翻译成英文向西方世界介绍；德国的传教士郭士立也将《海国图志》摘译，供西方研究中国的人士参考。但是，《海国图志》对外国人的影响，最大的还得首推对日本的影响。

和中国一样，近代日本也面临着西方殖民主义者的侵略；而当时日本的幕府统治者也像清朝统治者一样，推行严格的闭关锁国政策，拒绝与西方列强贸易。从1850年起，《海国图志》

一书就已经传到了日本，但一开始被禁止发行。自1854年，美国打开了日本的门户，订立《神奈川条约》，接着英国、俄国、荷兰也分别与日本签订了类似的条约，锁国二百多年的日本不得不对外开放了，于是，从1854年到1856年短短三年时间里，《海国图志》的翻刻本竟达二十多种。正是通过这本书，日本人开始打开了眼界，渐渐地了解了世界，同时也对日本人加强海防、抵抗西方资本主义列强侵略的意识产生了影响。更重要的是日本的一些资产阶级维新派人士，通过此书的影响，提出了“开国论”，并最终战胜“锁国论”，实行“明治维新”。日本历史学家井上清在其所著的《日本现代史》中指出：“幕府末期人士经由中国文献的媒介，最初获得了关于国际法和立宪政治的知识。”这里的“中国文献”主要就是指《海国图志》。井上清还说：“幕府末期的日本学者文化人等，经由中国输入文献所学到的西洋情形与一般近代文化，并不比经过荷兰所学到的有何逊色。例如横井小楠的思想起了革命，倾向开国主义，其契机是读了中国的《海国图志》。”梁启超在其《论中国学术思想变迁之大势》中也说：“日本之平象山、吉田松阴、西乡隆盛辈皆为此书所刺激。”这些人正是日本“明治维新”的关键人物。

最后有个题外的问题，19世纪中叶，中国和日本同受西方列强的侵略，当时中日都是封建国家，其经济发展水平也差不多，但就人力和资源而言，中国远比日本优越，也是中国的思想家首先提出了学习西方。以后在中国有“洋务运动”和“戊戌维新”，在日本有“明治维新”，但一个失败了，一个成功了，一进一退，其原因何在？这是一个值得我们深思的问题。

洋务运动
“求强”“求富”的尝试

我们必须承认这是一个正当的要求，即对于一种历史，不论它的题材是什么，都应该毫无偏见地陈述事实，不要把它作为工具去达到任何特殊的利益或目的。

——黑格尔《哲学史讲演录》

第二次鸦片战争以后，中国社会的半殖民地化程度大大加深了。在这以后的 30 年里，中国在政治、经济、思想文化诸方面，都发生了巨大而复杂的变化，而曾经盛行一时的洋务运动，则对推动这一系列的变化起到了很大的作用。

通过两次鸦片战争惨败的教训，特别是湘军、淮军与西方列强联合镇压太平天国运动的最终成功，使得清政府中的一部分官僚的思想观念发生了重大的变化。他们这批人由于在政治上、外交上与外国人接触的机会较多，又亲眼见到骁勇无比的蒙古骑兵在英法联军的密集炮火面前是如何不堪一击，以及西方火轮船在运送湘军、淮军时的快速程度，勇敢善战的太平军如何在洋枪、洋炮面前惨遭失败等一系列事实。所以，他们感触很深，清楚地意识到了西方军事装备和科学技术的长处。最典型的例子大概可推湘军干将之一的胡林翼，他在安庆与太平军交战时，见到长江中的洋轮船速度如飞，竟至吐血进而身亡，当时的薛福成在其《庸庵笔记》中这样记道：

> 湘军包围了安庆，胡林翼前往视察，他驱马登上附近的龙山，以便观察军情……忽然看见二艘西洋轮船往西开去，快如奔马，疾如急风。胡林翼脸色大变，一语不发，调转马头回军营，中途就口吐鲜血，几乎要从马上掉下来。他本来身体就有病，由此病情加重，几个月后就病死于军营中。

这个故事颇有点类似三国赤壁大战前夕的周瑜，因“万事俱备，只欠东风”而忧虑得吐血。当然，胡林翼忧虑的内容与之不同，他是深感中国面对西方长技却无制胜之术而担忧。胡林翼的感受和忧患，实为当时一批有识见的官僚所共有，于是他们决心要向西方学习先进的科技，以维护清王朝的统治。这样，在清朝上层统治者内部，就开始出现了分化，形成了主张引进西方先进科技的“洋务派”，和坚决反对改变社会经济政治现状的顽固派。斗争的结果，洋务派占了上风。

洋务派在政治斗争中占据上风的结果，便引出了从 19 世纪 60 年代至 90 年代，中国出现的所谓“洋务运动”。而伴随着洋务运动的兴起，在思想文化领域则出现了洋务思潮，及与之关系密切的早期改良思潮。

一、“洋务派”

所谓“洋务派”，就是指以奕䜣、文祥、曾国藩、左宗棠、李鸿章、薛焕、丁日昌、郭嵩焘、张之洞等为代表的清朝统治集团中一个政治派别。他们这些人，属于当时清朝统治集团中的一批颇有识见的人物。他们大多又是镇压农民起义或参与宫廷政变的“有功之臣”，也是一些在政治和军事上具有相当实力的人物，如掌管总理衙门、握有军权（如湘军、淮军、北洋舰队）等。这里我们不妨先稍稍了解一下洋务派的几个主要代表人物：

奕䜣，姓爱新觉罗，是皇室成员，道光皇帝的第六子，封为恭亲王。他是洋务派在中央的代表人物。奕䜣在政治上的发迹，主要是他在清王朝危急关头，连续立了3次“大功”：其一是当英法联军攻打北京，其兄咸丰皇帝逃难到热河行宫，他作为清政府的全权代表留驻北京；英法联军打进北京后，是他以“御弟”身份主持了谈判交涉，并签订了《北京条约》。其二是积极帮助慈禧太后发动“祺祥政变”，杀了肃顺、端华等“顾命大臣”，夺取了清朝的实权，为后来慈禧太后独揽大权50年立了大功。其三是“借夷助剿”，利用他与外国侵略者的关系，借用外国军队的力量镇压了太平天国。这件事的实际执行者，虽然是在长江流域与太平军直接作战的曾国藩、左宗棠、李鸿章、薛焕等一批将领，但奕䜣是处在中央决策者和赞助者的地位。由于有这三大“功劳”，所以奕䜣被封为“议政王”，并破例担任军机处领班大臣（按清朝惯例亲王不得任军机大臣），还兼管第二次鸦片战争后新设立的清政府对外交涉机构

“总理各国事务衙门”。在19世纪60年代，奕䜣可谓权倾一时，内政外交总揽一身。但后来遭到善于弄权的慈禧太后的排斥，其地位也逐渐被日渐崛起的李鸿章的北洋集团所取代。奕䜣作为洋务运动的先驱及领袖人物，早在1861年就提出了“自图振兴”和“自强”的口号，这些口号的着眼点基本上都集中于建立清朝的军事工业方面，后来他又全力推动和支持当时洋务派第一批军事工业的创建工作。

曾国藩，字伯涵，号涤生，湖南湘乡人。他既是封建社会末期最后的一尊精神偶像，也是近代中国思想文化方面的一个代表人物。曾国藩出身于一个世代“以农为业”的普通地主家庭。道光进士，曾任礼部侍郎，后又相继改任兵、工、刑、吏诸部侍郎。他早年与著名理学家唐鉴、倭仁等一起“致力程朱之学”，自称“以朱子之书为日课”，因此是近代“一宗宋儒”的理学大师。道光末年，他又“始好高邮王氏父子（王念孙、王引之）之说”，对乾嘉学派的考据之学也表示相当的赞赏，所以他成为近代思想史上的一个主张“汉宋兼容”的学者。1852年太平军由广西攻入湖南，曾国藩适因母丧回籍，遂受清廷命令，办理团练，与太平军对抗。以后由他训练的团练演变为湘军，成了清王朝与太平军作战的主力，他也成为镇压太平天国起义的主要统帅。由于他杀人太多，就如剃头那么容易，所以被人们骂作“曾剃头”。他自己则把他的好杀归之于“时势所迫”，曾多次解释：“书生好杀，时势使然耳。”在新的时代条件下，曾国藩继承了中国传统的经世之学，认识到西洋的军事科技有利于清王朝政权的巩固，所以他提出了“师夷智以造船炮”的主张，把它看成是“自强之道”的“下手工夫”，并在中国开办了第一批近代军事工业。他的眼光还不仅仅限于"师夷智以造船炮"，同时还主张"立学馆"翻译西方科技书籍，认为"翻译一事，系制造之根本"；"开馆教习"，让年轻人学习西方科技，以成"图振奋之基地"；还主张"远适肄业，收远大之效"，派留学生出国学习西方科学技术。这些都成为当时开风气的思想。

左宗棠，字季高，湖南湘阴人。举人出身，数举进士不第。初为湖南巡抚骆秉章幕僚，后经曾国藩推荐，率湘军 5000 人赴江西、皖南与太平军作战。1862 年任浙江巡抚，因战功迁升闽浙总督，是清政府镇压太平天国的功臣之一。后调任陕甘总督，率军镇压回民起义。1875 年，他督办新疆军务，率军讨伐阿古柏叛乱，在收复乌鲁木齐及和阗等地、维护中国主权、阻遏俄英势力对新疆的侵略等方面，做出了重要的贡献。1881 年起任军机大臣。左宗棠与道光、咸丰间的经世派人物如贺长龄、陶澍、林则徐等颇有往来，受其经世实学的影响很大，因此，十分注重学术的务实性和致用性。左宗棠对魏源的"师夷之长技以制夷"的思想极为赞同，这使他也成为当时学习西方军事长技的积极倡导者。在闽浙总督任上，他力排众议，创办了福州船政局并附设船政学堂，到陕甘之后又创立了西安机器局、兰州制造局、兰州织呢局等军用和民用工业。

李鸿章，字少荃，安徽合肥人。道光进士。1853 年在安徽办团练抵抗太平军。继而成为与其父同年中进士的曾国藩之幕僚。1861 年编练成"淮军"，第二年调至上海，在英、法、美列强势力的支持下与李秀成的太平军作战。后升任江苏巡抚，是镇压太平军过程中的"功臣"。1865 年任两江总督，调淮军与北方捻军作战，第二年继曾国藩成为钦差大臣，先后镇压了东、西捻军。1870 年，又继曾国藩而出任直隶总督兼北洋大臣，掌管外交、军事、经济等大权。以后，他代表清政府与外国侵略者签订一系列不平等条约，如中美《烟台条约》、中法《中法条约》、中日《马关条约》、中俄《中俄密约》及与八国联军签订的《辛丑条约》等。李鸿章虽然是曾国藩的得意门生，但其学问与曾国藩不能相比，可是在务实精神和办洋务方面，却比曾国藩有过之而无不及。他从 19 世纪 60 年代开始开办近代军事工业，以后又逐步扩大其所谓“自强求富”的洋务事业，先后设立了江南制造总局、轮船招商局、开平煤矿、天津电报局、津榆铁路、上海机器织布局等一系列军用和民用工业。他还利用海关税收购买军火和军舰，扩充淮军势力，建立了北洋舰队。李鸿章可谓洋务派中最有实力的中坚人物。

张之洞，字孝达，号香涛，直隶南皮人。同治进士，历任翰林院侍讲学士、内阁大学士等职。1884 年（光绪十年）中法战争时，由山西巡抚升任两广总督，起用冯子材，在广西境内击败法国侵略军。1889 年，调任湖广总督。1900 年，八国联军进攻北京时，参与所谓的“东南互保”，并镇压两湖地区的反洋教和唐才常的“自立军”起事。1907 年，出任军机大臣，掌管学部。张之洞是清末洋务派的领袖人物，但与李鸿章有矛盾，他的许多思想又与早期改良派比较相近。他曾开办了不少洋务工厂，如汉阳铁厂、湖北枪炮厂等都是他开设的，还设立了织布、纺纱、缫丝、制麻 4 局，并筹办过芦汉铁路。1898 年，他发表了著名的《劝学篇》，在此文中，张之洞系统总结了当时中国人向西方学习先进思想的流行的共同口号——“中学为体，西学为用”，这可以说是对洋务派和早期改良派基本纲领的一个总结和概括。

关于洋务派成员的面貌、属性，学术界有不同的看法，这里不必一一列举。我觉得我们应该对他们做多方面的考察和认识，而评判标准则是实事求是，不能用标签式、脸谱式的方法来做简单的肯定或否定。洋务派的主要成员，大多是镇压太平天国、捻军和各地各族人民起义的将帅，是湘系、淮系的核心人物和清朝的所谓“中兴功臣”，作为清王朝的上层统治者，他们身上的封建性是不能也不必否认的。此外，洋务派办洋务，又始终依赖于西方列强，他们中的许多人始终主张与西方列强保持“和好”关系，并曾同它们建立了不少“合作”关系，因此，洋务派又带有不同程度的买办性。但是，我们还应该看到，洋务派人士大多能面对现实，具有务实和开明的精神，他们看到了当时中外形势的新变化，主张在形势已经变化了的条件下采取某些方面的应变措施。所以，尽管他们的属性仍以封建性为主，又与西方列强有着密切联系，但他们同时又带有官僚资本主义的色彩。实事求是地说，在当时中国的历史条件下，在中国资产阶级维新运动还没有兴起之时，洋务派在客观上曾起过推动中国历史前进的进步作用，这同样也是不能否认的事实。实际上，洋务派与之前的经世派以及其后的资产阶级改良派和革命派，都有着一脉相承的历史联系，他们之间是一种历史的新陈代谢关系。因此，我们不能割断历史，完全忽视洋务派的历史地位和作用。

二、洋务运动

“洋务运动”，清朝人一般又称之为“同光新政”（即同治、光绪年间的政治、经济的改革），它是由“洋务派”发起的一场自救运动。其时间如果从太平天国失败（1864 年）算起，到甲午战争失败（1894 年）而破产，前后正好是 30 年。

所谓“洋务运动”，其内容主要指清政府内的一部分当权人物，采用一些资本主义的生产技术来发展中国的经济，其中最主要的是军事工业，以后则又连带上采矿业、交通运输业、机器工业、轻工业乃至电讯业等，与此有密切关联的则是建立“洋务学堂”、翻译西书、派留学生出国、科举考试增加洋务项目等等。下面的这份时间表，可以帮助我们了解洋务运动中的一些最重要的内容：

1861 年，清政府设立“总理各国事务衙门”，这是清政府新设立的外交机构。

1862 年，在北京设立专门培养翻译人员的“同文馆”，这是清代最早的“洋务学堂”（1902 年并入京师大学堂）。

1863 年，在上海设立“广方言馆”；第二年又在广州设立了一个“广方言馆”。设立“广方言馆”的主要目的，就在于培养通晓外语的人才。

1865 年，在上海建立江南制造总局，内设翻译馆；同年，又在南京建立金陵机器制造局。

1866 年，在福州建立马尾船政局。

1870 年，在天津建立军火机器总局（后改名为北洋机器制造局）。

1872年，在上海建立轮船招商局；中国第一批官派留学生出洋，由容闳指导选派。

1875年，建议在各省设立洋学堂；创设科举考试中“洋务进取”一项。

1878年，在兰州建立兰州织呢局，这是中国最早的一家机器毛纺织厂。

1880年，在上海建立上海机器织布局，这是中国最早的机器棉纺织厂；同年，在天津设水师学堂，购置军舰；设南北电报局。

1881年，设立开平矿务局。

1882年，建设旅顺军港。

1885年，清政府新设了海军衙门；在天津设陆军武备学堂。

1890年，在汉阳建立湖北枪炮厂；在湖北、江西建立汉冶萍煤铁厂矿公司。

以上这些当然不是完整的洋务运动内容，而仅是列举了一些最重要、也最有代表性的内容，实际上当时小一点的厂矿企业还有不少。

如果从时间发展过程来划分，那么，洋务运动由于形势的变化和重点的转移，大致可分为3个前后连续而内容不尽相同的阶段：

第一阶段从1864年到1871年。这一阶段，清政府正忙于镇压太平军余部，以及北方捻军和西北回民的起义，因此急需新式武器。同时，这一阶段洋务派对西方科技文明的理解也多仅限于“船坚炮利”的层面。所以，此时洋务运动的重点集中于军事工业方面，沪（江南制造总局）、宁（金陵机器局）、闽（福州船政局）、津（天津机器局）4 大兵工厂相继创立。这些军事工业从设计施工、机器装备、生产技术一直到原料、燃料的供应，完全都要依靠外国。而且内部的经营管理混乱，生产成本很高，但产品质量却十分低劣。

第二阶段从 1872 年到 1885 年。这一阶段，外国侵略势力加紧了对中国的进攻。日本入侵台湾，英国在烟台谈判中的讹诈，中俄伊犁交涉的波折，震动远东的中法战争等等，中国的边疆危机纷至沓来。清政府为了应付危机，向外国购置了许多枪炮，并从英、德、美、法购买了大小军舰 39 艘，建立了以“定远”“镇远”两艘铁甲舰为主力的北洋舰队，部署沿海的防务，并于 1885 年新设了海军衙门。新式的防务需要大量经费、技术、人才及新式的后勤支援，因此，在这一阶段中，洋务派在继续重视军事工业的同时，开始经营和提倡采矿、运输、电讯、教育等事业。于是我们看到，轮船招商局、煤矿、铜矿、金矿、织布局、电报线路、新式学堂、留学生等事物都在此阶段出现了。

第三阶段从 1886 年到 1894 年。这一阶段，边疆危机虽有所缓和，但贸易危机却接踵而至。10 年之间，清政府对外贸易的入超竟高达 2.6 亿两之多，而清政府每年的收入只不过 7000 万两左右，外贸的逆差极大。随着洋货大量涌入中国，又严重地冲击了原有的小农经济，大批农民和手工业者被抛入贫困甚至破产的深渊。一些改良派知识分子纷纷提出“商战”的口号，清政府也试图扭转巨大的对外贸易逆差，于是，洋务运动从“求强”转向“求富”，军事工业项目退居次要地位，而纺织、铁路、炼钢等工业开始成为重要项目。1894年，中日甲午战争爆发，洋务派苦心经营的北洋舰队全军覆没，而其他一些企业也无法摆脱西方列强的控制，持续30年的洋务运动以失败告终。

总之，洋务运动主要是以军事工业和机器工业为中心的，但不久就遇到了困难，原料、燃料、交通运输、资金都发生了问题，于是又渐渐地兴办起一些民用工厂。在这些企业中，所采取的经营形式主要有：官办、官督商办和官商合办。洋务派在这些工厂中聘请洋人为技术人员，或聘为学校中的教师和军校中的教官。洋务运动的根本目的，是为了挽救清王朝所面临的各种各样的统治危机，是企图通过在不伤筋动骨的前提下进行一番变动而达到自我调节的作用，从而使清王朝能适应新形势、新变化。所以从本质上说，这是清朝统治集团的一场自救运动。但是，这一自救运动是通过“师夷”的手段来实现的。它从西方引进先进的生产技术和近代的生产力，在中国建立了新的生产关系，所以它是中国近代史上第一次实质性的学习西方的近代化运动。它对古老落后的中国走向近代化道路，客观上曾起到了重要的和积极的作用。中国的这场洋务运动，引起了整个社会的一系列连锁反应，它实际上起到了掏空中国封建主义经济基础的作用，也使得古老的中国社会开始出现真正的质的变化，中国的社会结构因此也出现了资产阶级和无产阶级这些新的因素。同时，在中国的政治和文化领域里，也正酝酿着一系列新的变革，如此种种，当然不是洋务派搞洋务的本意，也是他们所不愿见到的，但实际上却又是洋务派所无法预料的。

三、洋务思潮及洋务派与顽固派的争论

洋务派的代表人物，其思想并不完全一致，有的甚至还矛盾颇大。而且，要想具体地讨论其思想也比较复杂。但是，洋务派的成员有一些最基本的共同主张，这些主张在当时颇为流行，被称为“洋务思潮”，但也遭到一部分人的极力反对。这里，我们先简单地看一看洋务思潮。

概括洋务派人士思想的共同点，大致有这么 4 个方面：一是“法贵变通”论；二是“求强”论；三是“求富”论；四是“中体西用”论。其中第四点实际并非洋务派所独家专有的思想，而是这一时期主张向西方学习的中国人的共同思想，早期改良派也是这一思想的积极提倡者，所以，我们先谈前面 3 点，最后一点后面再论。

1.“变通”思想：洋务派对当时中国的社会现状，对西方列强的实力及其咄咄逼人的进攻态势，基本上都有比较清醒的认识。所以，他们反对闭上眼睛不看现实，反对事事都要“拘于成法”、一切“率由旧章”。都主张必须正视社会现状，随时而“变通”。换言之，也就是中国传统的“古方”已经医治不了“新症”，中国古老的旧式武器也已对付不了新的强大的敌人，因此就应该“稍变成法”，学习一些新的本领。他们的“变通”思想，基本上是从林则徐、龚自珍、魏源等嘉道咸时期的经世派那里继承来的。同时，也是从中国传统思想文化即《周易》的“变通”理论中来的，如李鸿章在其《筹议海防折》中所说：“《易》曰：‘穷则变，变则通。’盖不变通则战守皆不足恃，而和亦不可久也。”洋务派敢于正视现实，一定程度上

承认中国确实落后了，他们对当时的中外形势也有比较正确的认识和估计，能够提出“变通”的主张，这无疑是具有积极意义的。因此，他们称得上是当时清朝统治集团中的有识之士。

2.“求强”思想：洋务派主张“变通”的目的，就是为了要“求强”。可以说，“求强”是洋务派的基本纲领。他们所谓的“求强”，也就是通过学习、引进西方资本主义的工艺技术、武器装备，来更新和武装自己，以强化清王朝的统治实力，对内镇压人民暴动，对外抵御列强侵略。通过与西方侵略者的几次交手，通过镇压太平天国的军事活动，洋务派成员都认识到，再用那些“绿营弓箭、刀矛、抬鸟枪旧法，断不足以制洋人，并不足以灭土寇”。所以，奕䜣就明确地指出：“治国之道，在乎自强。而审时度势，则自强以练兵为要，练兵又以制器为先。”李鸿章也说：“制器与练兵相为表里。练兵而不得其器，则兵为无用；制器而不得其人，则器必无成。西洋军火日新月异，不惜工费，而精利独绝，故能横行数万里之外。中国若不认真取法，终无以自强。”正是在这种思想的指导下，洋务派聘用西方的技师、顾问，在中国开办军事工业，创建新式海军，按西法编练陆军等等。

3.“求富”思想：求富可以说是洋务派打出的另一面旗帜。所谓“求富”，就是通过开办资本主义性质的民用企业，开辟资源、财源、利源，为清王朝特别是洋务派自身增强经济实力，为“求强”提供物质基础，即中国传统的所谓“富国强兵”。洋务派提出“求富”，首先是为了发展其军事工业的紧迫需要。因为，众所周知，近代工业不同于小生产的手工业，它是一个完整的工业体系，要求原料、燃料、资金、运输等各方面的成龙配套。洋务派办军事工业开始是仓促、孤立地行事，一旦进入实质性的阶段马上就面临种种困难，于是迫使他们不得不考虑开办民用工业，为维持其军事工业提供保证，以民用工业来养军事工业。其次，洋务派提出“求富”，开办民用企业，也是为了“分洋商之利”。自鸦片战争后，中国日益成为西方资本主义国家的商品市场，对于西方人在中国垄断市场、牟取的巨额利润，洋务派是很清楚的，也表示出相当的忧虑和不满。他们意识到自己无法取代洋人，于是便提出不使中国的利源“为洋人占尽”，如李鸿章就多次说过：“溯自各国通商以来，进口洋货日增月盛……非逐渐设法仿造、自为运销，不足以分其利权。盖土货多销一分，即洋货少销一分。”这一思想具有明显的抵制西方资本主义的经济侵略和商品输出的意义，后来被一些早期改良派人士发展成为“商战”的理论。

以上三点可谓洋务思潮的最基本的内容，也可以说是他们对顽固派反对发展资本主义回击的理论依据。所谓“顽固派”，即清政府中的一大批守旧的官僚，包括社会上为数不少的守旧人士。在十九世纪七八十年代，顽固派有着不可低估的势力和影响，早期改良派思想家王韬曾这样说过，当时：“以西法为可行者，不过二三人，以西法为不可行、不必行者，几盈廷皆是。”顽固派势力之大，由此可见一斑。大致说来，顽固派的思想可以1894年的中日甲午战争为界，在此之前，顽固派以洋务派为其主要的攻击目标；在此之后，顽固派则以资产阶级维新派为其主要的攻击目标。这里，我们主要谈的是前一阶段的顽固派。顽固派的思想，基本上表现在这么几个方面：

其一，极力反对变革。顽固派虽然也生活在社会急剧变化动荡的年代里，但他们却闭着眼睛不看活生生的现实世界，或者也可以说是他们不愿意看，也不敢看就在身边所发生的那一系列变故，决不承认现实的客观形势已经发生了巨变，而总是幻想着把中国社会拉回到鸦片战争之前的那种闭关自守、封建一统的时代。因此，他们反对一切变法，哪怕是一些枝节皮毛的、不伤筋动骨的变法。

其二，反对洋务派学习西方的“师夷之长技”。针对洋务派搞洋务的活动，顽固派认为这是“用夷变夏”，是“自卑尊人”的“可耻”行为；中国是“天朝上国”，西洋乃“蛮夷小邦”，中国的一切都优于西方，都比其他任何国家强。更何况西方列强是侵略者，是中国的仇敌，洋务派居然还要“奉夷人为师”，这是“上亏国体，下失人心”的做法，严重地损害了“天朝上国”的尊严，更大大扰乱了中国的社会秩序。

其三，反对资本主义的生产方式。他们坚持中国封建时代所崇尚的“重农抑商”那一套传统，认为“机器无用”，其理由就是中国几千年来都不用机器，照样过得很好；而从外国进口那些机器和船舰，只会浪费中国人的钱财，而令洋商们大得其利；另外，机器生产也只会让中国的农民和手工业者大量失业；更危险的是，一旦“机器满天下”，让广大的中国人民掌握了机器生产的奥妙，还会危及清王朝在中原的统治。

其四，强调中西的“立国之本”不同。顽固派始终认为，中国与西方资本主义列强之间的国情存在很大的差异，两者之间是不可调和的。中国人是以“整纪纲”“尚礼义”“兴政教”“正人心”为立国之本；而西方人则大多是“以商立国”，其“立国之本在利商”。在顽固派看来，只要坚持他们所谓的中国的“立国之本”，就可以挫敌人之阴谋，丧洋人之胆魄，致中国于强大，而根本就不必去“师事洋人”，搞什么洋务。

从上可知，顽固派的思想在理论上是极端贫乏的，讲不出什么真正的道理，而只是一味地仇视新事物，坚决反对中国走资本主义道路。他们把洋务派比作洪水猛兽、乱臣贼子，是一群助纣为虐、“为外国谋非为我朝廷谋”的“汉奸”和“鬼奴”。对于顽固派的进攻，洋务派毫不客气地予以回击。洋务派人士指出：顽固派乃是一群昧于中外大势的昏庸之徒，他们所主张的那套老办法在新形势下变得既愚昧且可笑；他们那些打着“爱国”旗号的主张，实际是“逞意气于孤注之掷”，是“视国事如儿戏”。此外，他们对顽固派关于修铁路、开矿山“有害风水”之类的迷信把戏；对顽固派表面“仇外”，暗中却沉溺于鸦片烟，对洋钟表、洋布之类的玩意爱不释手等丑陋嘴脸，痛加揭露，这些内容我们就不再详述了。总之，洋务派与顽固派的争论，对顽固派的揭露批判，是具有思想解放意义的，应该予以充分肯定。

“商战”“议院”“中体西用”
早期改良派

西方国家治理的原因，富强的根本，不全靠其船坚炮利。

——郑观应《盛世危言》(节译)

就在洋务运动蓬勃开展之时，中国社会中还有一股新崛起的力量颇值得大家注意，那就是学术界通常称之为“早期资产阶级改良派”的那一批人物。早期改良派的身份比较复杂，他们与洋务派成员有着不解之缘，但又不完全等同于洋务派。他们中的许多人大多直接接触过西方的学术和文化，受过较多西方资本主义文明的熏陶和影响，有的人甚至还有相当深的西学造诣。所以，说这批人是当时学贯中西的学者也不为过。他们的经历和所受的教养，使他们十分推崇和向往西方的文明，也成为当时“西学”的积极传播者。和前人相比，他们的思想可以说前进了很大的一步，有不少新的内容。但又由于他们都是从传统文化中走出来的人物，所以又具有相当坚定的中国传统文化意识，这是一种混合型的人物，他们的思想也大抵应作如是观。早期改良派是当时那个时代特有的产物，他们那些颇为矛盾的思想学说，在中国近代史上留下了自己的痕迹，其中有一些内容，直到今天还在引起学术界的思索、讨论乃至争论，所以值得我们在这里辟出一节来谈谈这些人及其主要的思想观点。

一、早期改良派的代表人物

早期改良派的人物有不少，其中具代表性的人物有：冯桂芬、王韬、容闳、薛福成、马建忠、陈炽、郑观应、何启等人。以下就对这几位人物稍作介绍：

冯桂芬，字林一，号景亭，江苏吴县人，道光进士。曾与林则徐、魏源等道咸间经世派有一定的交往。太平天国事起，在苏州办团练，抵抗太平军。以后成为李鸿章的幕僚，赞成李鸿章“借洋兵”打太平军的主张。冯桂芬改良思想的代表作是《校邠庐抗议》，出版于1861年，书中的思想可谓中国近代维新思潮的最初表现，其中最有名的就是“中体西用”思想的提出。

王韬，初名利宾，字仲弢，号紫铨，别号弢园老民等，江苏吴县人。秀才出身。青年时代在上海英国教会办的“墨海书馆”工作，曾上书献策进攻太平天国。后又化名“黄畹”为太平军献策，遭清政府通缉，逃往香港。1867—1870年随英国教士理雅各赴英译书，游历过英、法、俄等国。回国后在香港主编《循环日报》，积极鼓吹变法自强。晚年在上海主持格致书院。其著作有《弢园文录》等。

容闳，字纯甫，广东香山人。少时入澳门马礼逊学堂，1847年留学美国，1850年考入美国耶鲁大学，后加入美国籍。1855年回国。曾向洪仁玕提出新政建议，因无法采用而离开太平天国。1863年，因曾国藩委托筹建江南制造总局而赴美国购买机器。1867年，通过江苏巡抚丁日昌向清政府建议组织合资汽船公司、选派留学生、开采矿山、禁止教会干涉人民词讼等。此后历任清政府留美学生的监督、驻美副使等职。其著作有《西学东渐记》等。

薛福成，字叔耘，号庸庵，江苏无锡人。初为曾国藩的幕僚，后又入李鸿章幕，跟随李鸿章一起办洋务和外交。主张革新政治，振兴工商业。中法战争时，在浙江镇海协助提督欧阳利见击退法国军舰的进攻。以后曾以左副都御史之职出使英、法、比、意4国。著作有《庸庵全集》等。

马建忠，字眉叔，江苏丹徒人。青年时代即好研究西学。1875年，被派往法国留学。回国后入李鸿章幕，协助李办洋务和外交，曾到过印度、朝鲜。马建忠学问渊博，尤长于语言文字学，精通英、法、希腊诸国语言文字和拉丁文。其改良思想的著作有《适可斋纪言纪行》；其学术著作有《马氏文通》，此书从中国经典中选出例句，参考拉丁文法，专门研究中国古代汉语的语法规律，是中国第一部较全面系统的汉语语法著作。

陈炽，字次亮，号瑶林馆主，江西瑞金人。光绪举人，曾游历过港澳，以后曾历任户部郎中、刑部郎中、军机处章京。主张关税自主，兴工商，设报馆，办学校，仿效西方的政治，设立议院等。1895年，与康有为等发起组织“强学会”。著有

《庸书》《续富国策》等。

郑观应，本名官应，字正翔，号陶斋，别号杞忧生，广东香山人。早年在上海任洋行买办，后独立经营。以后长期在洋务派创办的几个大企业（上海织布局、上海电报局、轮船招商局等）中担任重要职务。其代表作为《盛世危言》，这是早期改良派各种论著中最有影响的一部著作。

何启，字迪之，号沃生，广东南海人。毕业于香港中央书院，后留学英国，回港后做律师。他创办了香港雅丽氏医院，并且成为香港立法局华人议员。后又支持孙中山的革命活动。他与胡礼垣一起写了大量鼓吹变法的论著，其中最著名的是《新政真诠》。

从上可知，早期改良派与洋务派的关系十分密切，其中的许多人几乎很难确定其究竟属于哪一派，因为他们中的许多人就是洋务派要员一手培养或提拔起来的，而且大多是洋务大吏的得力助手，他们中的大多数人又直接参与了大量的洋务活动，有不少人当过洋务派官员，有人甚至还当过买办商人。他们的思想主张，在不少方面也与洋务派基本是一致的。当然，他们中的一些人对洋务运动有所批评，但就其批评的内容来看，更多的是针对洋务运动中的一些不足之处而已，却并非是针对洋务这一运动的本身。所以，所谓“早期改良派”，实际上可视为洋务派的同路人，在本质上他们与洋务派并没有太大的不同，他们的思想主张、理论实践也与整个洋务运动息息相关。

当然，如果说，他们与奕、曾、左、李、张这些洋务派要人之间毫无区别的话，那也是不完全准确的。首先，奕、曾、左、李、张等都是一些洋务大吏，而“早期改良派”更多的是一批中下层的官员或知识分子，他们中的许多人是以思想家的面目出现的；其次，奕、曾、左、李、张等洋务大吏所热衷的洋务主要集中在所谓的“西艺”，即“师夷之长技”以达到富国强兵；而“早期改良派”不仅于此，他们的兴趣更为广泛，不少人还着眼于洋务派并不太感兴趣的“西学”和“西法”方面；其三，“早期改良派”人士大多到过外国，至少去过香港、澳门这些殖民地，所以他们对西方科技和文化的了解，都远在洋务大吏之上，因此其思想更富西方色彩，在对学习西方问题上也比洋务大吏走得更远，有人甚至提出了“君民共主”的君主立宪设想，这是洋务大吏所不敢说甚至不敢想的。正因为有这些方面的区别，当维新变法运动兴起之时，“早期改良派”中的一些人士，能勇敢地从洋务运动中走出来，投身到维新运动中去，从而成为鼓吹改良变法的人物。

早期改良派的思想，在很大程度上与洋务派差不多。但有一点不同的是，他们已经意识到，洋务派的那一套只是袭西方人的皮毛，不能从根本上解决问题。所以，他们在激烈批判顽固派的同时，也批评了洋务派。他们认为，欲使中国富强起来，必须全面学习西方人在政治、军事、经济、文化各方面的成就，对中国进行全面的改革。他们除了提出“变革”思想之外，还提出了其他一系列思想，如：实行“商战”，从法律上保护和扶助中国的民间资本；实行君主立宪，建立上下议院制度，适当改革内政；扩大士绅的权力，改革税赋制度；废除科举制，开办现代学堂等等，这里我们没有必要对这些思想一一加以讨论，我想集中谈一谈几个最重要的方面。

二、“以工商立国”与“商战”

早期改良派中的不少人士在洋务运动中被派遣出国，或自己由于某些原因而出过国。他们亲身接触了西方资本主义的“富强”，深切地感到了中国的落后，这促使他们认真地研究西方诸国之所以富强的原因，并认真思考和探索如何才能使中国也同样真正地“富强”起来。他们研究了西方国家之所以富强后得出的结论是：西方列强的工商业特别发达，西方列强实行“商战”的竞争。所以中国也必须走发展工商业和实行商战的道路。

早期改良派所认为的发展工商业，与洋务派所办的洋务企业是不同的。早期改良派虽然是从洋务运动中走出来的，但他们已经不满足于洋务运动，还看到了洋务运动的许多不足之处。在他们看来，洋务派在学习西方的问题上，仅仅是“袭其皮毛”，因此洋务运动是“小变而非大变”，是“貌变而非真变”，靠洋务运动并不能把中国引向富强。因为洋务派只是用原有的封建官僚体系和制度来办近代企业，完全不讲究经济效益和经济规律，反正是花“国家”的钱，个人做官并乘机发财，企业的亏损与个人没有关系，所以就可以毫不在乎。这种官办企业当然要亏本乃至垮台，这又怎么能使中国真正富强起来呢？洋务运动中有所谓的“官督商办”，在早期改良派看来，“官督”就是封建主义加在资本主义“商办”头上的枷锁。如何才能摆脱这种枷锁呢？只有发展中国民族资本主义的工商业。

早期改良派在19世纪60年代时，都曾一度是“船坚炮利”的洋务主张之积极拥护者。但到70年代以后，即当他们对西方世界有了进一步深入的了解后，几乎一致认为，要想使中国能够御侮和自强，并非光靠“船坚炮利”，而首要任务是必须改变中国生产落后，经济衰退，人民贫困的现状，设法使中国先富起来。在“强”与“富”之间，他们认为，富才是基础和前提，他们反复申论，“求强以致富为先”，“民富而国自强”，“富则未有不强者”。那么，又如何才能“治贫求富”呢？他们认为，根本途径就在于发展中国的民族资本主义工商业，如郑观应说：“抗拒外敌急须自己强大，想自己强大必先要富起来，想富起来必须首先振兴工商业。”早期改良派指出，欧美200多年来之所以日益富强，就是由于它们能努力发展本国的商务、工务、矿务等，这是“导民生财”的结果。而中国则反之，矿务、商务、工务无一振兴，“看着人民被贫穷所困而动都不动”。

从以上这样的立场出发，早期改良派要求清政府允许商民在中国自由兴办各种新式企业，“皆许民间自立公司”，不要让政府官员牵制控制他们。让民间的百姓有权力自己去开发矿产、制造机器、兴筑铁路、建造轮船等，一律准民间开设，无所禁止，或集股，或自办，悉听其便。当然，他们所说的百姓实际是指中国的民族资产阶级，而非普通的穷百姓。早期改良派代表了刚刚出世不久的中国民族资产阶级，提出要求自由发展资本主义工商业的强烈愿望，所以他们对洋务派以“官办”“官督商办”“官商合办”的名义垄断经济、排斥个人资本的做法展开了批评，认为这是“以仇民之计为误国之谋，以假公之名为济私之实”。这些批评是一针见血的，反映了中国民族资产阶级渴望摆脱清王朝的封建束缚。

要扶植民族工商业，就必须限制西方资本在中国的肆意扩张。早期改良派因此提出了对西方列强实行“商战”的著名主张。他们已经意识到，光靠“船坚炮利”不足以抵御西方列强的侵略。因为，侵略可分“兵战”和“商战”两种，“兵战”只是暂时的，而“商战”却是长期的；“兵战”是标、是末、是“形战”，“商战”才是本、是“心战”。西方列强之所以会对中国进行军事侵略的“兵战”，其真正目的还在于企图在经济上获得最大利益，亦即“商战”。有关这方面的思想，郑观应在其《盛世危言·商战》中讲得最具体，他说：

> 西方各国是以商业使自己富起来的，而军队是保卫商业的。所以他们不仅有军队间的战争，而且有商业间的战争。况且，军队间的战争时间短、祸患明显；商业间的战争时间长，祸患更大。
>
> 西方人是以商务为战的，军人、农民、工人都是商务的助手，驻外公使为商务而派遣，驻外领事馆为商务而建立，军舰为商务而建置的。国家不惜出巨资来保护商务，因为这不仅对民生有利，而且能为国家开拓疆土。
>
> （所以）学习并熟悉军队的战争还不如学习并熟悉商业间的战争……商业的战争是根本，军队间的战争是技术。

早期改良派所谓的“商战”，就是要从经济上寻求对策，对付西方列强的经济侵略。如何与西方列强展开“商战”？早期改良派提出了许多具体的建议，其中最核心的思想就是保护中国的民族工商业。其中比较重要的有这么几点建议：1. 清政府应该采取积极有效的措施，保护和奖励民族资本，建议在中央设立“商部”，在各省设立商务局，保护中国的工商业者。2. 清政府应该立即裁撤“厘金”。“厘金”是清政府在对太平天国作战时为筹集资金而额外征收的一种商业税，是当时民族工商业者的一种沉重负担，它遍于全国各地，纯属压制民族资本的苛捐杂税，为民间商人所深恶痛疾。3. 对外商加税。自鸦片战争签订不平等条约后，外商利用“协定关税”的保护，以低价倾销商品，严重损害了中国民族工商业资本的利益。因此必须修改不平等条约，增加进口税以保护民族工商业。4. 收回海关大权。自中国的大门被列强打开后，中国的海关总税务司一职，长期由英国人赫德担任，这对中国发展资本主义是极为不利的。因此，早期改良派中的许多人都强烈要求收回中国的海关权力。此外，“商战”还包括大力发展本国的民族资本主义工商业，扩大商品生产，同西方列强在国内外市场进行经济竞争等内容。以上这些，在当时都是比较新鲜的思想。尽管它们还很微弱，也还多限于纸上谈兵，但它们却有着正在日益兴起的中国民族资本的客观物质基础，所以并没有因此而一闪即灭，而是不断发展，逐渐形成一股社会思潮。

三、“议院”和“立宪”

西方列强之所以富强，在经济上是由于它们“以工商立国”，保护和奖励资本主义工商业的发展。但是，在一些早期改良派看来，这还不是最根本的原因。他们认为，实行议会制度，人民享有民主权利，这才是西方国家之所以富强的“根本”之所在，即经济制度还必须得到政治制度的保障，这才能真正富强起来。

早期改良派这些思想的产生，有一个发展的过程，在 19 世纪 70 年代的马建忠、薛福成或更早的冯桂芬那里，我们还看不到有关这方面的具体的想法，有的也只是一些比较空泛的介绍西方的社会政治制度。只是到了 80 年代的郑观应、王韬、陈炽、何启、胡礼垣等人那里，这些思想才渐渐成熟，甚至变得急切起来。其原因除了对西方世界认识的深入这一点之外，还在于 1884 年中法战争中莫名其妙的失败，洋务派的“船坚炮利”主张在现实面前受到了怀疑，人们开始反思，光有新式武器而政治极端腐败能抵御外国侵略吗？另外，早期改良派一再强调鼓励发展民族资本、保护民族工商业、对西方列强实行“商战”，但清政府却始终置若罔闻，还是拼命压制、阻挠民族资本主义的发展，这使他们对封建政治这一上层建筑表示出了怀疑，开始逐渐产生如何设法使自己能干预政治、争取政治权力，从而能自上而下地维护新兴的民族资产阶级的经济利益。

于是，西方资本主义的代议制度成为当时早期改良派感兴趣的话题，他们注意、介绍、赞扬西方的“议院”“立宪”“民主”等政治形式，把这些东西看成是“救亡之道”和“富强之本”。所谓：“泰西富强之道，在有议院以通上下之情，其他皆所末”；“议院为欧洲近二百年振兴根本……议院为其国政之所在，即其国本之所在”；“泰西议院之法……合君民为一体，通上下为一心……强国富兵，纵横四海之根源也”。与此同时，封建的君主专制政治，也遭到了早期改良派的批判。他们批判君主专制“权偏于上”，从而造成“上下不通”，民心、下情无法上达，君民之间离心离德，甚至处于对立的状态。这就是中国的病根之所在，也是中国之所以衰败的原因所在。所以，中国要富强起来，就必须在政治上进行改革，而改革的途径就是学习西方，设立议院，实行立宪。

当时，提出以上政治改革主张的早期改良派人物很多，他们的议论也相当多，但如果把他们的思想特点归纳一下，大致有两大特点：

1. 为救国而求议院、立宪。早期改良派在宣传议院、立宪制度，批判封建专制制度时，都贯穿着一条救国的主线。几乎每个人都是先谈一通议院、立宪制度如何能使君民一心，国强民富，专制制度如何使君民阻隔，国弱民穷，然后得出的结论就是要救国必须改制。郑观应在其《盛世危言·议院》中的一段话可谓最集中、也最具代表性：

> 所以想要实行立宪政治，最关键的在于张扬国势；想张扬国势，最关键的在于得到民心；想得到民心，最关键的在于了解下面的情况；想了解下面的情况，最关键的在于设立议院。中国如果想一直这样自欺欺人的卑下孱弱下去，而不想富国强兵成为世界上的强国的话，那也就算了；如果想要安定国内、抵御外敌，从国君、国家到百姓，以立宪政治保证太平的局面，那必须先从设立议院开始。

早期改良派的这些议论，当民族矛盾尖锐之时，呼声就更高更急，如 1880 年中俄伊犁交涉紧张之际、1884 年中法战争激烈展开之时，包括到后来 1894 年中日甲午战争爆发的时候，无不如此。所以，早期改良派要求变专制制度为议院、立宪制度，首先是以爱国主义和挽救中国的民族危亡为出发点的。

2. 政治改革以低标准为追求的目标。早期改良派政治改革主张的重要特点之一，就是目标定得不高。他们认为，美国、法国式的议会制度“权偏于下”，“法制多纷更”，因此只有英国、德国式的君主立宪制度，是比较适合中国国情的。他们的理想是既要民权，又害怕民权过重；既要求参与政权，又不敢独占政权；既不满君主专制，又不愿抛弃君主；既不满清朝统治，又不想推翻清朝。此外，他们中的一些人还提出，参与政权的人必须要有相应的财产限定。因此他们所设想的议院是：自王公大臣至各衙门堂、翰林院四品以上的官员，“均隶上议院”，由“军机处主之”；堂官四品以下人员，及翰林院四品以下官员，“均隶下议院”，由“都察院主之”。而地方上的“省议员”由进士中推出，“府议员”由举人中推出，“县议员”由秀才中推出。最终的“军国大政”，还是得由“君上”决定。这样的设想，一方面说明了早期改良派与封建主义仍保持着密切的联系，不可能一下子就脱离；另一方面，则反映了他们作为新兴的民族资产阶级对参与政权的向往。这些目标，过去一直遭到人们的非难，被说成是中国民族资产阶级软弱性的典型表现。确实，这话也不能算错。但是，这种低标准比起一般高亢的空论来说要现实得多。因为理想与现实之间总有很大的一段距离，而从理想转向现实又是极其关键的一步。我们知道，从魏源的《海国图志》起，中国的那些有眼光的知识分子，都还处在仅限于对西方民主制度钦羡的境界，而早期改良派的具体设想，恰恰标志着中国知识分子对于先进的社会政治制度，从一般的赞赏变为具体实践的第一步，这对中国封建专制制度具有最为直接的战斗意义。所以，尽管这第一步是歪歪扭扭的，可议论和批评处甚多，但它毕竟是一个巨大的历史进步。如果连这一点都不愿意承认，而坚持要以今天的眼光来评判前人的话，那就不足以与之讨论历史上的任何问题了。

除了议会制度和立宪制度外，早期改良派还提出了其他一些很具体的政治改革主张，如：1. 精简机构，裁撤冗员，以改变清政府从中央到地方的政府机构过于庞大臃肿、重叠的弊病。2. 改变“用人论资格”的积习，规定文武官员退休的年限。3. 废除官员公开贪污的种种“陋规”，同时适当增加官吏的俸禄。4. 设立新的政府机构，适当改变用人的办法，如中央应设立商部、学部、外交部等。其中特别值得一提的是对于教育制度的改革。早期改良派人士认为，中国传统八股取士的科举制度，不仅不能培养有用的人才，而且是严重地摧残人才。所以他们无不对八股文和科举制度展开了尖锐的批判，强烈要求废除八股文和科举制。他们认为，要开发民智，培育人才，当务之急就是办新式学堂，以改革中国的传统教育。他们主张，应该学西方，在全国范围内开办新式学堂，以培养中国自己的科技人才和政治人才，适应变化了的形势之需要。

四、“中学为体，西学为用”

“中学为体，西学为用”，简称“中体西用”，这是中国近代的一个极其重大的理论命题，它关涉中外思想文化冲突时的总体的价值取向问题，因此也可视为中国近代史上最重要的哲学命题。同时，这个思想也可以说是早期改良派与洋务派以及这一时期所有主张向西方学习的中国人所共同主张的观点。

所谓“中学为体，西学为用”，这是一个具有深刻时代烙印的命题。它实际包含了两对范畴，一是“中西”；一是“体用”。“中”与“西”是西学东渐之后产生的一对相互对立的概念，它们不仅仅是地域上的区分，而且含有不同生活方式、不同思想文化、不同价值取向等十分丰富的内涵。至于“体”和“用”，那是中国传统哲学中固有的一对十分古老且重要的范畴，其含义颇为复杂。用比较通俗的话来讲，“体”和“用”最主要有两层含义：其一，“体”是指实体，“用”是指作用；其二，“体”是指本体（即本性、本质等），“用”是指现象。它们又和更古老的范畴“道”与“器”、“本”与“末”、“理”与“气”等对应的范畴经常有所关联，有时甚至也是同义的，这方面的具体内容这里就不必详说了，我们主要还是针对近代史上的这个命题来说。

从目前所掌握的资料来看，最早提出这个思想的是冯桂芬，时间是19世纪60年代初。冯桂芬在其名著《校邠庐抗议》中有这么两句话基本上体现了这一思想：

以中国的伦理纲常、正名教化为根本，以各国富强的方法为辅助。

以后，表述这一思想的人越来越多，如薛福成说：

今诚取西人气数之学，以卫吾尧、舜、禹、汤、文、武、周公之道。

（《筹洋刍议·变法》）

这里虽未标出“体用”，但实际含义与冯桂芬是一致的。王韬这方面的话更多，如：

器则取诸西国，道则备自当躬。

（《弢园文录外编·杞忧生易言跋》）

形而上者中国也，以道胜；形而下者西人也，以器胜，如徒颂西人而贬己所守，未窥为治之本原者也。

（《弢园尺牍》）

郑观应也说：

中学其本也，西学其末也。主以中学，辅以西学，知其缓急，审其变通，操纵刚柔，洞达政体，教学之效，其在兹乎。

（《盛世危言·西学》）

道为本，器为末；器可变，道不可变。庶知可变者富强之术，非孔、孟之常经。

（《盛世危言·凡例》）

“中学为体，西学为用”一字不差地正式提出的是沈毓桂（沈寿康）。1895年4月，他在《万国公报》上发表的《匡时策》一文中就是这么说的：

夫中西学问，本自互有得失，为华人计，宜以中学为体，西学为用。

但是，现在人们一般把张之洞于1898年5月发表的《劝学篇》作为近代“中体西用”思想的系统总结和全面发挥。张之洞是这么说的：

新旧兼学，四书五经、中国史事、政书、地图为旧学；西政、西艺、西史为新学。旧学为体，新学为用。

（《劝学篇·设学》）

中学为内学，西学为外学；中学治身心，西学应世事。

（《劝学篇·会通》）

不可变者，伦纪也，非法制也；圣道也，非器械也；心术也，非工艺也。……法者，所以适变也，不可尽同；道者，所以立本也，不可不一。……夫所谓道者、本者，三纲四维是也……若守此不失，虽孔孟复生，岂有议变法之非者哉?

（《劝学篇·变法》）

从19世纪60年代到90年代，“中学为体，西学为用”成为当时中国的一股社会思潮。从宣扬“中体西用”的人来看，他们各自的目的并不完全一致，所以对这一思想的理解和强调的侧重点也不尽相同。洋务派以“中体西用”为理论纲领，本意是在以“西用”来捍卫“中体”，这其中包括采用先进的“西技”“西艺”，对内镇压民众的反抗，对外防范列强的侵略，而根本目的在于巩固已经摇摇欲坠的清王朝。早期改良派也以“中体西用”为理论纲领，但其本意是为了在陈腐、僵化的旧文化一统天下之中，为新思想的立足和生长打进一个楔子，为的是让“西用”得以在“中体”之中存身。

就“中体西用”思想的实质而言，是试图在维护“中体”的名义下采纳“西学”。这里所说的“西学”，已不仅是指西方的器物之学，也包含了西方的一些法律和制度方面的内容。但这个在过去是被作为包庇封建罪而遭到严厉批判的。然而，如果实事求是地来看，在当时的中国，要在充斥封建主义旧文化的天地里容纳若干资本主义的新文化，除了“中体西用”之外还不可能有更好的办法。如果没有“中体”作为前提，“西用”就无所依托，它在中国是进不了门、落不下户的。因此，“中体西用”毕竟让中国人看到了另外一个世界的一部分，并且试图把那部分西学的内容引进到中国来，它成为中西文化在经过接触后在当时条件下可能结合起来的一种形式。这种结合曾经产生了某些有益的东西，如在引进技术中建立了中国最早的一批工矿企业，造就了中国最早的一批工人阶级，使中国僵化的社会结构发生了某些异变等，这些无疑是封建文化中的异端，其力量尽管有限，但终究促进了中国社会的前进。

再就“中体西用”的理论论述而言，它也存在着明显的缺陷，因为它割裂了“体用”的一物两面的不可分割性，是二元论而非一元论，是机械论而非辩证论。但是，从历史的观点来看，“中体西用”思想的提出，对几千年来盛行不衰的“夷夏大防”的中国传统文化观念来说，无可争辩地体现出了它的开通和明智的一面。从认识的水平来看，它也是中国历史上思想进步的一个重大突破。从社会的效用来看，它又是缓解矛盾、排除障碍，使“西学”得以在中国这块土地上存身立足的“保护色”和“安全岛”。所以，在“戊戌维新”以前，“中体西用”思想有其产生的历史必要性与合理性，因而较多地体现出历史作用的积极的一面。再进一步说，“中体西用”思想的出现，证明在世界范围内自近代工业文明诞生后，世界上各民族的文化的大规模接触和融合，已经开始成为一种不可阻挡的历史发展趋势。也证明近代人类的新的文化价值，已经在一定程度上为中国开明的人士所认同。尽管这种认同是依附在种种现实的、甚至十分保守的政治功利目的之下的，从而或多或少地歪曲乃至篡改了近代文化的本来面目，但它毕竟还是为古老的中华文化走向近代、走向世界，提供了一种初步的模式。从中国近代历史的过程看，如果说种族观的“夷夏大防”自鸦片战争后开始动摇了，那么文化观的“夷夏大防”在洋务运动和早期改良思潮出现后也开始动摇。这对中西文化的进一步交流、碰撞提供了可能。无独有偶，在日本“明治维新”时期，日本维新派人士提出了“和魂洋才”的口号，这与中国的“中体西用”口号可谓遥相呼应，而就其实质而言也基本相同，尽管中日近代化的结果大相径庭。这说明世界进入近代以后，各民族都会遇到一个本土文化与外来文化的沟通问题。

“中体西用”还引发出一层文化学上的意义。首先是文化的民族性问题。文化具有相对的性质，它牵涉到的许多问题是价值观的问题，所以光讲文化的人类性是不够的，任何一种文化形态都是具体而非抽象的，每个文化形态都有自身的地理环境、历史发展条件，这是一个民族区别于其他民族的主要标志。19世纪的西方社会学、文化人类学、民族学、历史学等学科普遍通行“文化进化一元论”和“社会达尔文主义”，认为文化发展从低级到高级、从简单到复杂，人类文化是共同的，进化是单一的、直线的。这实际是“西方中心论”的观点，即以西方文化为价值尺度来衡量，其他文化都是落后、愚昧的。这个观点是导向“文化人种论”（如殖民主义、希特勒“雅利安文化最优秀”等）的来源之一。20世纪开始，国际学术界开始重视人类文化演进的多元论，认识到各种文化形态具有相对独立性，每一种文化都有其地理的、生物的、经济的、历史的、政治的因素，各种文化形态的进化有其自身特性，按自身发展的需要进化，因此是多线而非单线进化。文化的价值是相对的而非绝对的，各民族过去和现在所创造的文化在价值上是平等的，每一种文化都有自己的独创性和价值标准。

最后，还有一个问题我们也应该思考：即如何才能真正发展民族文化？或曰发展民族文化的立足点究竟何在？这个问题直到今天仍有意义，在20世纪80年代的“文化热”中，有不少人对此展开热烈的探讨，如李泽厚还提出了“西体中用”的说法，结果当然是有人赞同，有人反对。

“新学”
明清“西学东渐”记

要进步或不退步，总须时时自出新裁，至少也必取材异域。

——鲁迅《坟》

历史上的中国人，其思想受到外来文化冲击而发生重大的改变，就大范围而言前后共发生过两次。第一次是印度佛教的东来，在经历了大约1000年左右（从公元1世纪到公元11世纪）的时间，中国人彻底改造了源于印度的佛教，使佛教完成了中国化的转变，不过佛教也反过来使中国的文化和习俗发生了巨大的变化。第二次就是“西学东渐”。西学东渐的出现，一开始是与西方传教士联系在一起的，即使到了鸦片战争之后，西学东渐也与传教士有着很大的关系。一直到了19世纪的末期，情况才开始出现质的变化，即逐渐地由中国留学生取代了西方传教士而成为传播西方文化的主体。如果从历史发展的眼光来看，西学东渐的过程，应该说直到今天还没有真正完全结束。

西学东渐是中国近古历史上的头等大事之一，它对改变中国人的思想方式、生活方式乃至改变整个中国的社会性质，都产生了极其巨大的作用和难以估量的影响。所以，讨论中国近古的历史，西学东渐是不能不讲的。本节的内容，就是要叙述一下中国历史上西学东渐的过程及其作用和影响。但西学东渐并非从近代才开始出现的，其过程是跨越朝代的，我们以 1800 年为界，把西学东渐的历史分为前后两期。由于西学东渐这一事实本身所具有的特点，所以我们叙述的时间范围也只能根据具体内容而做出适当的变通。

一、第一期西学东渐

如前所述，西学东渐与西方的基督教关系密切，因此我们先来看看基督教来华的简况。基督教传入中国的历史还是颇早的，至少可追溯到唐朝初期，这是从明朝天启五年（1625 年），在西安城外崇仁寺出土的《大秦景教流行中国碑》中得知的。唐代传入中国的基督教被称之为“景教”，即基督教中的“聂思脱里派”，根据明末来华的传教士阳玛诺解释，“景”就是“光明正大”的意思。据碑文中记载，唐太宗贞观九年（635 年），有位叫阿罗本的传教士来到唐朝的首都长安，受到了唐太宗的隆重欢迎。并对基督教中比较重要的具体教义如“天主自有”“三位一体”“救赎”等等，已经有所介绍。《大秦景教流行中国碑》中还记载，景教传入中国后，一度颇为流行，“寺满百城，家殷景福”。但是，基督教的这一次传入，除了这么一块碑之外，就再也没有留下什么痕迹了。据推测大概是公元 9 世纪唐武宗“毁佛”时，对作为“外国之教”的景教也加以废除了。到了宋代，又有一些犹太人来到中国，他们在当时北宋的首都开封定居了下来，所信奉的是犹太教，但这批人不久以后就被中国文化所同化了，也没有留下什么太多的痕迹。所以，比较严格意义上的西学东渐，一般认为是从元朝时期才起步的。

第一期的西学东渐，发生在元朝至明朝时期。当然，它的进程并不连续，而是断断续续的。由于蒙古帝国的崛起，最后征服了中国，进而又建立起了一个横跨欧、亚大陆的空前的大帝国。尽管这个大帝国实际上仅仅是一种松散的政治联盟，但在这一时期，随着东西交往的频繁，中西文化交流也随之大大加强。一方面，中国的四大发明在这一时期传到了西方；反过来，西方也有不少东西在此时传到了中国。公元 13 世纪末期，罗马教廷在得到元世祖忽必烈的许可后，开始在中国建立教堂，当时，传入中国的基督教中既有景教也有天主教，统称为“也里可温教”。当时，“也里可温教”信徒最多时达到约六千余人，但据《马可·波罗游记》中所记载，并没有汉族人加入，信徒都只是一些“色目人”。自此以后，来中国传教的人相继不绝。当时元朝政府在用人方面是不分国籍和种族的，所以女真人、波斯人、阿拉伯人、维吾尔族人乃至欧洲人等都有，他们都可以成为元朝政府的官员，统称为“色目人”（当时元朝人分四等：蒙古、色目、汉人、南人，南人地位最低下）。

1275 年，意大利人马可·波罗来到中国，在元朝当了 17

年的官。回国后，由他口述、小说家鲁思梯切诺笔录而成著名的《马可·波罗游记》一书。在书中马可·波罗对中国赞美备至，说“中华帝国”拥有“连绵不断的城市和邑镇”以及“优美的葡萄圃、田野和花园”；帝国的首都“地面规划有如棋盘，其美善之极，未可言宣”，宫殿“壮丽富瞻”；认为当时的泉州是世界最大的港口，“在这个商埠，商品、宝石、珍珠的贸易之盛，的确是可惊叹的”；赞叹杭州“人处其中，自信为置身天堂”。最近，英国有个女历史学家提出，马可·波罗来华纯属子虚乌有，这本书是他在狱中从一个传教士那里得到的。此说未为定论，我们也只能姑妄听之。但不管怎么说，《马可·波罗游记》这本书，在欧洲确实具有很大的影响。此书在欧洲广为流传，许多欧洲人就是通过这本书，才第一次知道东方有个十分富庶的大国叫“中国”，以后殖民时代开始，许多欧洲人也是从这本书中得到启发而企图征服中国的。

此外，元朝时期，还有法国、意大利等西方国家的一些技师、画家、工匠等来到中国。但总的说来，此时西方文化对中国几乎没有什么影响，就像佛教在两汉之际初入中国时没有什么影响的情景差不多。不久，蒙古帝国垮台了，东西交往也随之时断时续，欧洲这时又开始出现文艺复兴和宗教改革，无暇东顾。所以中西方文化在经历短暂的接触后，在并无多大进展的情况下又彼此隔绝了。

一直到公元15世纪末，即明朝的中叶以后（约万历年间），这时欧洲已经脱胎换骨了。从15世纪后期至16世纪前期，在南欧地中海沿岸国家首先出现了资本主义浪潮，然后又迅速席卷整个欧洲大陆。资本原始积累的需要，又引起了西方资本主义势力对东方财富的向往，于是就出现了远洋航海的大发展。随着西方殖民主义者的所谓“地理大发现”，和东西方直通航道的开辟，葡萄牙、西班牙、荷兰、英国等老牌殖民者纷纷向东方挺进，开始了世界历史上的早期殖民活动。1553年，即明朝的嘉靖三十二年，葡萄牙殖民者借口晾晒货物而在澳门登陆，这一事件成为西方殖民者进入中国的开始。自此以后，澳门就成了欧洲人侵略中国的桥头堡和根据地。欧洲人的传教活动，与其殖民、贸易活动同步展开，澳门也就成为其来华传教的一个中转站。并且，传教士还大多受到西方殖民商人的资助，这一点在耶稣会传教士利玛窦写的《中国札记》中有不少具体的描述。

西方传教士之所以会纷纷来到中国进行传教活动，又与当时欧洲出现的文艺复兴和宗教改革有很大关系。作为欧洲资产阶级革命先声的文艺复兴运动，使西方的文学、艺术、哲学、自然科学等纷纷冲破了教会神权的桎梏。与此同时，1517年马丁·路德首倡宗教改革，反对罗马教廷，另创新教。宗教改革便很快在欧洲传播开来。由于新教势力的迅速扩张，天主教大大受挫。1534年，由西班牙贵族伊纳爵·罗跃拉发起，旨在扶助教皇的“耶稣会”创立，以与新教相对抗。“耶稣会”为了发展势力，寻找新的地盘，开始谋求向海外发展，前往美洲、非洲和亚洲等地进行传教活动。明嘉靖三十一年（1552年），耶稣会创始者之一、耶稣会东方布教长圣方济各从印度到达广东海外的上川岛，这是耶稣会士直接进入中国之始，方济各到达不久便生病去世。当葡萄牙人在中国找到立足点后，葡萄牙国王（葡国是信奉天主教的）就让耶稣会士去中国传教。

1556年（嘉靖三十五年），耶稣会士公匝勒斯最早到达澳门，尔后传教士巴达尔、撒加高、狄野高、贝勒拉等也相继来到澳门，并于1565年（嘉靖四十四年）建立了“圣保禄学院”，随着他们在澳门一带传教活动的展开和扩大，1576年（万历四年）罗马教皇批准成立澳门教区，统一管理中国、日本和安南等东南亚地区的传教事务。以后，不少耶稣会士相继来华，其他一些天主教教会如多明我会、方济各会、奥斯丁会等也有人来华传教。

1577年（万历五年），耶稣会士罗明坚到澳门，开始学习中国语言和礼俗。1580年（万历八年），罗明坚被批准留住广州传教，后又去肇庆参见两广总督，准其留在肇庆传教。1582年到1583年，罗明坚又到澳门把巴范济、利玛窦带到肇庆，在那里建立了传教的据点，这成为耶稣会士进入中国内地的开始。此后，进入中国内地传教的耶稣会士日增，著名的有意大利传教士利玛窦、龙华民、高一志、熊三拔、艾儒略、毕方济、罗雅各、利类思；西班牙传教士庞迪我；葡萄牙传教士阳玛诺、傅汎际；德国传教士汤若望；法国传教士金尼阁；瑞士传教士邓玉函等等。

在以上这些传教士中，后来最有影响的人物，当数意大利的耶稣会传教士利玛窦。他于1580年（明万历八年）来到澳门，随后在广东肇庆学习中国的语言文字，以后就穿着儒服在中国从事传教活动，由此产生了不小的影响，尤其在士大夫中间他交了不少朋友。1587年，他被罗马教皇任命为中国教区的会长。利玛窦在中国传教是相当成功的，而其之所以能取得成功，原因不外三点：其一是走上层路线，即注意打通官场的关节，尽可能地谋求得到中国官方的许可；其二是注意入乡随俗，即在传教时能照顾到中国传统文化的因素，比较能够接受文化上的民族差异性，顺应中国人的传统习俗，如允许中国的信徒拜天祭祖，并认真学习中国文化等等；其三是以学传教，耶稣会士大多博学而多能，既通神学，对自然科学也有相当的了解，利玛窦的学问就很不错，曾令中国的许多知识分子为之折服，包括当时在朝的大臣如徐光启、李之藻等人都很敬服他的学问。1601 年初（万历二十九年），利玛窦与另一位传教士庞迪我来到北京，献上机械钟、基督圣母图等礼物，并自述会制作观察物体的仪器，会绘制新式地图。万历皇帝对他们很优待，下令允许他们在北京建立教堂，从此天主教在中国取得了合法的地位。由于利玛窦及其同事们的努力，耶稣会士在中国大地上站稳了脚跟，信教的人数不断增加。据统计：1584 年，中国的天主教徒仅 3 人；到 1596 年，增至百余人；1605 年，约千人；1610 年，约 2500 人；1615 年，达 5000 人；1617 年，达 1.3 万余人；到明朝灭亡前夕，中国的天主教信徒已有 3.8 万余人。入教者中还有皇宫里的皇族、后妃、宫女、宦官等成员。

当然，耶稣会士的传教也并不总是一帆风顺的。利玛窦死后，耶稣会士的传教事业开始受挫。南京出现了中国人反对外国人传教的活动，朝廷迫于各方压力而禁止传教，在京传教士被赶到澳门。后来由于明朝与满洲作战，急需杀伤力强大的火炮，于是在 1622 年（明天启二年）又召回传教士阳玛诺、罗如望、艾儒略、毕方济等人，教禁遂解。不久因为历法问题，又召来了汤若望、罗雅各等，从事历法的修订。

明亡清兴，西学传播的方式也发生了很大的变化。如果说明代的西学多在士大夫中流传的话，那么清初的传教士多在宫廷活动，而清初的皇帝就是西学的积极推广者，顺治、康熙无不如此。清兵入关后，实际的行政首脑是多尔衮，他委托汤若望主编新的历法，以表示新王朝的“改正朔”。当时，由于在预测顺治元年八月初一日食一事上，汤若望主持的观察比中国的历法和“回回历”都要准确（其中“回回历”的误差最大），所以汤若望就被任命为钦天监监正，即皇家天文台台长。顺治帝对汤若望也是优宠有加，称其为“玛法”（满语“爷爷”），免其觐见时的跪拜礼，允许其随时都可亲自将奏折直呈皇帝过目，还亲自到教堂看望他，并封他为“通玄教师”（后为避康熙帝名讳改为“通微法师”）。汤若望遂成为继利玛窦之后又一个著名的传教士，当时在华的传教士只要说自己是汤若望的同事或亲属，就可以获得自由出入中国的许可，并得到各级官员的尊重。由于多尔衮和顺治帝对传教士的优礼，所以清初时期天主教在中国有了很大发展，据统计，到康熙三年时，中国的天主教教徒已达 11.42 万人，他们分布于直隶、山东、山西、陕西、河南、四川、江西、福建、浙江、湖广、江南等广大地区。

但是，清初对传教士的排拒也大有人在，其中最出名的便是由杨光先发动的“钦天监案”（又称“《不得已》案”）。杨氏著《摘谬论》《辟邪论》，广为散发，又乘康熙年幼、大权由素与传教士不合的鳌拜把持，状告汤若望等传教士有历法荒谬、邪说惑众、潜谋造反 3 大“罪行”。经几个月的审讯，虽查无实据，但还是判汤若望“肢解”极刑，斩李祖白等人。后来因太皇太后的干预，汤若望才得以免刑，但在钦天监任职的三十多人或处斩，或流徙，或革职，在各省的传教士被遣送广州，圈禁在广州城内的老耶稣会堂中，不准出城、不准传教。这个冤狱直至康熙亲政后才得以平反昭雪。

康熙帝对西学中自然科学方面的内容有很大的兴趣，他十分注意招聘西方各种专门人才来华。亲政之初就任命传教士南怀仁主持钦天监工作。他请了不少传教士为他讲课，又让他们为他绘地图、订历法、制火炮等。当时有名的传教士有徐日升、张诚、白晋、安多、恩里格、闵明我、费隐、德玛诺等等。

第一期西学东渐的进展本来比较顺利，但到了康熙中叶，情况又出现逆转，发生了所谓的“礼仪之争”，最终导致清政府推行全面禁教的政策。“礼仪之争”开始仅在传教士内部展开，当时，一部分传教士沿用利玛窦等的传教方式，即尊重中国传统文化，允许中国信徒祭天、祭祖宗、敬孔子等。但后来的一批传教士不同意这样的做法，他们坚持天主教的一神教之教义，即只许敬“天主”，反对中国传统的“天”“天帝”等观念；反对中国传统文化习俗中的祭天、祭祖宗、敬孔子等等，认为这是“偶像崇拜”，触犯了天主教的“十诫”诫律。在华传教士内部的这两派争论后来愈演愈烈，从而引起罗马教廷的介入。教皇克莱孟十一世支持后者的意见，于1704年发布了七条禁约，规定凡信教者一律不得习中国传统的一套习俗。并派特使多罗主教来华宣布教皇禁令，康熙皇帝因此大怒，遂把教皇的使者抓起来押送至澳门，并下令凡不在钦天监任职的传教士，不准住留内地，禁止中国人信教，改教堂为公所。从上可知，“礼仪之争”所引出的禁教，责任主要在罗马教廷方面。

康熙帝的禁教规定，经雍正、乾隆、嘉庆三朝基本上未变，所以第一期西学东渐至康熙中期以后就告基本结束了。不过就历史过程来看，真正雷厉风行地执行禁传天主教的政策，那是从雍正即位后才全面地展开的。这时的禁教，与康熙时因“礼仪之争”所引起又有所不同。此后，由于严厉禁教，西学只有少数“技能”和掌握这些“技能”的少数传教士滞留在紫禁城的狭小天地内，而在社会上的影响则渐告衰灭。

二、第一期西学东渐所传入的西学

第一期西学东渐是以明清之际传入中国的西学为主的，而欧洲的耶稣会士又是此期西学东渐的主要传播者。耶稣会士传入的西学中，既有“教”（天主教）也有“学”（主要是自然科学）。不过，对中国人来说感兴趣的，主要是后者，而对前者感兴趣的人则为数不多。所以我们集中讲其传入的“学”。

在人类文化的交流、传播中，物理学上的“势能”概念常常被借用。即认为人类的各种外来文化形态之间，存在着势能上的差异，水平较高的文化形态可称之为“高势能文化”，反之则称之为“低势能文化”，若水平相当则是“等势能文化”。在明清之际耶稣会士传入西学之前，中国传统文化所遇到的外来文化形态不是“低势能文化”就是“等势能文化”。如华夏农耕文化与匈奴、鲜卑、突厥、契丹、党项、女真、蒙古等游牧文化的碰撞，这些民族的文化属于“低势能文化”，所以这些民族尽管取得了军事征服的成功，但因其文化相对落后而反过来被“被征服者”所征服，进而逐渐同化于华夏文化。再如南亚次大陆的佛教文化，与中国本土文化基本上处于同一层面，是“等势能文化”，它们互有短长，如在哲学思辨方面，佛教文化优于中国固有文化，而在政治、伦理方面则中国传统文化又长于佛教文化，两者旗鼓相当。但是，耶稣会士传入的西学，却是一种与中国传统文化面貌迥异的“高势能文化”。所谓西方文化的“高势能”，主要就表现在其科学技术之学方面。实际情况是否如此，当然可以讨论，但至少当时的中国人都是这么认为的。西学东渐第一期传入的西学内容，大致可以概括为六个方面：

1. 天文历法之学：明清之际传入中国的 90 种西学（不包括神学）书籍中，数量最多的就是天文历法方面的著作，共有 43 种。从其内容上来看，确实比中国传统的天文历法之学要进步，如预测“交食”就是一个显例。此外，如七曜（日、月与木、火、土、金、水五星）距地的具体数值、天文计算上的几何学和三角学方法等等。

2. 数学：其中对中国学术界震动最大的，就是利玛窦与徐光启一起翻译的欧几里得的《几何原本》，该书所涉及的平面几何不仅远比中国传统的几何学丰富，更重要的是其严密的形式逻辑结构和公理体系，是中国传统的几何学所不能比拟的。此外，其传入的算术、比例等数学内容，也都比中国传统的要简捷和优越，许多内容是中国人第一次接触到的。

3. 物理学和机械工程学：这也就是中国传统所称的“器物制作之学”，传教士在中国写了几部介绍西方器物制作的著作，其中比较著名的是邓玉函的《奇器图说》，其大旨是先突出强调“数”（算法）、“度”（测量）、“重”（力学）之学，如关于物理学的基本原理重心、重量、重容、比例等等，和关于机械学的基本知识如杠杆、天平、斜面、滑轮等等，然后再讲具体的器物制作。这些对中国人来说可谓开了眼界，比起当时宋应星集中国古代科技大成的《天工开物》水平明显要高。而且，前者突出了近代科学理论思维的严密逻辑过程，而后者还较多地局限在经验和实用层面。

4. 地理学：这在当时中国称之为“舆地测绘之学”，利玛窦来中国后，为中国皇帝绘了《坤舆万国全图》，中国人从这时开始才知道世界上有七大洲、四大洋，同时知道地球是圆的。1623 年（明天启三年），艾儒略依利玛窦的旧本，著《职方外纪》，这部书可以说是中国第一部世界地图集，其中还有一些文字解说。到康熙时期，传教士于 1717 年（清康熙五十六年）绘成《皇舆全览图》，这是运用西方地图学理论绘制而成的第一部中国地图集，在当时中国学术界有相当大的影响。

5. 农田水利之学：这方面的著作以徐光启的《农政全书》为最著名。徐光启根据利玛窦及其他传教士所授的西方农业技术编成此书，共有 60 卷之多，非常具体地介绍了西方农田水利方面的知识。此外，稍后的传教士熊三拔著的《泰西水法》，是专门介绍西方水利方面的著作，在当时亦有相当影响。

6. 火炮制造：火药虽是中国发明的，但中国军队的主战武器却一直是以大刀、长矛为主的冷兵器，而由火药引出的兵器革命却是在欧洲完成的。汤若望所著的《火攻揭要》《神威图说》，详细介绍了西方火炮技术和炮战技术，对当时的明清战争产生了很大的影响。

对明清之际耶稣会士传入西学的性质，过去往往强调传教士传入的都是西方的旧学术，如托勒密的“地心说”、欧几里得的几何学、阿基米德的静力学、亚里士多德的逻辑学和“四元素说”、盖仑的人体解剖学等。而对西方近代具有划时代意义的科学成就，如哥白尼的“日心说”、开普勒的行星运动三大定律、伽利略和牛顿的经典力学、笛卡尔的解析几何、牛顿和莱布尼兹的微积分、波义耳的“新元素说”、哈维的血液循环理论以及伽利略的实验法、培根的归纳法、笛卡尔的演绎法等，或根本不提，或语焉不详。这个判断是有问题的，尽管囿于其宗教的世界观，传教士对一些西方当时最新的科学成就有所保留，如哥白尼的“日心说”等，但其传入中国的不尽都是西学中的“古学”，其中也有不少“新学”的内容，如中国科技史专家、英国的李约瑟在其《中国科学技术史》第三卷中就指出：“大多数人推测耶稣会传教士带给中国的是陈旧的欧洲数学知识，然而只有欧几里得的《几何原本》才是如此……耶稣会传教士所传入的不属于几何学的数学发明和技术，在欧洲是最新的。”因此，当时传教士传入的西学应该说是一种新旧杂糅的混合体。实际上，当时传入的西学，不管是“古学”还是“新学”，对中国人来说都是新鲜的学问，是性质与中国传统文化迥异的、高势能的文化，这是无须回避的事实。

至于耶稣会士传入中国的基督教神学，与当时中国占意识形态统治地位的程朱理学相比较，则很难做出势能上的高低判断，但是作为一种宗教文化，它显然不同于中国的世俗文化，因此与中国传统文化发生冲突是在所难免的。

高势能异质文化的传入，犹如在古老的中国文化深潭中扔下了一枚石子，激起阵阵涟漪。那精巧的自鸣钟、八音盒，五颜六色的玻璃珠、三棱镜，栩栩如生的圣母像，威力巨大的“红衣大炮”，以及《坤舆万国全图》《几何原本》《奇器图说》《天主实义》等书籍，展示出了异域文化的风采，在中国的不少士大夫中引起了强烈反响。从明清之际的实际情况来看，在与西方文化的碰撞中，中国士大夫对其的回应具有多元的取向。这种取向大致说来可分为三大类：一种是深闭固拒，完全反对，不仅反对“洋教”也反对“西学”，这方面的代表人物如明代的南京礼部尚书沈㴶、清初的杨光先，前者在明代的万历四十四年（1616年）发动了“南京教案”，后者则在康熙初年挑起了“钦天监案”。一种是广采博纳，全面接受，既信“洋教”亦崇“西学”，这方面的代表人物如明代的徐光启、李之藻等，但徐、李之接受天主教，主要不是出于神学信仰，而是力图以西方的“天学”来补充中国的儒学，所谓“补儒易佛”，即以天主教取代佛教。第三种是有取有舍，取其“学”而舍其“教”，这是当时比较普遍的一种取向，其代表人物如明清之际的方以智、黄宗羲、王锡阐、梅文鼎、康熙帝等，他们之间对西学的取舍虽然还有程度上的差别，但基本主张却都是“节取其技能，禁传其学术”。因此，这批人在某种意义上可以说是近代“师夷长技”“中体西用”说的先行者。

由于清代自康熙朝以后的严厉禁教，西学在社会上的影响遂渐告衰灭。渐渐地，中国人对外部世界的愚昧无知，又回到了明末西学东渐之前，传统的“夷夏之辨”几乎又原封未动地被重新搬了回来，就好像持续了近200年的西学东渐在中国没有发生过似的。这看起来似乎荒唐得令人难以置信，但却是真真实实的历史。

三、第二期西学东渐

第二期的西学东渐，一般认为是以鸦片战争中国战败，签订丧权辱国的《南京条约》后正式开始的。但实际上，第二期西学东渐的时间还要稍微早一些，大致是从 19 世纪初期就已经开始了。此期的西学东渐与前一期有明显的不同，主要表现在两个方面：其一，传教士已不以天主教为主，而是以新教为主；其二，传教士虽然仍起到不小的作用，但其影响大大减弱，因为从这时开始，更多的是中国人自己主动去接受西学，即从被动接受转为主动追求。

第二期西学东渐，以 1807 年英国的新教传教士马礼逊东来传教为其开端。当时，马礼逊原想在澳门登陆，然后到中国传教。但是，由于澳门是天主教的势力范围，天主教徒反对新教，所以不允许他在那里传教。于是马礼逊只能前往马六甲，在那里专门从事写作。他撰写了第一部《华英字典》，并第一次把《圣经》翻译成中文。后来相继来华传教的新教传教士们，所用都是马礼逊的《字典》和《圣经》。鸦片战争以后，英国人占领了香港，为了纪念马礼逊的开创之功，在香港专门建了一所马礼逊学校。

鸦片战争的惨败，使一批爱国的有识之士怀着沉重的忧患意识，将眼光投向域外的广阔世界，并激发了他们学习西方先进科学技术、打败侵略者的决心。从林则徐编《四洲志》开其端，接着有魏源撰《海国图志》，以后又有徐继畬的《瀛环志略》、梁廷楠的《海国四说》等等，据统计，到1861年，已有22种介绍西方各国地理、历史、政制的著作相继问世。这一方面代表了当时中国人对西方世界的认识水平；另一方面也显示出了当时中国人中的先进分子，主动了解西方的一种思想转变和最初的尝试。

随着太平天国起义及第二次鸦片战争，不少中国人已经很清楚地认识到了西方物质科技的长处。于是，一批在政治上有力量的人物如曾国藩、左宗棠、李鸿章等在朝大臣，在既忧虑"夷祸之烈"，又痛恨"发（太平军）捻（军）交乘"的形势下，发起了所谓的"洋务运动"。随着第二次鸦片战争后外国资本主义的势力在中国的日益深入，又由于洋务派办洋务之急需，再加上先进的中国人向西方寻找真理的日益迫切，"西学东渐"的速度大大加快了。我们知道，明清之际的西学东渐，传教士是中西文化之间的唯一媒介，中国的知识分子只能通过传教士有选择地输入内容来窥西学之一斑，其遗漏、模糊甚至歪曲的情况可以想见。但第二期西学东渐却大大改变了这种状况，首先西学传播的渠道不仅有传教士的输入，有鸦片战争后私人的倡导和撰著，更重要的是得到了官方的支持，由政府来主持这一工作。此外，西学传播的手段也已不仅仅是西书翻译一项，还包括了学校教育、新闻报刊的宣传和留学生及出使人员。下面就让我们简单地来看一下这几方面的情况。

1. 新式学堂出现：1862年清政府设立京师同文馆，1863年李鸿章奏请设立上海广方言馆，以后各种新式学堂相继出现并不断增多，如"天文算学馆""西学馆""实学馆""船政学堂”“水师学堂”“武备学堂”等等。这些都属于宣讲“西学”的新式学堂，其教学内容包括外语、数学、物理、化学、生物、矿物、天文、医学、军事技艺，以及各国历史地理、万国公法、富国策（经济学）等，所谓“由洋文而及诸学”。此外，自第一次鸦片战争后，中国的大门被打开了，一些西方的教会就纷纷到中国的那些通商口岸来开办教会学校，这也属于当时时髦的新式学堂。据统计，1876 年，这类教会学校有 350 所，学生总数 5975 人；到 1889 年，学生总数已超过 2 万人。以上这两类学校，前者带有明显的封建性，后者带有明显的买办性和宗教性，但它们对西学的输入曾经起到很大的作用。

2. 西书的翻译大量出现并不断增多：洋务派对翻译西书十分热情，因为他们认为这是“制造（即造船、造枪炮）之根本”，而且不必事事都“假手洋人”。在洋务活动中译书比较出名、质量也比较高的当数上海江南制造总局。该局于 1868 年设立翻译馆，参与其事的人，中国方面有科学家李善兰、华蘅芳、徐寿等；西方人有傅兰雅、林乐知、金楷理等。这些人的名字大家可能不是十分熟悉，但他们对中国文化变迁的实际作用，绝不亚于那些叱咤风云的政治人物。他们所翻译的书籍，一开始集中在制造业方面，后来渐渐扩大到一般的自然科学方面，乃至少量社会科学方面，其中涉及的学科有：数学、测绘、物理、化学、天文、地理、地质、医药、博物、工艺、军事、历史、教育、政治、财经、外交等。据统计，到 1880 年，他们共翻译出版西书 98 种，未刊者尚有 45 种，到 1879 年，共销出 31111 部，计 83454 本。当时，北京的同文馆也翻译了一些西书，其中著名的人物是美国传教士丁韪良，他把京师同文馆称作“译员学校”。目前所知此馆翻译西书有36种，其中外国教习译著14种、中国学生译著11种、师生合译7种、不详者4种。同文馆的译著数量尽管不多，但质量却很不错，如第一部国际法中译本惠顿的《万国公法》、第一部外交学中译本马顿的《星轺指掌》、第一部经济学中译本福塞特的《富国策》，都在其列。此外，那些外国教会在中国传教的同时，还在通商口岸建立了出版机构，这些出版机构也翻译了一批西书，其中最出名的教会出版机构当推在上海的“墨海书馆”和“广学会”。总的说来，从19世纪50年代到20世纪初的半个世纪中，西方著作见诸中国译书目录的共达1442种之多，其数量之多和内容之广泛，均非明清之际的西学东渐所能比拟。当时翻译的西书以科技书籍为主，以今日的眼光来看，它们属于非常普通而不是先进的，但在中国科技十分落后的当时，对近代自然科学在中国的传播，还是有巨大的贡献的。当时属于社会或人文学科的书籍不多，但即使这不多的书籍，对开拓中国人的视野，推动中国近代思想文化的变迁，也起到很大的作用。

3. 报纸杂志的出现：报刊宣传是传教士在第二期西学东渐中的一个新的重要手段。早在1815年，马礼逊和另一名英国传教士米怜就在马六甲发行以中国人为对象的中文期刊《察世俗每月统纪传》。第一次鸦片战争后，一些来华的传教士还在通商口岸办了一些报纸杂志，据美国传教士范约翰1890年提出的一份中文报刊目录，从1815年至1890年，中国出版的中文报刊共有76种，其中约一半是由教会或传教士主办的。这些报刊除宣传宗教外，还介绍一些西方的声、光、化、电之学。在教会或传教士办的报刊中，最有名的是由基督教会创办于上海、由林乐知任主编的《万国公报》(初名《教会新报》1874年改名)。《万国公报》以时事为主，介绍一些西方资产阶级的社会政治学说，这对中国人了解中外大势曾起过不小的作用，特别在戊戌维新运动前后，很多中国人从中汲取思想。另外，由傅兰雅主编的《格致汇编》，则是中国近代第一种专门介绍西方科技知识的刊物。

4. 留学生与出使人员对西学的传播：1872年至1875年，在曾国藩、李鸿章的建议下，由容闳等率领，清政府派了120名10岁到16岁的学童分4批前往美国留学，学习“军政、船政、步算、制造诸学”，这是中国政府首批派出的公费留学生，他们之中出现了后来成为著名工程师的詹天佑。从1877年至1897年，清政府又向欧洲国家派出了学习军事及航海、造船等方面的留学生，他们之中出现了后来成为中国近代杰出启蒙思想家的严复，还有在甲午战争中英勇作战、以身殉国的邓世昌、林泰曾等人。这些留学生，是中国第一批接受西方严格教育的知识分子，在接受和传播西学方面是功勋卓著的生力军。此外，随着洋务活动的展开，中国大门被打开了，清政府也被迫要办理外交事务，并且派一些官员出洋考察。自从1866年清廷派遣斌椿父子率领同文馆学生前往欧洲“游历”即参观考察起，派员出使考察也成为当时西学传入的一个途径。1877年，总理衙门奏准，出使各国大臣必须将大小事件逐日详细记载，按月向总理衙门汇报，并将翻译外国书籍和报刊一并咨送。斌椿的《乘槎笔记》、志刚的《初使泰西记》，以及曾纪泽、郭嵩焘、薛福成、刘锡鸿等人的出使日记，把他们身处异邦、耳濡目染的感触及复杂的心态，生动而淋漓尽致地表达了出来。这些人写出的出使日记或游记，作为他们对外国的直接见闻及观感，对于当时中国人了解西方世界有一定帮助。在1877年至1887年总理衙门奏定的《出洋游历人员章程》中，更进一步规定："各国语言文字、天文、算学、化学、重学（力学）、光学，及一切测量之学、格致之学，各该员如有曾经留意及出游之后能于性情相近者选择学习，亦可以所写手册录交臣衙门，以备参考。"这样，出国人员学习西学，便从制度上得到鼓励。

进入19世纪90年代后，在维新思潮的鼓荡下，西学开始在中国广泛传播，出现了"家家言时务，人人谈西学"的新气象。1895年以后，在短短的两三年里，一大批学堂、学会、报馆在全国各地建立起来，尽管绝对数量还不能算多，但比起以往的几十年来，是一个巨大的飞跃。当时传播的西学，早已不仅仅是西方的自然科学，更多的是西方资产阶级的社会政治学说。甲午战争后，许多热血青年纷纷自费赴日本留学，在中国掀起了一股留学的热潮。他们留学的主要目的，就是要去探究一下日本"富强之本末"，他们通过日文转译了大量西方的社会科学著作，对传播新的社会改良乃至革命思想起到了巨大作用。到20世纪初，清政府再也坐不住了，1901年1月，慈禧太后以光绪皇帝的名义颁布变法和"新政"的上谕，不得不承认清朝的洋务运动失败："至近之学西法者，语言文字、制造器械而已，此西艺之皮毛，而非西政之本源也"，"舍其本源而不学，学其皮毛而又不精，天下安得富强？"连一直坚持反对变法的慈禧太后也不得不承认唯有行“新政”才能收拾清王朝残局，这证明西学在中国的传播已具有不可逆转性。

四、第二期西学东渐对近代中国社会的影响

第二期西学东渐在规模、内容上都要比第一期来得既深且广，但更不能同日而语的却是其带来的巨大社会影响。第一期西学东渐的社会影响面十分狭窄，主要局限在统治集团的最高层以及少数开明的士大夫中间。而耶稣会士在民间的传教布道活动，也因当局的多方防范掣肘与中国百姓的普遍冷漠排斥，而无多少实绩可言。所以，一旦清朝皇帝龙颜不悦，传教士就不得不乖乖地卷起铺盖走人。中国人心目中西学的那一点点微弱的痕迹，便迅速被湮没在岁月的积尘之中，重归于漫长的沉寂。而第二期西学东渐是在英国人的军舰和大炮护送下卷土重来的，其声势一开始就大不同于第一期。在老大帝国脆弱的藩篱被摧枯拉朽般地撕破之后，西方资产阶级的文化在中国社会的各个阶层，在经济、政治和文化活动的各个领域，与中国传统文化展开了多角度、多层面的较量，并以其自身所具有的相对“高势能”而占据了明显的优势地位。在这一期中，情况已经不再是中国皇帝用什么手段、在什么时间来遏制或驱逐西方文化，而是中国的百姓在怎样的现实教训、理智态度和心理承受能力等前提下，去逐步地、有选择地、有批判地接受西方文化。因此，我们可以说，第二期西学东渐本身，就成为近代中国社会蜕变的一个重要的和有机的组成部分，同时也在中国近代化过程中起着极其复杂的作用。经济领域中社会生产力的变

革、资本主义生产关系的发展，政治领域中维新变法和革命，思想文化领域中对传统伦理价值观念的怀疑乃至否定，社会结构领域中新型知识分子群体的形成，以上种种，都与这第二期的西学东渐密切地联系在一起。但这些具体的内容，不是这篇小文章所能讲清楚的，这里我们只能就其大者简单言之。

近代开始，西学东渐，新旧激荡，中国人从对西方文化茫无所知的封闭状态中走出来，根据自己的认识水平和客观现实的需要，在不同层次上吸收西方文化。当戊戌维新变法之际，湖南有个顽固派人物曾廉，曾经这样概括过近代中国西学东渐和中国人吸收西方文化的“三部曲”，他说：“变夷（向西方人学习）之议，始于言技，继之以言政，益之以言教。”曾廉所说的“技”，就是指先进的科学技术，而“言技”则是指当时的“船坚炮利”之议，即从魏源的“师夷之长技以制夷”，到洋务运动的“查治国之道，在乎自强，自强以练兵为要，练兵又以制器为先”（李鸿章语），这是19世纪40年代到60年代，中国人对西学的认识。曾廉所说的“政”，就是指政治的“政”，而“言政”则是指早期改良派强调的议会政治，即如郑观应说的：“知其治乱之源、富强之本，不尽在船坚炮利，而在议院上下同心……君民一体。”这是19世纪80年代，中国人对西学的认识。曾廉所说的“教”，就是指教化的“教”，即关涉到文化传统、文化心理、文化素质等思想文化领域的内容，而“言教”则是指康有为在发动戊戌维新运动时在思想理论上做的宣传，即他发表的《新学伪经考》《孔子改制考》等著作，以为这是对中国几千年的儒家文化的“叛逆”，这是19世纪90年代中国人吸收了西方进化论以后的状况。以后，梁启超又比曾廉更明确地划分了近代中国学习西方的三个时期：第一期从鸦片战争到洋务运动，中国人认为自己“从器物上感觉不足”；第二期从洋务运动到戊戌维新，中国人认为自己“从制度上感觉不足”；第三期从辛亥革命到五四运动，中国人认为自己“从文化根本上感觉不足”。以上从物质文化到制度文化再到精神文化的“三部曲”，是为多数学者所认可的近代西学东渐和中国人吸收西学的过程。从近代西学传入的内容和中国人吸收西方文化的阶段来看，确实有一个由浅入深，由具体到抽象的发展过程。但还应注意到它们三者之间也不是绝对的，其间仍有互相交叉传播的情况，只是各个阶段的重点不同罢了。

第二期西学东渐，给近代中国以极其深广的影响，中国近代化的过程从某种意义上说与西学东渐密不可分，这是不争的事实，下面简单地归纳一下：

近代中国人首先从西方的船坚炮利中认识到西方物质文明的实用价值，由此得出必须学习和掌握西方生产技术的结论。大规模的科学技术知识的引进，为中国建立自己的近代工业创造了必要条件。从 19 世纪 60 年代起，中国开始有了新式的军事工业；从 70 年代开始，有了新式的轮船公司，以及一系列用西法生产的工矿企业。机器生产代替传统的手工操作，标志着社会生产力的变革，从而相应地要求交通运输、商业、金融等部门的近代化，促进了资本主义生产关系的发展。西方生产技术和经营管理知识的引进，既为经济领域近代化所要求，也是为它服务的。由于这一发展，中国社会出现了新的阶级，一些大城市原来以传统经济为基础的行会组织，在 19 世纪末到

20世纪初，也逐渐改变成为同业公会和商会等近代工商业的纽带。

先进的中国人接受西学，逐渐由器物层面向制度层面推进，戊戌维新的变法运动是他们追求政治近代化的一次集中的实践。在此之前，王韬、郑观应等早期改良派对西方议院制度的鼓吹，为维新运动的兴起做了舆论上的酝酿。西方民主思想的传播，直接推动了康有为、谭嗣同、梁启超等投身于变法的实践中。戊戌维新虽然被顽固派所扼杀，但维新派所传播的西学影响却极其广泛和深远。在此之前，中国人大多还仅承认西学中的自然科学比中国先进，而认为在整体上中国文化还是比西方优越。但戊戌维新之后，许多先进的中国人已经感到中国之所以失败的根本原因在于精神文化。这就大大加速了辛亥革命到来的步伐。以孙中山为代表的革命党人，对学习西方表现出比维新派更大的自觉，也做出了更大的努力。他们从近代西方的社会政治学说中寻找反对中国封建主义的思想武器，探究建立共和国的方案。以后新生的共和国取代延续两千多年的封建王朝，固然是国内诸多矛盾激化的结果，但同时也是在西学影响下才能够实现的。

判断西学对思想文化和社会生活的影响，要比经济和政治领域复杂得多。从大的方面看，西方资本主义生产方式引起了人们对中国传统价值观念的深刻变化，最典型的如对传统重农轻商、重义轻利观念的怀疑和否定。自洋务运动以后，中国的许多士大夫已经不再耻于言商言利，反之却是对发展中国实业的高度重视。如咸丰状元孙家鼐创办广益纱厂，同治状元陆润庠创办苏伦纱厂，光绪状元张謇创办大生纱厂，这些都是有代表性的例证。西学的传入，彻底改变了中国传统的教育制度乃至官员选拔制度。古老的书院和科举制度最终让位于新式学堂，但最重要的还在于思想领域的革命，随着西学传播的深入，中国传统思想文化领域出现了极其深刻的变化。从维新派开始，中国近代的先进思想家们开始对中国古代的哲学、史学、伦理学、文学等所谓的“国学”进行再探讨，试图建立起新的思想体系。当时这种体系按梁启超的话说是“不中不西，即中即西”，尽管有新旧拼凑之嫌，显得杂乱、粗糙，但却是一种新的尝试。此外，一些先进的知识分子还初步提出了“道德革命”“史界革命”“文界革命”“诗界革命”等口号。而西方资产阶级的“自由、平等、博爱”的口号也开始在中国大地上出现，民权思想、进化论等新的学说理论开始在中国思想界广泛传播开来。

从人的角度来看，在19世纪后期，经过近60年中西文化的碰撞交汇，终于造就了一个新的具有近代意义的知识分子群体。他们有的是从传统科举道路中走出来投身近代化事业的，但更多的是接受了比较系统的西学教育的人。这群知识分子比起他们的前辈来，对西方文化和知识的认识要深入得多，许多人已经开始以西方文化来对照中国传统文化而进行反思。正是这一代新的向西方追求真理的知识分子，开始承担起时代的使命，为不久到来的新文化运动提供了极为必要和重要的准备。如陈独秀发出“吾人最后之觉悟”的呼声就是典型的一例，他说：

自西洋文明输入吾国，最初促吾人之觉悟者如学术，相形见绌，举国所知矣；其次为政治，年来政象所证明，

> 已有不克守缺抱残之势。继今以往，国人所怀疑莫决者，当为伦理问题。此而不能觉悟，则前之所谓觉悟者，非彻底之觉悟，盖犹在惝恍迷离之境。

正是有了这代知识分子的“最后之觉悟”的心理铺垫，五四运动时期的“德先生”与“赛先生”才能向“孔家店”发起进攻。然而，即使是这代知识分子，仍然很难完全摆脱中国传统文化的巨大阴影，五四运动以后鲁迅先生的《彷徨》就是例证：

> 我快步走着，仿佛要从一种沉重的东西中冲出，但是不能够。耳朵中有什么挣扎着，久之、久之，终于挣扎出来了，隐约像是长嗥，像一匹受伤的狼，当深夜在旷野中嗥叫，惨伤里夹杂着愤怒和悲哀。……

总之，几百年来西学东渐的历史告诉我们，一种外来文化输入中国这样具有悠久传统的国家，需要通过特定的社会文化机制，才能使之由外在变为内在，才能逐步与本土文化相贯通。这种特定的社会文化机制很多，最关键的是两点：其一，是要有某种社会力量作为贯通的主体；其二，是要找到外来文化与本土文化相结合的生长点，并加以培植和灌溉。所以，明清西学东渐的历史，今天对我们来说仍不失其借鉴的意义。

救亡图存
戊戌变法与启蒙运动

四海沸腾，耳中听到的，梦中听到的，都是隆隆的炮声，各位君子之人，岂有不为沦为外族奴隶而感到悲哀！为了避免别人闲话而沉默，那是关起门来自保的人！大家能不能一起来讨论尊王攘夷的大事？

——康有为《强学会序》（节译）

从1894年7月开始到1895年3月结束的中日甲午战争，是中国近代史上一个重要的历史路标。之所以这么说，还得从第一次鸦片战争后《江宁条约》（《南京条约》）的签订讲起。

一、中华民族的危机空前加深

众所周知，1840年爆发的鸦片战争，是中国历史的重大转折点。清政府在这次战争中被英国侵略者打败之后，被迫于

1842年8月签订了《中英江宁条约》，不久又被迫签订了《中英五口通商章程》和《五口通商附粘善后条约》(即《虎门条约》)，以作为《江宁条约》的补充。接着美国和法国也趁火打劫，于1844年胁迫清政府签订了《中美望厦条约》和《中法黄埔条约》。以后，许多西方资本主义国家如葡萄牙、比利时、瑞典、荷兰、西班牙等，也纷纷要求与清政府订立不平等条约，清政府也一概应允。

第一次鸦片战争后，一方面是中国人民与西方侵略者的矛盾日趋激化；另一方面大大加剧了中国社会固有的民族和阶级矛盾，终于在1851年至1864年间爆发了太平天国起义。在镇压太平天国的过程中，清政府又在50年代惨败于英法联军发动的第二次鸦片战争，被迫与英法侵略者分别签订了《天津条约》和《北京条约》。在此之前俄国和美国也胁迫清政府分别签订了《天津条约》，俄国还和清政府签订了《瑷珲条约》和《北京条约》。

通过上述这些不平等条约，外国侵略者迫使清政府割地、赔款，更重要的是取得了进一步侵略中国的各种特权。这些特权的范围极其广泛，主要有五个方面：

1. 协定关税和控制海关行政权。1843年签订的《中英五口通商章程》，把中国的关税率压得很低，规定进口税大体在6%上下，比鸦片战争之前大大降低了。1858年的《中英天津条约》中，又规定了进口货“值百抽五”原则，主要进口货物税率又比1843年降低了13%到65%不等。在《中英天津条约》中，还规定洋货进入中国内地或洋商从内地收购土货出口，只需一次交纳2.5%的“子口税”，即可“遍运天下”。而当时中国商人的商品，却必须“逢关纳税，遇卡抽厘”，遭受层层关卡的苛敛。外国侵略者还进一步攫取了中国海关的行政权和中国关税收入的支配权。1853年，上海“小刀会”起义被镇压后，英、美、法就攫取了上海的海关管理权。第二次鸦片战争后，根据中英、中美、中法通商章程规定，由外国人来负责中国海关。由于当时英国势力最强，所以从1859年起中国的海关税务司就由英国人担任，他们在中国设立了四十来个海关，中国海关行政权完全落入了外国人之手。

2. 沿海贸易权。根据国际惯例，任何独立的国家，外国商船只能在限定的口岸进行贸易，而不允许在沿海口岸之间进行转口贸易。但《江宁条约》签订后，我国的沿海贸易权开始丧失。首先是英国人可以在五口“贸易通商无碍”，即英国商船可自由航行于五口之间进行贸易。以后，在中法、中美《天津条约》中又正式承认外国商船可以自由在各通商口岸转口，而不必重复课税。1861年上海税务司制定的《沿海贸易法》中，更明文规定外商在一口纳税后，即可进行沿海贸易，自由出入。而当时中国自己的商船反而不能享受此种权利。

3. 内河航行权和内地通商权。内河航行权和内地通商权是一切独立国家不容侵犯的主权。但从《中英天津条约》签订后，这一主权也丧失了。英国船只可以在长江沿江各处城镇上下客货，又根据“利益均沾”的原则，未与清政府订立条约的国家，也都可享受这种特权。

4. 开放商埠和领事裁判权。两次鸦片战争后，中国被迫对外国开放了许多商埠，沿海沿江的有：广州、汕头、琼州、福州、厦门、台湾、宁波、上海、烟台、天津、营口、镇江、九江、汉口等14个商埠；陆路则有为俄国开放的伊犁、塔尔巴哈台、喀什噶尔、库伦、张家口等。根据《中英天津条约》规定，外国人可以在开放的商埠内租地盖房、设立栈房、修建礼拜堂、开设医院、购买坟基等。这些外国人的居住地，后来就成为“租界”。这不但严重破坏了中国的领土完整，而且成为外国人的“国中之国”，他们可以从这里对中国进行政治、经济和文化干预。从《虎门条约》开始，又有了所谓的“领事裁判权”，即英国侨民与中国人的诉讼交涉，英国领事有权“听诉”，英国人如果在中国犯罪由英国议定章程、法律办理，这就破坏了中国的司法主权。后来的《中法黄埔条约》《中英天津条约》中又对领事裁判权做出了更具体的规定。

5. 片面最惠国待遇。《虎门条约》中规定，中国将来与其他任何国家签订条约，英国人都可以“一体均沾”。后来的《中美望厦条约》《中法黄埔条约》也有类似的条文。“最惠国待遇”的范围很广，而且一个国家取得这种特权，其他国家皆可沿用。60年代后，这项条款的适用范围又进一步扩大，甚至荒谬地规定，中国政府如对本国商民有何优待时，外国人也要“一体均沾”，这真可谓是世界上独一无二的怪事。

总之，经过两次鸦片战争，外国侵略者迫使清政府签订、并通过一系列不平等条约，在中国获得了种种政治和经济特权。中国开始逐渐丧失了独立自主的地位，从而不断地半殖民地化。

到19世纪末期，世界主要列强进入了垄断资本主义阶段，也就是列宁所说的“帝国主义”阶段。垄断代替自由竞争的结果，是使得原来作为中介的银行资本变为万能的垄断者。垄断的银行资本与垄断的工业资本合而为一，就形成了金融资本。这时西方的国内市场和投资场所也已经被完全垄断了，社会上出现了大量“过剩”资本，于是资本输出就有了特殊的意义，殖民地也有了作为商品市场、投资场所和原料产地的新的作用。当时，世界上的殖民地基本已经被列强瓜分完了，只剩下中国、波斯、土耳其等几个大国，还没有被帝国主义独占或瓜分。其中尤其是中国，幅员广阔，物产丰富，而政治、经济、军事上又十分落后，因此就成为列强的主要“猎物”。从这一时期起，西方列强对中国的政策开始从商品倾销进而直接控制中国领土，以保证其资本输出得到最大的利益，它们的势力也开始从中国沿海向内地及边疆渗透。如 1871 年俄国占领伊犁（1881 年由清政府出价 900 万卢布赎回）；英国把长江流域各省作为其势力范围，1876 年又强迫中国签订了《烟台条约》，取得了派员驻云南、甘肃、青海、西藏等地的权利。

除了英、德、法、俄之外，日本和美国属于两个后起的列强国家。日本从 1868 年明治维新后，资本主义开始发展起来。此时，世界资本主义已经开始向垄断阶段过渡，而日本的资本主义又与其封建经济的残余及天皇制国家结构交错在一起，所以它一走上近代国际舞台就带有强烈的军事侵略性，其侵略目标首先就对准了中国。美国的资本主义迅速发展是在其南北战争以后，19 世纪后期，美国的工业产值已经超过了英国，因此也开始走上垄断阶段。但美国对殖民地的控制，因其后起而不能与英国相比，所以它也想急起直追，向远东和中国扩张势力，以获取市场。

日本早在明治时代就制定了所谓的“大陆政策”，其基本内容是：首先征服台湾，然后征服朝鲜，以朝鲜为跳板征服满蒙，然后进一步征服全中国和全世界。按照这个计划，1874年，日本在美国的支持下进犯台湾，虽然没能达到侵占的目的，但却吞并了琉球。接着，又在美国的支持下入侵朝鲜。当时的国际形势是，沙俄也想把东北地区置于自己的势力范围内，并且也想插足朝鲜半岛，在那里占领一些通向太平洋的港湾。英国则要阻止沙俄势力的南下。这样，远东的国际矛盾就集中在了朝鲜半岛问题上，而朝鲜在当时又是中国的藩属国，受到清朝政府的保护。为了共同对付沙俄，英美取得了一致意见，决定利用对它们还不足以构成威胁的日本来对付沙俄。而日本则乐得利用英美对它的支持来实现自己的既定侵略政策。在这种形势下，日本终于发动了侵略朝鲜和中国的战争。

由于清政府的腐败无能，中日甲午战争以中国的惨败而告终。1895 年 4 月 17 日，清政府被迫签订了丧权辱国的《马关条约》。条约的主要内容有五点：1. 清政府承认朝鲜的“独立”，即承认日本对朝鲜的全面控制；2. 中国割让辽东半岛、台湾全岛及附属岛屿、澎湖列岛给日本；3. 赔偿日本军费 2 亿两白银；4. 开放沙市、重庆、苏州、杭州为商埠，承认日本在华享有领事裁判权和片面最惠国待遇；5. 日本人可以在中国通商口岸，任意从事各项工艺制造，又可将机器任意装运进口，日本在中国制造的货物与进口货物一样免收一切杂捐，并准许在中国内地设栈寄存。

《马关条约》是继《江宁条约》之后又一个最严重的不平等条约。后来虽然在俄、法、德 3 国的干涉下，清政府以 3000 万两白银的代价“赎回”了辽东半岛，但中国还是丧失了台湾和澎湖列岛（一直到 1945 年第二次世界大战结束后才收回）；巨额的赔款则相当于清政府 3 年的全部财政收入；允许日本在中国设厂制造，则列强纷纷援引“利益均沾”的片面最惠国待遇，又开了外国资本输入的方便之门。总之，《马关条约》的签订，使中国在半殖民地的道路上更快、更深地沦陷了下去。

随着《马关条约》而来的，出现了一股帝国主义列强瓜分中国的狂潮，列强们纷纷以“租借”的名义，强占中国的沿海城市，并在中国的领土上划分其“势力范围”：长江流域成为英国的势力范围，长城以北成为沙俄的势力范围，两广和云南成为法国的势力范围，山东成为德国的势力范围，日本占领台湾和澎湖列岛后又把福建划为自己的势力范围。美国当时正忙于夺取原来西班牙的殖民地古巴、波多黎各和菲律宾，所以晚了一步，后来就提出了所谓的“门户开放”政策。

中国的民族危机空前加深，亡国灭种的阴影沉重地压在了每个清醒的中国人的心头。在甲午战争以前，许多昧于形势而又颇为自傲的中国人一向以为：中国地大人多物博，虽说自鸦片战争爆发的半个世纪以来，中国人与英法列强屡战屡败，但对付地狭人稀、维新不久的岛国日本还是绰有余力的。更何况，中国已经学到了西洋的坚船利炮，拥有一支相比日本海军毫不逊色的北洋海军。然而，战争的结局竟然是被向来为国人看不起的“蕞尔东洋”打得落花流水，战败签订的条约又是如此的苛刻。这个严峻的事实，一方面证明了追求船坚炮利的洋务运动的最终失败；另一方面也逼迫不少梦中的中国人清醒了：所谓的“天朝上国”原来比想象的还远要腐败和落后；而甲午战败的后患也绝不止于一纸《马关条约》，虎视鹰睇的帝国主义列强，必然会援引“最惠国”条款争夺其在华利益，中国被瓜分的危机迫在眉睫！

这时，从19世纪60年代开始出现的资产阶级改良思想已趋成熟，并得到迅速的发展，许多中国人不约而同地得出中国必须维新变法的结论。于是，救亡图存的变法成了当时中国人民的强烈呼声，进而演变成为一场政治运动，即1898年爆发的戊戌维新运动。

二、从“公车上书”到“百日维新”

1895年春，清政府准备与日本签订《马关条约》的消息传开了。当时，正值又一轮的举人会试，各省的举人云集北京。他们得知此事后非常愤慨，尤其是台湾籍的举人听到自己的家乡将被出卖，更是义愤填膺，人们反抗的情绪一下子高涨起来。这时，早已有改革主张的康有为和梁启超等正好也在北京参加会试，于是他们四处联络，约集18省的举人在松筠庵开会。开会那天盛况空前，到会的举人多达一千多名，他们公推康有为起草奏疏。康有为奋笔疾书，花了一天两夜的时间，写成了1.8万余言的《万言书》。在《万言书》中，康有为慷慨陈词，提出了“拒约、迁都、变法”等主张。指出如果割让台湾，就势必会引起列强瓜分中国，因此必须拒绝在条约上签字。他要求皇帝亲下诏书，检讨国家政策得失，提拔人才，迁都长安，训练军队，准备长期抗战。康有为强调，以上措施仅是暂时的应敌办法，而要从根本上使中国强盛起来，那就必须实行政治、经济、文化各方面的变法。在这份上呈皇帝的《万言书》上签名的举人，据说有一千三百多人。1895 年 5 月 2 日（光绪二十一年四月初八），举人们把这份《万言书》送到清政府的最高监察机关都察院，希望都察院的官员能把它上呈皇帝。但是，都察院官员推说皇帝已经在条约上盖了印，因此拒绝将《万言书》进呈。举人在当时被誉称为“公车”，这是因为汉朝时地方上向中央政府举荐人才，是由公家备车送往京城的，后来“公车”就成了进京赶考的举人的代名词。所以，这次举人的联名上书，在历史上就被称作“公车上书”。

“公车上书”虽然未能阻止《马关条约》的签订，《万言书》也未能到达光绪皇帝的手中，但却在举人中间广泛地辗转传抄，因而在社会上迅速地传播开来，产生了巨大的影响。康有为也成为全国瞩目的改良派的领袖人物。“公车上书”之后，康有为等在北京组织了“强学会”，并在上海等地成立了分会，又在北京发行《中外纪闻》，宣传其变法维新思想。以此为开端，各种报刊、学会、学堂如雨后春笋般地在全国各地先后建立和创办起来，据统计，到 1898 年，全国有学会、学堂、报馆三百多所。在各地的报刊中，梁启超、汪康年在上海办的《时务报》，严复、夏曾佑等在天津办的《国闻报》，康广仁、徐勤等在澳门办的《知新报》，江标、唐才常等在长沙办的《湘学报》是当时最著名的几种。其中又以上海的《时务报》影响最大，“江淮河汉之间，爱其文字奇诡，争传诵之，行销至万七千余册”。在各地的学会、学堂中，有李锐等发起组织的“蜀学会”、杨深秀发起组织的“陕学会”、林旭发起组织的“闽学会”等等，而以湖南维新派人士创办的“南学会”

和“时务学堂”最有生气、影响最大。这一切为戊戌变法的出现准备了条件，“天下人士咸知变法，风气大开矣”。1897年11月，德国强占了胶州湾，康有为再次上书光绪，提出亡国之祸即在眼前，鼓动光绪实行变法。1898年春，又值举人会考之期，康有为与李盛铎等人在北京发起组织了“保国会”，提出“保国、保种、保民、保教”的宗旨，参加的士大夫很多，从而直接推动了变法活动的出现。

当时，清朝统治集团中存在着以慈禧太后为首的“后党”和以光绪皇帝为首的“帝党”两大派，后党掌握着国家的实权，主要是由顽固派和洋务派大臣构成，他们极力反对变法维新；帝党并无实际权力，而光绪皇帝本人又“不甘作亡国之君”，很想有所作为，他读了康有为的上书后很感动，对维新变法的主张表示赞同。当然，从另一方面讲，帝党也是为了壮大自己的声势，以捞取政治资本，决定对维新派给予一定的支持。1898年6月11日，光绪下诏“定国是”。从这一天起，光绪依据维新派的建议，颁布了一系列维新变法的诏令，其中最主要的内容可概括为如下几个方面：

1. 在政治军事方面：精简机构，裁撤冗官，允许士民上书言事；以新法训练军队，筹造兵船，添设海军。

2. 在经济方面：设立矿务铁路总局、农工商总局、中国银行；奖励制作新法，允许专利；提倡实业，发展、保护农工商业。

3. 在文化教育方面：废除八股，改革科举制度；兴办新式学堂，筹办京师大学堂；翻译西书；准许自由开设报馆、成立学会。

从以上这些变法的内容来看，实际谈不上是什么根本性变革。但它的意义在于，它毕竟是一次正式的官方行动，这些措施都是有利于中国资本主义发展、有利于西学在中国传播的，因此也是有利于中国社会进步的举措。所以，尽管戊戌变法的动作并不大，却具有十分明显的进步意义。在1898年夏天的几个月里，中国社会曾经出现过一片新气象，给中国人带来了一线新的希望。

但可惜的是，光绪皇帝是一个没有实权的“光杆皇帝”，他所支持的维新变法引来了众多的反对者。除了以慈禧太后为首的“后党”集团之外，各省握有军政实权的地方大吏也多是守旧派官僚，他们依仗着慈禧太后这个靠山，根本不理睬光绪帝如雪片似的颁布下来的变法诏令。再加上那成千上万盼着“金榜题名”升官发财的秀才、举人，那遍布全国的反对一切变革的乡绅地主，那些被裁撤的衙门中的大小官吏等所有反对新事物的守旧势力，由于各自的既得利益，而形成了反对维新变法的联合阵线。

于是，9月21日，慈禧太后轻而易举地就发动了政变。首先把光绪帝软禁起来，囚在中南海中四面环水的瀛台，与外界隔绝往来，接着废除了所颁布的一切新政法令，并把参与维新的人士谭嗣同、康广仁、杨深秀、林旭、杨锐、刘光第等“六君子”在北京菜市口杀害。康有为、梁启超预先得到消息，逃亡海外。这场维新变法运动存在了仅仅103天便宣告彻底失败了。这就是历史上有名的“百日维新”。

三、戊戌维新与思想启蒙

戊戌变法维新运动，作为一场救亡图存的政治改良运动，可以说只是一场肤浅的、短命的政治变革活动。但作为一次传播新思想、新文化的启蒙运动，它却具有非常深刻和深远的意义。在戊戌时期，出现了中国近代史上第一次大的思想解放的潮流，它使古老的中国从社会风尚到思想观念，也就是整个思想文化结构，开始发生了前所未有的大变化。以它为标志，中国思想文化史上出现了一个划时代的转折，以后出现的资产阶级革命运动，乃至"五四"新文化运动，都与这次思想的转折有这样或那样的关联。戊戌维新变法所带来的中国思想领域的巨大变化，可以概括为以下几点：

1. 它使越来越多的中国人认识到，中国的民族危机空前严重，救亡图存、自强保种乃是全中国人民刻不容缓的紧迫任务，更重要的是，戊戌维新志士的鲜血，唤醒了更多的人起来斗争，爱国主义热潮因此而大大高涨起来。

2. 越来越多的中国人，尤其是中国的知识分子认识到，要救国只有变法维新，不仅顽固派的"不变论"是亡国之言，就是洋务派的枝节皮毛之变同样也无济于事，中国只有从政治、经济、文化等各方面进行全面的变革才有独立富强的希望。同时，更有一批激进的知识分子，从戊戌维新志士的鲜血中得出中国非革命不可的结论，他们开始超越改良主义，投身到推翻清王朝的革命洪流中去。

3. 封建主义的文化堡垒被新起的社会思潮冲破了一个大大的缺口，康有为的《新学伪经考》和《孔子改制考》、梁启超的《变法通议》、谭嗣同的《仁学》、严复的《天演论》等著作的问世，使许多以前被视为神圣而不容置疑的观念开始遭到怀疑、否定乃至抛弃，中国封建文化从此开始真正动摇了。

4. 西学开始在中国得到更广泛的传播，出现了“家家言时务，人人谈西学”的局面。1895 年以后，在短短的两三年里，一大批学堂、学会、报馆在全国各地建立起来，尽管绝对数量还不能算多，但比起以往的几十年来，是一个巨大的飞跃。当时传播的西学，不仅是西方的自然科学，更多的是西方资产阶级的社会政治学说，从此，“自由、平等、博爱”的口号在中国大地上出现，民权思想、进化论等新的学说理论开始在中国思想界广泛传播开来。

5. 中国传统思想文化领域也随之出现深刻变化。一些维新派思想家们开始对中国古代的哲学、史学、伦理学、文学等所谓的“国学”进行再探讨，试图建立起新的思想体系。这种体系按梁启超的话说是“不中不西，即中即西”，尽管有新旧拼凑之嫌，显得杂乱、粗糙，但却是一种新的尝试。此外，一些先进的知识分子初步提出了“道德革命”“史界革命”“文界革命”“诗界革命”等口号。

从 19 世纪中叶的鸦片战争开始，伴随着世界资本主义对中华民族军事、经济、政治侵略的逐步升级，西方资本主义文化在中国传播的深度和广度也不断向前推进，中国人开始有目的、有选择地接受西方文化。毛泽东说过：“自从一八四〇年鸦片战争失败那时起，先进的中国人，经过千辛万苦，向西方国家寻找真理。”从某种意义上讲，我们可以把中国近代的历史，看成是一部中华民族“向西方国家寻找真理”的思想启蒙史。而这场启蒙运动的真正开始，也就是说从潜流变为洪流，恰恰是在戊戌维新运动前后的90年代。何以如此说呢？不妨让我们简略地回顾一下：

19世纪40年代，林则徐、魏源是当时中国睁眼看世界的最先进人物。但是，林则徐和魏源的行动，仅仅表现为一种开放的文化心态，他们并没有从思想上真正接受西方文化的实质内容。这其中的原因，既是由于他们急功近利的“制夷”目的和“经世致用”的实用取向，也是由于他们基本上恪守着中国封建文化的本位立场。以后，洪秀全的太平天国，从西方学来了基督教，但洪秀全的“上帝”是经过彻底改造过了的、为自己服务的“上帝”。透过经济上的平均主义、政治上的集权主义和意识形态上的道德主义，我们看到太平天国“中国化”的“上帝”是一种完全封建化了的“上帝”。至于洪仁玕的《资政新篇》，其中确实具有不少西方资本主义的气息，但它却没有也不可能与太平天国的实践真正结合起来，倒是太平天国的死对头洋务派充当了洪仁玕《资政新篇》的“遗嘱执行人”。但洋务派的先天弱点使他们无法具有洪秀全的那种反传统的精神，所以他们的所作所为只能局限在“洋务”上面，当然，由“洋务”所引出的中国人思想上的变动，是他们所难以预料、也不愿意看到的。早期改良派的认识虽然上了一个新的台阶，他们开始比较实质性地接触到了西方文化，但他们中的一部分人如冯桂芬、王韬、薛福成等，对西方文化的内核和关键是持保留态度的；另外一部分人如郑观应、何启、胡礼垣等，虽然对西方文化的态度更为积极一点，但他们的影响基本上局限在港、澳、沪一隅，那是已经相当资本主义化了的地区。更主要的是，这两部分人都是孤立地在起作用，而没能引起可使社会真正发生变动的社会思潮。所以，总的说来，在19世纪90年代之前，中国的思想启蒙还仅仅是一股潜流，它在慢慢地运行着，在积聚力量、在等待时机，但却还没有找到喷发之口。

然而，到19世纪90年代，这一喷发的突破口终于出现了。甲午战争中清政府的惨败，给30年来曲曲折折的洋务运动做出了否定性的总结；接踵而来的更为严峻的政治危机，逼使清醒的中国人不能不得出“要救中国，只有维新。要维新，只有学外国”的结论；此外，长期以来“西学东渐”的结果，造就了一批新的知识分子，他们成为维新变法社会舆论的积极制造者和宣传者。所以，近代思想启蒙由潜流变为洪流所需要的诸种条件，在这一时期已经成熟了，于是中国近代的思想启蒙运动便在19世纪90年代蓬勃地开展了起来。当然，任何一场思想启蒙运动，都需要有自己的旗手与健将。

四、思想启蒙的旗手与健将

戊戌维新变法所带来的中国思想文化领域的巨大变化，是与康有为、梁启超、谭嗣同、严复的名字分不开的。由于严复其人在本书中立有专门的一节，所以这里我们就简单地介绍一下康有为、梁启超和谭嗣同，从他们的思想中来具体看一看这场思想启蒙运动。

康有为，原名祖诒，字广厦，号长素，晚年又号西樵山人、更生，广东南海人，人称“南海先生”。康有为出身于一个“世以理学传家”的官僚地主家庭，但却生长在最早受西方资本主义侵略并最早接触西方资产阶级思想文化的广东。青少年时代，康有为曾从当时的广东名儒朱次琦问学，受到传统儒家“通经致用”思想的积极影响，尤潜心于陆九渊、王阳明的心学，并自习史学和佛学。但在这些中国传统的学问中，康有为觉得找不到出路。因为他所处的时代，正是中国社会急剧变革的时代。1879 至 1882 年，康有为曾先后游历了香港和上海，目睹资本主义式的社会秩序，使他大开眼界，萌生了向西方学习、改革政治的思想。于是他开始“大购西书”，研习西学，走上向西方寻找真理的道路。以后，康有为曾 7 次上书，要求变法。前后组织强学会、圣学会、保国会，鼓吹改良。主持戊戌变法。失败后，又组织保皇会。辛亥革命以后，他主要是著书立说，参与组织“孔教会”，发起“定孔教为国教”活动，并于 1913 年创办《不忍》杂志，发表反共和、建孔教的言论。又参与了张勋复辟，失败后仍坚持反民主的立场。1927 年病死于青岛。康有为一生著作极多，代表作主要有：《新学伪经考》《孔子改制考》《礼运注》《论语注》《春秋笔削微言大义考》《春秋董氏学》《大同书》等。

康有为的思想有一个比较完整的体系，这里我们不可能面面俱到地来谈他的思想体系，主要选择与思想启蒙有关的内容来略微看一看：

首先是具体的变法维新思想。其主要内容所涉及的就是当时政治、经济、军事、文化以及社会习俗等现实层面中的迫切问题，康有为提出了一系列具体的改革主张、建议、措施或方法。其中要点是开放政权，以立宪制代替君主专制，通过改良进行民主化，发展资本主义工商业。这些思想可以说是直接从六七十年代早期改良派那里承继、综合而来的。这些思想也是为康有为的政治实践服务的，这里我们就省略不述了。

其次是“托古改制”思想。这是康有为试图从理论上论证变法维新运动是合乎孔子“圣人之道”的，这是其思想的核心部分之一。

康有为的“托古改制”思想是以传统经学的形式表现出来的。康有为作为中国经学史上的最后一位今文经学的大师，他的“托古改制”思想，源于《春秋》“公羊学”。这里就不具体谈论今文经学本身的学术内容，以及晚清“公羊学”各派的发展演变及其争论，倒不是这些内容不重要，而是比较复杂，牵涉的问题很多，需要专门的知识，所以主要是谈康有为的经学思想。康氏对《春秋》“公羊学”感兴趣，是在他读了当时另一个经学家廖平的著作后产生的。康有为是一个很有思想火花的人，廖平的观点到了他的手里，就一下子膨胀为一系列的思想内容，并形成了一个十分完整的思想框架，康有为对这个问题始终避而不谈。但多数学者认为康有为的《新学伪经考》是在廖平的《今古学考》基础上写成的，极端者则认为康是剽窃廖平的成果。这是一个学术考证上的问题，我们不必细究。《新学伪经考》正式出版于1891年，这部书的主要内容是通过历史考证的方法，断定自王莽以来，儒家经学中的所谓“汉学”（古文经学）、“宋学”（宋明理学）所依据的经典都是刘歆伪造出来的。康氏在此书中有一些精彩并准确的论述，但从全书来看武断和强辩之处十分明显，“往往不惜抹杀证据或曲解证据”（梁启超语）。不过令我们感兴趣的，倒不在于今古文学经典本身的内容、价值以及长期争论、聚讼纷纭的真伪问题，也不在于康有为《新学伪经考》的学术论证是否严密、合理，我们所关注的是康有为这种在学术研究外衣下的作为，在当时的思想理论斗争中的性质、意义以及它的社会政治内涵。所以，与其说是《新学伪经考》本身的学术内容和价值，远不如说是它的实际社会政治内容和作用，更为我们今天所必须注意和研究的要点。实际上康有为正是通过这种方式来为其政治活动、政治理想服务的。康有为《新学伪经考》的真正意义，即在于它所起到的思想解放的作用这一点上。儒家经学在过去的2000年里基本上可以说是处在一个神圣不可侵犯的位置上，所谓“无一人敢违”“无一人敢疑”，“曾经圣人手，议论安敢到”。中国的封建知识分子，他们无论在政治上还是在思想文化上，一直受着儒家经学这一封建主义正统思想的支配。可是，这种神圣的地位忽然在康有为那里被宣告是一堆伪造出来的东西，根本不足以相信。这就彻底打破了儒家经典的权威性，破除了对封建正统思想的迷信。这是一种真正的思想解放，梁启超称此书一出，乃“思想界之一大飓风”。此点我们今天或许已难以理解，但在当时却确实如此。近代历史上的现实是，旧的一套思想体系、价值观念已难于应付新的社会需要，国家的危亡、时代的苦难、民族的危机，这一切迫使那些有思想的人急于寻找出路，实际上就是寻找新的思想方向。但封建主义的那一套东西却牢牢地束缚住了他们，就像马克思说的“死人拖住了活人”，封建主义的精神枷锁顽固地阻挠着中国知识分子向西方资本主义的政治文化中寻求真理，不允许“离经叛道”，更不允许“非圣无法”。正因为如此，所以康有为的书一出，确实就成了一副十分有效的解毒剂。也正因为如此，一些顽固派马上跳出来极力攻击，要求杀康有为、毁掉《新学伪经考》书版。所以，从这一点而言，即使康有为《新学伪经考》的最初灵感是从廖平那里得来的，但廖平的《今古学考》却根本无法起到康书的社会效应，康有为的功绩是不可抹杀的。

如果说《新学伪经考》的主要作用在于“破”，那么，1897年康有为发表的《孔子改制考》一书就主要在于“立”。《新学伪经考》的主要内容和目的在于“证明”刘歆伪造儒家经典，从而湮灭了孔子思想的“真精神”，即“公羊学”家所谓的“微言大义”。《孔子改制考》一书的主要内容和目的在于说明和阐发孔子的“真精神”和“微言大义”。《孔子改制考》首先试图论证先秦诸子都是“改革家”，他把管子、晏婴、墨子等许多人都说成是为了改革当时的政治而创立其学派，并且他们的“改制”又都是以借古代来言今朝，即“托古改制”。先秦诸子当然只是铺垫，其真正要说的是孔子。在这部著作中康有为把孔子说成是“专主人物进化之义”的改革家，认为孔子在其《春秋》一书中提出了“三世进化”的理论（从“据乱世”进到“升平世”再进到“太平世”），这是孔子“托古改制”的思想核心。康有为把孔子打扮成了讲西方资产阶级进化论的思想家，打扮成讲“托古改制”的维新者，更有甚者，康有为还把孔子比之于耶稣基督；提出中国的纪年既不应该用阴历，更不能用西方的阳历（阳历实际就是基督教的历法），而应该以孔子的出生年代来纪年（称为中国的“圣诞节”），他把孔子直接称为中国的“教主”（以后，康有为的学生陈焕章就在“五四”新文化运动时期创立了“孔教会”，康有为也积极参与其事）。康有为的“托古改制”思想，其理论的渊源，一方面是来自于中国传统经学中《春秋》“公羊学”的“三世”理论，但更主要、也是更直接的应该说是来自于当时在中国刚刚流传起来的社会进化论，至于康有为“托古改制”理论中的附会穿凿之处我们没有必要、也不值得去深究，因为康有为的“醉翁之意不在酒”。我们主要关心他这一思想的提出的现实政治意义。康有为的“托古改制”思想，第一，无非是想为其改良主义的社会政治思想寻找到一种神圣的依据，这一点很明显也很容易理解。因为，这可以说是中国人的一种传统的思维方式，所谓“名不正则言不顺，言不顺则事不成”。第二，康有为的这一思想还在于想为其实际政治、组织活动找到一种理论上的依托。康有为在《孔子改制考》中反复强调了孔子是“布衣改制”，孔子本是“民间”的一个“布衣”，是“素王”，“有其德而无其位”，他生当乱世，想拨乱反正，于是便提出“托古改制”的思想，“为后王立法”。第三，康有为的“托古改制”说，还在于争取尽可能多的封建营垒里的知识分子，一起来参与他的改良维新运动。康有为心里很明白，孔子这个“圣人”的牌子是可以充分利用的，因为孔子是中国传统文化正统的象征，利用孔子这面旗子，就可以名正言顺地招引、争取、团结和组织改良维新运动的同情者和支持者，而这种同情者和支持者最主要的就是封建知识分子。所以说，康有为通过他的孔子“托古改制”理论，为他的改良维新运动找到了一种表达的方法和途径。这种“旧瓶装新酒”的做法，符合当时的时代特点及需要，所以在19世纪90年代的中国思想理论界确实也起到了极大的社会效用，并且在当时那样的历史条件下，也还是具有很大的思想上的、政治上的进步意义。尽管从纯学术上讲，其理论或许是站不住脚的。

最后是“大同”理想。这个理想与康有为的其他思想有所不同，这不同就在于它是一个建筑在相当彻底和激进的经济、政治、道德等社会原理、原则上的乌托邦理想，是中国近代空想主义的一个典型表现，与当时激烈的社会斗争现实脱节，属于一个理想主义者对未来“世界乐园”的信念和展望。康有为的历史观，以《春秋》“公羊学”的“三世说”为基础，是一种进化发展的历史观。康有为认为，宇宙间没有一成不变的事物，“变”是宇宙万物的一个普遍规律，事物只有在运动变化过程中不断新陈代谢才有生命力，否则就会腐朽灭亡。同样，一个国家只有顺应时代的发展变化，因时制宜，不断变革，才能强盛兴旺，否则就会衰弱灭亡。很明显，康有为的这些思想都是为其变法维新张目的。康有为历史观的最大本钱就是他用来吓人的“孔子圣道”那块牌子，即“公羊学”的“由据乱而升平而太平”，说穿了则是“由君主而君民共主而民主，由专制而立宪而共和”。康有为就是借着这个所谓的“微言大义”，来表述他的资产阶级进化的社会历史观。

康有为“三世进化”思想的最终目标是要进入“大同”，他专门写了一部《大同书》。《大同书》正式发表的时间较晚（20世纪初），但其思想的形成则较早，康有为写作此书经历了一段很长的过程。从各种记载来看，康有为关于“大同”的基本构想，在戊戌变法前就已经形成了，初名为《人类公理》，主要是在广东“万木草堂”讲课时私下对梁启超、陈千秋等学生讲授。变法失败后，康有为才逐渐完成此书的正式写作，所以有人认为此时康有为思想已趋保守，此书不能视为康有为变法维新的思想。这个说法是站不住脚的。关于这方面的考证我们不必多谈，我们所关心的是康有为在此书中所表达的一种社会理想。

《大同书》全书共分10部，以10天干来划分：

甲、入世界观众苦；乙、去国界合大地；

丙、去级界平民族；丁、去种界同人类；

戊、去形界保独立；己、去家界为天民；

庚、去产界公生业；辛、去乱界治太平；

壬、去类界爱众生；癸、去苦界至极乐。

在这10部分内容中，康有为最重视的实际是一、五、六、七、八5个部分。他首先以大量篇幅揭露、分析了当时社会给人们带来的种种苦难，在这个基础上，他提出了摆脱苦难境地的呼吁，进而试图描绘出一幅理想的社会蓝图，即“大同”世界。康有为的“大同”世界包括的内容十分广泛，他描绘的“大同之世”至少有这么8个大的方面：

1. 无邦国，无帝王，无军队，无战争；

2. 无有阶级，一切平等，人人享有高度的民主自由，是“天民”；

3. 天下为公，人民无私产，凡农工商之业，必归之公；

4. 人人劳动，没有寄生虫，但一切工作皆有机器来做，人不须花大力气；

5. 没有家庭，小孩、老人、残疾之人由全社会“公养、公教、公恤”；

6. 物质文明高度发达，实现电气化、机械化、自动化，物质资料极其丰富；

7. 风俗纯化，人人都是君子，无恶习，性善良，精神文明也十分发达；

8. 没有种族差异，没有城乡差别，甚至没有国界。

以上大致就是康有为在其《大同书》中为我们所勾勒出的一幅理想的社会图景，如用他的一句话来概括，那就是“人人极乐，愿求皆获”。康有为的“大同”理想与中国以往农民起义的理想的最大不同之处在于，它已经不是向原始的共产主义倒退，而是在资产阶级人道主义旗帜下的高度发达的工业社会。尽管这种理想只能是乌托邦，但所反映的却是人类的一种美好愿望。其中大力宣传的人人平等、男女平等、反对经济剥削、反对战争等等，是对封建主义的一种严厉批判。所以，尽管是一个空想，但仍值得我们珍视。

如果说康有为是戊戌维新时期的思想主帅，那么其学生梁启超就是一位当之无愧的健将。

梁启超，字卓如，号任公，别号饮冰室主人，广东新会人。于光绪十五年（1889年）中举，后师事康有为。1895年参加康有为发起的“公车上书”活动，倡言变法维新，并称“康梁”。1896年在上海主办《时务报》，先后发表《变法通议》《古议院考》《论君政民政相嬗之理》等重要文章，系统地宣传变法维新思想。1897年主讲湖南时务学堂，提倡民权、平等、大同之说，发挥“保国、保种、保教”之义。1898年被光绪皇帝召见，奉旨以六品衔办译书局事。戊戌政变后，逃亡日本，先后创办《清议报》《新民丛报》，发表《新民说》《论中国学术思想变迁之大势》《新史学》等论著，大力宣传资产阶级的民权、自由、平等、爱国、利民、勇敢进取等思想，对当时中国年轻一代产生了广泛的影响。辛亥革命后，以立宪党为基础，组成进步党，拥护袁世凯，出任司法总长。1916年，袁世凯恢复帝制，他又和蔡锷组成反袁“护国军”。此后成为依附北洋军阀的政客，曾把“国民协进会”“共和建设讨论会”合并组成民主党，把民主党和共和党置于自己的影响之下。又组织了“宪法研究会”，出任段祺瑞内阁的财政总长。1918 年，欧战结束，出国游历。1920 年回国后，任清华大学导师，组织共学社、讲学社，创办《解放与改造》杂志，提倡唯心主义与社会改良主义。晚年在清华研究院讲学。梁启超学识渊博，著述涉及政治、经济、哲学、历史、语言、宗教、文化艺术、文字音韵等方面。倡导文体改良的“诗界革命”“小说革命”，所作政论文流利畅达，感情奔放，颇具特色。他著作甚丰，自 1902 年起，凡 7 次结集刊行。目前通行的，是他去世后 3 年（1932 年）中华书局印行的《饮冰室合集》，共有 148 卷。

梁启超在戊戌维新时期的启蒙浪潮中，就理论发明而言，实际并无太大的贡献。他的功绩主要不在于思想的创造，而在于思想的鼓吹。康有为的名字及其维新变法的思想理论之所以能够在当时的知识阶层中广泛地传诵，与梁启超的卓有成效的宣传和鼓动是联系在一起的。戊戌时期，他担任《时务报》的主笔，以他特有的文笔，打动了千万人的心，正如吴其昌在《梁启超》中所说的：“至于雷鸣怒吼，恣睢淋淋，叱咤风云，震骇心魄；时或哀感曼鸣，长歌代哭，湘兰汉月，血沸神销，以饱带情感之笔，写流利畅达之文，洋洋万言，雅俗共赏，读时则慑魂忘疲，读竟或怒发冲冠，或热泪湿纸，此非阿谀，唯有梁启超之文如此耳！”如他鼓吹达尔文的进化论，指出宇宙间的一切事物都是不断变化的，“上下千岁，无时不变，无事不变”，因此“变”是天下古今之“公理”，他说，当今之世是“万国蒸蒸，日趋于上，大势相迫”，国家的治法是非变不可的，“变亦变，不变亦变”。他的这种尖锐的议论，在当时确实起到了振聋发聩的作用，同时为变法维新提供了重要理论根据。梁启超的文章，充满了青春活力，给人以奋发上进的情绪，我们就择其著名的《少年中国说》中的一段来看看：

红日刚刚升起，道路充满霞光；黄河从地下冒出来，汹涌奔泻，浩浩荡荡；潜龙从深渊中腾空，它的鳞爪舞动飞扬；小老虎在山谷吼叫，所有野兽害怕惊慌；雄鹰隼鸟振翅欲飞，风和尘土高卷飞扬；奇花刚刚孕出蓓蕾，灿烂明丽茂盛茁壮；干将宝剑新磨，闪射夺目光芒。头顶着苍天，脚踩着大地，纵看历史悠久，横看疆域辽阔，前途如海般宽广，未来时间还很长。真美啊，我的少年中国，将与天地共存不老！雄壮啊，我的中国少年，将与天地万寿无疆！

戊戌维新时期的另一位健将，是被梁启超称之为晚清思想界“彗星”的谭嗣同。谭嗣同，字复生，号壮飞，湖南浏阳人。他是近代资产阶级改良派中最有血性、最激进的一员，又是一个具有传奇色彩的人物。谭嗣同出身于一个官僚地主家庭，青年时代受中国正统思想的影响很深，虽然也“弹抵西学”，但总的说来比较保守，基本上恪守儒家“经世致用”的传统思想，认为“中国圣人之道，无可云变也”。此外，他对佛学也有相当的偏好。令谭嗣同猛醒的是1894年的中日甲午战争，因为他看到崇奉“圣人之道”的华夏大帝国，居然被效法“夷狄”的弹丸小国日本打得惨不忍睹。这一事件对谭嗣同刺激极大，他痛定思痛，于是“乃屏弃一切，专精致思”，“详考数十年之世变，而切究其事理，远征之故籍，近访之深识之士”，努力寻找救国之路。可以说甲午战争使他幡然改图，从此尽弃所学，力主学习西方，实行变法维新。1895 年，他到北京拜访康有为，康正巧不在，由梁启超接待，听了梁对康有为思想的介绍，谭非常佩服，表示愿意成为康的“私淑弟子”。第二年，他写成了《仁学》一书，在湖南组织“南学会”，创办《湘报》，积极鼓吹变法，对湖南地区维新运动的发展做出了重大贡献。1898 年，光绪皇帝下诏变法，谭嗣同成为著名的“军机四卿”之一，负责起草变法事宜的诏令。与当时其他维新派人士不同，谭嗣同的思想非常激进，他曾这么说过：“今日中国能闹到新旧两党流血遍地，方有复兴之望，不然则真亡种矣。”并表示随时准备为变法维新“杀身灭族”。1898 年 9 月政变发生之时，谭嗣同完全可以逃脱，大家都劝他出走，但他坚持不走，说：“各国变法，无不从流血而成，今日中国未闻有因变法而流血者，此国之所以不昌也。有之，请自嗣同始。”于是他慷慨赋诗，其中有两句曰“我自横刀向天笑，去留肝胆两昆仑”，从容被捕。当 9 月 28 日临刑前，他说了 16 个字：“有心杀贼，无力回天！死得其所，快哉快哉！”他的这种精神对后来资产阶级革命派有相当的影响，如后来的邹容写《革命军》、吴樾写《暗杀时代》，其中都受到谭嗣同精神的影响。

谭嗣同的启蒙思想，主要反映在社会政治思想方面大张旗鼓地反封建，用他的话说就是要“冲决网罗”。谭嗣同的反封建思想是很有特色的，在这一点上，他的思想实际已经超出了改良派的界限，与资产阶级革命派有很大的共同之处。这里我们可以从几个方面来看：

1. 否定君主的神圣性和合理性。谭嗣同在其《仁学》中吸收了墨子《尚同》中天子由民选举，以及黄宗羲《原君》中的民权思想，此外，他还吸收了当时严复《辟韩》中关于卢梭《民约论》的观点。他否定君主神圣性和合理性的观点，可简括为民主君仆、君由民举、立君为民和民有易君之权。这些思想是当时康、梁所不敢说的。

2. 对二千年封建专制的抨击。他说："中国二千年的政治是秦朝的政治，都是强盗政治；二千年的学术是荀子的思想，都是没有原则的'好好先生'。所以是强盗利用无原则的人，无原则的人向强盗献媚。"谭嗣同认为，中国之所以愚弱，就在于君主专制，因为君主专制以一个人或少数人治多数人之事，不堪胜任，这实际是资产阶级的民治思想。他与康有为等人的不同，还在于他敢于对儒学大加抨击，当然，他所抨击的是"荀学"，其之所以要反荀，是因为他认为荀子"尊君统"，赋予君主生杀大权，又鼓吹礼乐刑政，束缚钳制人民的思想和行动。这是他的一家之言，但不能说没有道理。

3. 批判封建的"三纲五常"。谭嗣同认为，在"三纲"中，"君臣关系最为黑暗闭塞，不讲道理，一直延续至今，愈演愈烈。"他从社会契约论思想出发，主张君臣平等，以为君主专制主要是由秦始皇真正开始的。所以，以后的 2000 年都是"秦政"。其次，他认为"君为臣纲"是后世俗儒鼓吹出来的，所以他对所谓的"忠君"思想也大加抨击。指出人们往往把"忠君"与"报国"联系在一起，那是胡说八道、本末倒置、荒谬至极，因为，民是国本，"报国"是为民，不是"忠君"。他认为应变"精忠报国"为"为民报国"，强调国要爱而君不必忠，这种把国与民视为一体，把国与君判为两途，正是资产阶级民主思想的一种原则。对"父为子纲"，他吸收了康有为《大同书》中父子皆为天之子的思想，认为父子关系应该是平等的。对“夫为妻纲”，他认为这比“父为子纲”更不合理，同样也用康有为的观点来说明男女平等、婚姻自由。他认为，“五伦”之中，独朋友一项“于人生最无弊而有益”，因为其中包含了平等和自由，不失自主之权。所以他提出人伦关系应以朋友关系为主。谭嗣同对封建主义的批判是比较全面的，在中国近代史上可以算是一个反封建的里程碑。他的《仁学》写于 1896 年至 1897 年之间，他在世之时仅在朋友、同志之间传看。戊戌变法失败后的 1899 年，梁启超才将之陆续发表在《清议报》上，其中有些太激进的话被梁删去了。梁启超曾说:《仁学》“其思想为吾人所不能达，其言论为吾人所不敢言”，这是实话。邹容在其《革命军》中大段摘抄了《仁学》中攻击君主专制的话，并题诗于谭嗣同的遗像上，自勉要为谭氏“后来者”；陈天华对谭也是推崇备至，在所作的《猛回头》中称之为“轰轰烈烈为国流血的大豪杰”；由资产阶级革命派辑录的《黄帝魂》一书，更把《仁学》中批判君主专制的话辑入，改题为《君祸》。这说明谭的思想已经超越了改良派。

康有为、梁启超、谭嗣同，作为从封建营垒里杀出来的斗士，对旧文化的种种弊端看得比一般人真切，所以其批判也就往往能击中要害。但是，这一特点也使他们身上总有一些封建文化的烙印。此外，他们 3 人都不通外语，所接受的新的资本主义文化都是通过转译来的，因此在许多地方难得其真。相比之下，他们同时代的严复，却以自己全新的知识结构和文化素养而占据了很大优势，所以终成为一代启蒙大师。

他山之石
严复与《天演论》

他山之石，可以为错。
他山之石，可以攻玉。

——《诗经·小雅·鹤鸣》

毛泽东在其著名的《论人民民主专政》一文中，曾经列举了中国近代史上的4个最有代表性的人物，他说：

自从一八四〇年鸦片战争失败那时起，先进的中国人，经过千辛万苦，向西方国家寻找真理。洪秀全、康有为、严复和孙中山，代表了中国共产党出世以前向西方寻找真理的一派人物。

列出洪秀全、康有为和孙中山这三个人，那是不难理解的，因为他们都是在当时政治舞台上叱咤风云的人物，是近代三大事件——太平天国、戊戌变法、辛亥革命的直接领导者。唯独严复一人，是一个学者、思想家，在当时的政治舞台上并没有什么太大的作为，他甚至都没有直接参与过戊戌变法的政治活动。但是，严复在中国近代史上所产生的影响，绝不比上面三人中的任何一个人小，这影响就在于思想。一些急功近利的人往往会觉得思想有什么用？是的，思想看起来是没有什么具体的作用，思想既不能吃，也不能穿。但是，道家哲学家早就告诉过我们：无用之用乃大用也。思想的作用是不能以一般的功利和实用尺度来衡量的，只有那些目光短浅的人才会忽视思想的巨大力量。至于说到严复思想的影响，主要就在于他对西方自然科学和社会科学的介绍与传播。严复的“严译名著八种”，影响了整整几代中国人，直到毛泽东的青少年时代，还深受严复翻译著作的影响。也就是说，严复虽然不是一个政治活动家，但却是一个书斋里的革命家。所以我们认为，毛泽东列举这 4 个人作为中国近代史上先进人物的代表，是具有深刻历史眼光的。下面我们就来谈谈严复和严译名著，而主要讲的则是严复最有影响的《天演论》。

一、严复其人及其维新变法思想

严复，曾名传初、宗光，字又陵，又字几道，福建侯官人。他是中国 19 世纪末向西方寻找真理的代表人物，是中国近代最著名的启蒙思想家之一。严复出生在一个医生家庭，小时候随邑中宿儒学习中国的旧学问，熟悉传统的“四书五经”。1866 年，严复的父亲去世，这使他中断了对传统学问的学习。就在这一年，洋务派代表人物之一的左宗棠在福建开设马尾船政局，其中附设有船政学堂（即海军学校）。父亲去世后为家境所迫，母亲让他去考这所新办的洋务学堂。严复以优异的成绩考取了该校，当时他年仅15岁。他在这所学校里初步接受了系统的西学教育，据他自己说，学了英语、算术、几何、代数、解析几何、微积分、物理学（这里主要指各种力学）、电学、光学、音学、热学、化学、天文学、地质学、航海学等等。5年以后，他以优异的成绩毕业。1877年，严复由洋务派保送至英国的海军学校留学两年，成为中国第一代真正意义上的留学生。在英国留学期间，严复除了学习海军专业知识外，还广泛地涉猎了西方资产阶级的社会政治学说和各种哲学思想。他接触了英国的社会实际，对西方民主制度有了比较深刻的认识，并产生了钦佩之情，意识到西方国家的强盛决不仅仅只是武器先进，而是在于其社会政治制度、思想学术文化等更深层次方面的原因。当时，他常常与中国的驻英公使、著名的洋务派人士郭嵩焘一起讨论中西学术、文化之间的差异，得到郭氏的青睐，郭还曾推荐严复来继任他的公使之职，但后来没能成功。1879年，严复回国，以后就长期担任北洋水师学堂的总教习。中日甲午战争中国的惨败，把严复推向爱国救亡的前列。1895年，他在天津《直报》上相继发表了一组传诵一时的政论文章，积极鼓吹维新变法。戊戌维新前后，他又以他在外语方面的优势，开始翻译一批西方社会科学的著作，到20世纪初，先后共出版了八部译作，后来被称之为“严译名著八种”。自戊戌变法失败后，严复的思想逐渐趋于保守，至辛亥革命后则基本上成为一个文化保守主义者，尤其是他在出任京师大学堂校长之后，甚至公开鼓吹“欲尽从吾旧，而勿杂以新”。对这个问题过去持否定评价的居多，认为严复落伍了，被历史前进的车轮抛在了时代的后面。这样的说法自然有一定的道理，但实际上问题恐怕没有这么简单。因为这是一个相当普遍的现象，并不是严复一人。如同时代的康有为、梁启超、章太炎、王国维等当时第一流的学者、思想界之巨子，几乎都有这么一个逆转，走的同是一条由旧趋新再由新返旧的路子。这是一个值得我们认真研究的问题，这里我们就不做讨论，留待读者诸君自己去思考。

鲁迅先生曾说过，严复是“十九世纪末年中国感觉锐敏的人”（《热风·随感录二十五》）。甲午战争之后，严复在天津积极投入了当时维新变法的宣传活动。1895 年，他在天津《国闻报》上连续发表了《论世变之亟》《原强》《救亡决论》《辟韩》等一组政论文章，为维新变法大声地呼吁呐喊。综观当时严复所宣传的维新思想，有三个方面十分突出：一是宣传民主和自由，以抨击中国的封建君主专制；二是极力主张“鼓民力，开民智，新民德”；三是比较中西文明的差异。

和近代所有进步思想家一样，严复深入探讨了西方之所以富强兴旺，而中国之所以贫弱衰微的根源。由于深受西方资产阶级“契约论”和“天赋人权论”思想的影响，严复始终把是否自由和民主看作是中弱西强的重要原因之一，由此他对中国封建君主专制制度展开了激烈的批判，著名的《辟韩》一文主要就是对此而发的。“辟韩”，意即反驳韩愈。韩愈是唐代著名的文学家，也是中国历史上有名的君权卫道士。韩愈认为，帝王是为民兴利除害、除暴祛强、立法行政、卫国守土、解决百姓衣食住行等各种问题的“救命恩人”，如“古之无圣人（君王），人类之灭久矣”（韩愈《原道》）。这正是中国历史上所谓“帝王神圣，皇恩浩荡”的典型思想。严复对此进行了深刻的驳斥。他首先从逻辑上指出韩愈思想的荒谬不经，因为照韩愈所说，在圣人出现之前，人们不是被虫蛇禽兽吃掉就是受饥寒之害而死，那么“圣人”就不可能诞生了，因为在“圣人”未出生和未长成之时，还没有“圣人”保护，“圣人”就不可能长大，因此也就不可能来立法和行政以保护人民了。接着严复用“契约论”解释君主的起源，认为君主不过是远古时代人们为了共同的利益需要而推举出来的。君、臣、刑、兵都是为了保卫人民的需要而产生，人民是天下的“真主”，孟子“民贵君轻”的说法是“古今之通义”。由此，严复又进一步指出，中国自秦始皇以后的皇帝，是所谓的“大盗窃国者”，他们残酷地压迫和剥削人民，以此满足自己的私欲；并且，他们为了“长保所窃而永世”，又千方百计地实施各种愚民政策。最后，严复认为，封建专制不破，则民族危亡的问题就无法真正得到解决。此外，严复在《论世变之亟》一文中又反复强调了“自由”的思想，其中包括了言论自由、人人平等、人身不受侵犯的权利、财产不受侵犯的权利、尚贤重民以公治天下等具体思想，这实际上是包括了自由、平等、人权在内的资产阶级民主思想的总原则。

尽管严复极力反对君主专制集权，但他又以为在当时的条件下中国还不能废除君主。这是因为“其时未至，其俗未成，其民不足以自治”，即中国的百姓素质还不行。于是，他在《原强》一文中又提出了“鼓民力，开民智，新民德”的主张。他认为，只有提高中国人民德、智、体三方面的基本素质，才能增进和提高人民的自治能力；人民只有具备了相当的自治能力，才能真正享受到自由，从而使国家走向富强。他是这样说的：

所谓富强，简单地说来，不外是为人民谋利益而已。

然而要在政治上有利于人民，必须先让他们能够自利；要让人民能够自利，又必须先让他们得到自由；要让他们都得到自由，尤其必须首先使他们能够自治；否则将会乱来。回过头来看看那些能够自治和自由的人民，他们的力、智、德都是真正优秀的。所以现在主要的政治措施，归总在三点上面：一是鼓舞民力，二是开发民智，三是革新民德。

严复所说的这三个方面，“鼓民力”就是要提高中国人的身体素质，因此必须革除吸鸦片、缠小脚之类的陋习；“开民智”就是要学习西方近代科学技术，因此必须抛弃那些禁锢中国人智慧的精神枷锁，把所谓“汉学”“宋学”、八股文等无用、无实的学问扔掉；“新民德”在他看来是最难的，因为中国历代统治者都把百姓视为奴仆，不允许人民关心国家大事，养成了中国人对政治冷漠的风尚，所以必须培养中国人的爱国之心，而爱国心的培养又必须与民权思想的培养结合在一起，就当时而言，他认为最能够增进民德的办法莫过于实行君主立宪。

自“西学东渐”以来，中国的一些有识深思之士，逐渐看到了中国与西方文化之间存在着很大的差异，但在严复之前，某些洋务派和早期改良派人士对此问题几乎没有认真地思考过，充其量不过有一两句话涉及这一问题。作为对中西文化都有相当深刻认识的严复，不仅在政治制度方面比较了解中西方的差异，而且对中西文化也做出了中国历史上可称为第一次的认真比较。他有一段非常著名的关于中西文化比较的文字：

中国最重三纲，而西人首明平等；中国亲亲，而西人尚贤；中国以孝治天下，而西人以公治天下；中国尊主，而西人隆民；中国贵一道而同风，而西人喜党居而州处；中国多忌讳，而西人众讥评。其于财用也，中国重节流，而西人重开源；中国追淳朴，而西人求欢虞。其接物也，中国美谦屈，而西人务发舒；中国尚节文，而西人乐简易。其于为学也，中国夸多识，而西人尊新知。其于祸灾也，中国委天数，而西人恃人力。

严复的这番比较，在今天看来或许不仅不够全面，而且有不少地方可以讨论，但在当时的历史条件下，可谓是最明晰扼要和全面的议论，发前人和他人所未发，难怪鲁迅先生要说他是当时思想最敏锐的人之一。

严复鼓吹维新变法的思想在当时具有相当的影响，但他最有影响的地方还不在于此，而在于他翻译、介绍和宣扬西方的思想方面。

二、严译名著

作为中国近代的第一代留学生，严复具有相当扎实的外语和西学的功底。为了给中国当时的维新变法提供思想理论上的武器，他花了几乎半生的精力从事西书的翻译工作。他曾在给当时商务印书馆的张元济的一封信中说："有几部重要的著作，如果我不亲自翻译，可以肯定在三十年里不会有人来做的。"后来的事实证明了严复的这一说法决非出于傲慢自大。

严复的翻译水平，在中国近代史上是第一流的，康有为曾有诗句云："译才并世数严林"，其中"严"即指严复，"林"则指翻译法国小仲马《茶花女》的林纾（林琴南）。林纾虽然翻译了一百七十余种欧美等国的小说，但他实际上并不懂外语，主要是通过他人口述进行再创作而成古文体小说，文笔虽堪称流畅，但就翻译本身而言他是不能与严复相提并论的。我们说严复的翻译水平在中国近代是第一流的，不仅是因为他翻译了大量西方学术名著，更因为是他确立了翻译工作的三点基本原则。严复提出，翻译必须要做到的“信、达、雅”三个标准：“信”就是要忠于原文，“达”就是要通晓明白，“雅”就是要文字典雅。他认为，翻译能做到忠于原文，已经很不容易了；但如果仅仅忠于原文而不能做到通晓明白的话，那么翻译了还等于没翻译；至于文字典雅那是更高的要求，但它却是吸引读者的一个关键，孔子曾经说过：“言之无文，行之不远”，主要就是从文字的典雅角度而言的。严复的这三个翻译原则，应该说至今还没有过时，恐怕也永远不会过时。

严复的翻译还有一个特点，那就是根据自己所掌握的西方学术，参之以自己的认识与体悟，在译文中夹进了自己的许多“案语”“评注”或“夹注”，此点在《天演论》一书中尤为明显。通过这些“案语”“评注”或“夹注”，严复把西方学术界的进化论、经验论、逻辑方法、科学主义等许多知识介绍给了中国的读者。同时，他还把西学与中国传统思想文化进行对照印证，从而大大加深了人们对西学的理解。当然，在今天看来其中也难免有牵强附会之处，但与同时代的康有为、梁启超、谭嗣同等人一知半解的比附相较则不可同日而语，因为他是懂西学的，至少在当时可以这么认为。

严复的翻译成果，就是现在人们一般所熟知的“严译名著八种”，它们是：

1. 赫胥黎（T.H.Huxley）的《天演论》（*Evolution and Ethics*）；

2. 亚当 · 斯密（A.Smith）的《原富》（*An Inquiry into Nature andCauses of the Wealth of Nations*）；

3. 约翰 · 穆勒（J.s.Mill）的《名学》（上半部）（*A System Of Logic*）；

4. 约翰 · 穆勒（J.s.Mill）的《群己权界论》（*On Liberty*）；

5. 孟德斯鸠（Montesquieu）的《法意》（*Lesprit des Lois\ Onthe Spirit of Law*）；

6. 斯宾塞（H.Spencer）的《群学肆言》（*The Study of Sociology*）；

7. 甄克斯（E.Jenks）的《社会通诠》（*A Short History of Politics*）；

8. 耶芳斯（W.S.Jevons）的《名学浅说》（*A Primer of Logic*）。

除了“严译名著八种”，严复还翻译了《格致治平相关论》（*Physics and Politics*）一书，但此书后来没有刊行。严复翻译西方学术著作，不仅仅是为了翻译而翻译，而是有感而发，进行有针对性的翻译，这从上面的书目中即可看出。它们都是一些社会科学方面的著作，包括了经济学、政治学、法学、社会学、逻辑学、伦理学等各方面的内容，这正是当时中国最缺乏，而又最急需的精神食粮。让我们来看看他的一些译著：

亚当 · 斯密的《原富》，今译作《论国家的财富的性质和原因》，这是一部十分重要的资产阶级经济学经典著作，原书出版于 1776 年。此书从阐述劳动分工着手，考察了通用货币、商品价格、劳动工资、股票利润、地租及金银价值的根源，并对生产性劳动与非生产性劳动做了区分；分析了罗马帝国衰弱后欧洲的经济发展；批判了欧洲各国的商业政策和殖民主义政策；批判了最高统治者的税收、各种防务手段和私有制社会里对正义的亵渎、欧洲常备军的发展、中世纪的教育历史；还批判了当时的大学和教会权力世俗化、公债的增长、税收原则以及财政收入制度。这是一部百科全书式的经济学著作，19世纪英国的经济改革，就是根据此书中的许多原则展开进而取得很大成功的。严复本人认为，他对此书的重视超过了他所译的另一部要著《天演论》。此书翻译出版后，读者趋之若鹜，它对中国士大夫耻于言利的传统观念打击极大，尤其大大加深了人们对西方国家何以会强盛的理性认识。

《法意》，今有译作《论法的精神》。这是法国著名政治思想家孟德斯鸠一生辛勤研究的理论总结，是被当时西方学术界誉为自古希腊亚里士多德以后的第一部综合性的政治学著作。此书初版于1748年，主要内容是阐述法律的定义、法律与政体的关系、政体的类型和它们各自的原则；例举政治自由和分权学说；揭示地理环境与政治、法律的关系。此外，此书还涉及工业、商业、人口、宗教等各种问题，并论述了罗马和法国的法律变革、封建法律学说等许多层面的问题。此书对西方社会影响最大的地方，就是其中关于立法、行政、司法“三权分立”的理论。它对法国的《人权宣言》、美国的宪法都有极为深远的影响。严复对此书的翻译也十分重视，认为孟德斯鸠的话“往往中吾要害，见吾国所以不振之由，学者不可不留意也”。晚清的中国人正是通过这一宣扬“三权分立”的政法学名著，才开始比较全面地了解到西方资产阶级民主政治的思想，并从中汲取思想养分，作为反对中国封建君主专制政治的理论武器。从民国初期的宪法和法制来看，其中有许多重要思想是来自孟德斯鸠的，也就是说来自通过严复译介的孟德斯鸠的思想。

斯宾塞的《群学肆言》，今译为《社会学研究》。斯宾塞的思想学说，在晚清的中国知识分子中有很大的影响。在严复正式译出《群学肆言》之前，章太炎与曾广铨就已经合译过《斯宾塞全集》中短论集的部分内容，这主要是因为斯宾塞的思想在当时的日本影响极大，其著作在日本出版时甚至出现来不及装订的畅销盛况。所以我们有必要简单介绍一下斯宾塞其人。斯宾塞，是英国的社会学家、哲学家。他的哲学思想主要就是社会达尔文主义，同时他是个不可知论者。他其实并不是达尔文的信徒，只是社会达尔文主义的倡导者。他在达尔文《物种起源》一书发表以前，就已经提出了关于普遍进化的观点。斯宾塞的哲学思想是比较矛盾的，在许多地方他都有点含混不清，所以正宗的哲学界是不承认他的，仅仅可以算是一个对哲学感兴趣的业余的哲学家。但是，他的社会达尔文主义在英国的一般读书人中又颇有影响，在 19 世纪后半期，斯宾塞的思想在英国几乎流行了 30 年，对美国的影响也很大，其著作在美国的销量，从 1860 年至 1903 年的四十余年里，达 36.9 万册。其原因在于当时的西方人基本上是把自由竞争、弱肉强食作为一种公理来看待的。换言之，斯宾塞的社会达尔文主义被当作一种为自由资本主义提供理论依据的学说。严复早在英国留学之时就深受斯宾塞思想的影响，在译述《天演论》时，他已经把斯宾塞的不少观点写入了按语之中。《群学肆言》把斯宾塞《社会学研究》中的社会学研究的意义、方法，社会学研究中的客观困难、主观偏见、感情障碍、教育影响、民族主义、阶级、政治、宗教等因素一一加以译介，在当时中国的读书人中间产生了很大影响。严复还特别重视斯宾塞社会学理论中一方面强调应该理解自然的必然性运动，另一方面又反对激进变革的思想，因为这一思想本身是符合严复自己的政治观点的。但他的这部译著，对当时中国知识分子的影响却并不仅仅是仅有改良的作用，而是呈现出比较错综复杂的局面，这主要看读者如何理解斯宾塞的思想了。

此外，严复高度重视西方人的逻辑学，他引用英国哲学家培根的话说，逻辑学是“一切法之法，一切学之学”，并进而认为逻辑学是“革新中国学术最要之关键”。他指出，西方学术之所以昌盛，不仅由于坚持了“即物实测”的经验论原则，而且还在于西方人有其科学的方法论，即逻辑学。因此他在介绍西方学术之时，对逻辑学方面的介绍特别突出，在8部“严译名著”中竟占了两部，即约翰·穆勒的《名学》和耶芳斯的《名学浅说》，从而也使他成为中国近代史上第一个全面系统介绍西方逻辑学的人。严复把形式逻辑上的演绎法和归纳法称之为“外籀”和“内籀”，认为这是西方近代科学赖以产生的主要原因。他说：“若问西人后出之新理何以如此之多……其途不过二端，一曰内籀，一曰外籀。”所谓“外籀”即指逻辑学上的演绎方法，此法“据公理以断众事者也，设定数以逆未然者也”。即依据已知的公理、公例来判断各种特殊的事例。所谓“内籀”即指逻辑学上的归纳方法，此法“察其曲而知其全者也，执其微以会其通者也”。即依据考察许许多多特殊事例而归纳出一般的公理、公例。但就严复本人而言，他更重视的则是归纳法。这是由于严复把学术上的“黜伪崇真”视为西学的“命脉之所在”，所以他在哲学认识论上，深受英国经验论哲学的影响。他依据洛克的“白板”说，强调一切知识都是依靠人的感官接触外界对象而得来的，这是经验论的反映论。严复在哲学的认识论方面坚持了“即物实测”的经验论原则，他根据经验论的原则认为演绎所用的前提（即他所谓的“公理”“定数”）都是由归纳得来的，“公理”“定数”，“无往不由内籀出”，所以归纳是基础，“唯解此术而后新理日出，而人伦乃有进步之期”，“生今为学，内籀之术乃更重也”。而演绎法则没有这么重要，如果仅用演绎而抛弃归纳，就只能“将古人所已得之理，如一桶水倾向这桶，倾来倾去，总是这水，何处有新智识来？”据此，严复对中国传统学术中的宋学、考据学、辞章学进行了严厉的批判，其中主要批评对象就是宋学中陆九渊、王阳明的心学。总结他批判的结论，那就是中国传统学问的根本问题在于不从对客观事物的观察和归纳出发，也不用客观的事实去验证。中国人好用演绎法，但其演绎的前提（即“公理”和“定数”）基本上都是来自主观的臆造或古旧的陈说，这是“师心自用”的产物，是“心成之说”，因此结果往往十分荒谬，他对陆王心学的批判主要就是以此立论的。所以，他认定中国的旧学一是“无实”，二是“无用”，这些中国的旧学问，“其为祸也，始于学术，终于国家”。在这一点上，严复与康有为、梁启超、谭嗣同有很大的不同，也说明他在这一方面比康、梁、谭要进步。但实际上，严复对西方哲学的理解是十分片面的，他仅仅突出了英国哲学的传统。然而大家知道，在西方哲学中也有先验论的一派，并且还蔚为大宗，这主要是因为他没有很好地研究过西方的形而上学，也不懂康德提出的“先验逻辑”。后来王国维对他不懂近代德国哲学这一点颇有批评，辛亥革命之后，严复对自己的这些看法也逐渐有所改变了，那是后话。当然，我们也不能苛求于严复。总之，严复是从经验论出发，强调主要通过归纳法做出结论，然后加以演绎。此点对近代中国人的思想影响亦颇大，也使得中国近代哲学在以后的发展中特别重视经验和实证，而中国传统的心性之学则更加衰弱，直到当代新儒家出现为止。

以上我们简单地介绍了严译名著中一些内容及影响，但是就严译名著中最负盛名及对近代中国影响最大者而言，无疑当首推《天演论》。严复本人也自称是“天演祖哲学家”。

三、《天演论》与进化思想在中国近代的传播

严复所译的《天演论》，主旨是讲进化论的。在马克思主义为中国人所普遍接受之前，可以说，没有哪一种西方的学说能像进化论那样为如此之多的中国人所接受。所以我想先简单地介绍一下进化论在近代中国的传播。

达尔文的进化论，是有史以来人类最伟大的发现之一，它远远超出了科学本身的内在发展，成为近代改变人们世界观、思维方式的一种知识体系，而其影响则又投射到了人类社会的各个层面。达尔文的进化论，最初是伴随着洋务运动进入中国的。1871 年，达尔文发表了他的《人类的由来及其性选择》。两年以后即 1873 年 6 月，在上海的《申报》上有一则新闻消息，说西博士“大蕴”著《人本》一书，“考察世界上的人类是不是从一个根源上来的”。这是我们目前所知的达尔文的名字及其学说在中国出现的最早记录。这以后，一些西方传教士

及在华西方人士如江南制造总局翻译馆的傅兰雅等人，都曾撰文译书，零星片断地介绍过地质生物学的变迁和达尔文的学说。在当时的洋务学堂里，也有一些介绍达尔文学说的内容，一些很具体的考证我们这里就省略不谈了。总之，在严复正式翻译《天演论》之前，一部分中国人实际上已经略微知道西方有达尔文这么一个人，他提出了一个惊世骇俗的理论。但是，从总体上来看，对达尔文的进化论，中国人一开始并不是很感兴趣，就像佛教刚传入中国时仅在少数人中间略有所闻一样。中国人开始对进化论了解并产生兴趣，那是要等到严复比较全面的译介之后才出现的。所以，我们一般都把严复作为在中国介绍和传播进化论的真正的功臣。

但是，事实上严复翻译的并不是达尔文本人的著作，甚至可以这样认为，严复所真正重视的也不是达尔文的著作。他所重视的实际上是西方学者运用达尔文的进化论观点来解释人类社会和政治的一些理论，我们一般把它称为“社会达尔文主义”，其中很主要的是斯宾塞和赫胥黎的学说，其中斯宾塞的思想更为重要。严复留学英国之时，在科学界正是达尔文学说盛行时期，在社会科学界则是斯宾塞社会达尔文主义盛行时期。所以，严复不能不深受这两种学说的影响。

下面我们来谈《天演论》。《天演论》一书，是严复根据英国的博物学家赫胥黎的《进化论与伦理学》翻译的，赫胥黎的这本书也是1893年才刚刚出版的。严复在翻译此书时，并不是原著的忠实译本，而是有目的地进行了选择、增删、加工、改造，并加入大量自己见解的案语（据统计案语占了全书的1/3左右），这些案语是译文的补充、引申和发挥，但又与译文互相渗透，从而成为一个不可分割的有机整体。因此，这部书与其说是翻译，不如说是编译。书中许多观点并不是赫胥黎的，而是斯宾塞的，也有一些是严复自己的。所以，鲁迅先生曾说过，严复是在“做”《天演论》。

在书中，严复有时往往用斯宾塞的观点去反对赫胥黎的观点。因为，按赫胥黎在书中的观点：生存竞争、优胜劣败、适者生存的进化法则，只适用于自然界，因为自然界没有什么道德标准；而人类是具有高于动物的相爱互助的先天本性的，所以人类的社会伦理关系不同于自然法则和生命过程，人类有责任将与道义相悖的进化控制在伦理允许的范围之内。但严复把赫胥黎一书后面伦理学的部分，用斯宾塞的社会达尔文主义的理论来加以改造。正因为如此，他把书名译作《天演论》，而把赫胥黎一书的后半部分给吃掉了。但是，严复又不完全同意斯宾塞所强调的一切“任天为治”的观点，即让自然规律（弱肉强食）自发起作用的消极态度。他又要借用赫胥黎的另一个观点，即“社会的伦理进展并不依靠模仿宇宙过程，更不在于逃避它，而是在于同它做斗争”。爱国主义的民族情感使严复割裂斯宾塞与赫胥黎两家学说的内在逻辑性，通过他自己的加工，把两者捏成一个思想体系。严复的主观愿望就是，一方面要强调“物竞天择，适者生存”；另一方面又要强调“天人争胜”，“救斯宾塞任天为治之末流”，唤起中华民族的自尊心、自信心，让更多的中国人投入到当时的爱国救亡运动中去。应该说，这种思想在当时并非仅严复一人所具有，而是许多中国知识分子都有的想法。所以，我们可以看到，在中日甲午战争之后，中国出现了一个颇为奇特的现象，那就是当时的中国人并不怎么恨日本人，相反，有不少人主张亲日、联日、学日，许多有血性的青年学子纷纷选择到日本去留学。其中的原因实际不难索解，就是因为他们普遍认为日本走出了一条成功的维新图强之路。日本的明治维新不到30年，就可以打败老大的中国。而中国求富、求强求了不止30年，却一直没有成功，所以应该向日本人学习。如何使中国真正富强起来，成为当时中国人的当务之急，只要能做到这一点，什么办法都可以采取。

严复在翻译《天演论》时，一方面把斯宾塞的观点强加给赫胥黎；另一方面，又把他所理解的中国传统哲学的思想，用案语的形式、用翻译中措辞的中国化形式，加入了《天演论》一书之中。在书中，我们经常可以看到中国荀子、刘禹锡、柳宗元关于“制天命以用之”“人生不能无群”等思想的出现。在翻译时，严复把英语中的长句、复句拆开，按照古汉语的习惯译成若干平行的短句。大量采用中国哲学的术语体现西文对译，如把“自然”译成“天”，“自然状态”译成“天造草昧”，把“进化”译成“天演”，又发明许多中国原来没有但中国人一看之后马上就能够理解的概念，如“天演”“物竞”“天择”等等，他在《天演论》的序言中提到，为了发明这样一个名词有时常常花去他许多时间。正因为经过严复这样一番加工改制，《天演论》的文字、内容、风格都充满了浓郁的中国哲学的气息，就好像原作者是中国人而非外国人一样。这对吸引中国读者无疑是作用巨大的。

再从严复在《天演论》一书的案语中所介绍的西学信息来看，也可谓是当时最丰富、最详尽的。在2万余字的案语之中，严复介绍了达尔文的《物种由来》(《物种起源》)、《原人篇》

(《人类的由来及其性选择》)；斯宾塞的《天人会通论》(《综合哲学》)；马尔萨斯的"人口论"；海克尔的《人天演》(《人之进化》)；亚当·斯密的"计学"(古典经济学)；笛卡尔的唯理论；培根的经验论；古希腊哲学史；进化学说发展史；以及哥白尼、伽利略、牛顿、康德等的天体演化学说、日心说、星云说、以太说、从猿到人的演进等等自然科学方面的各种知识。

从上面这几方面来看，以严复《天演论》为代表的"中国式"的进化论，就具有了当时传入中国的任何西方思想学说所不具备的特点，也使得《天演论》成为具有极大吸引力和感染力的、经久不息的中国近代名著。《天演论》出版之后，马上在中国引起了轰动效应，当时翻印此书的版本多达三十余种。而行销最广、印数最多的则是商务印书馆的"严译名著丛刊"本，据统计，到1921年为止，商务版的《天演论》已经发行了20版。

当然，《天演论》之所以能引起轰动效应，很主要的外因是与甲午战争分不开的。《天演论》译刊的那些年，正是列强瓜分中国危机最严重之际。英、德、法、俄、日诸帝国主义正虎视眈眈地计划并着手瓜分中国，而当权的清王朝顽固派却不思改弦更张，依然故我，还顶着"天朝上国"的纸糊帽子死不肯放。还有不少封建士大夫仍然抱残守缺，侈谈夷夏之辨。《天演论》的出版，就如敲响了警钟，它告诉中国人：中华民族已处在生死存亡的关键时刻，按照"优胜劣败"的法则，侵略中国的列强无论在力、智、德哪一方面都很强，所以中国与之竞争将必败无疑。《天演论》还告诉中国人，我们只有"与天争胜"才能"胜天"，只有人治日新，民族才可存、国家才有救。中国人唯有依靠自己的力量，团结奋斗，自强自立，自立自主，才能真正把握自己的命运，中华民族的生死存亡之权目前仍操之于我手！

所以，可以说《天演论》从根本上打破了统治中国人2000年“天不变道亦不变”的陈旧的封建正统观念，给中国人带来了观察自然、人类、社会、世界的全新的西方资产阶级世界观和人生态度，西学东渐进入了一个新的历史阶段。它以比较完整的理论形态回答了当时中国社会最迫切要解决的“中国向何处去”的问题，它既指出了“物竞天择”“适者生存”“优胜劣败”是不可抗拒的自然规律，给处于列强瓜分危局之下的中国人敲响了警钟；也指出了解救民族危机的唯一方式是团结奋斗，合群进化，“制天命以用之”，鼓舞民族的自尊心、自信心及斗争的勇气。当时中国社会所普遍存在的对亡国灭种的忧虑和对救国真理的渴求，通过严复的《天演论》而深刻地表现了出来。

《天演论》为中国社会从封建主义到资本主义的艰难变革，提供了理论依据和方法论上的指导。无论是资产阶级改良派，还是资产阶级革命派，乃至中国早期的马克思主义者，可以说都是从严复的《天演论》中走出来的，他们只是走得远与近的差别。《天演论》问世后，历来目空一切的康有为也不得不叹服，称严复是当时“中国西学第一者也”。《天演论》出版后没几年，便成为当时许多救国及革命人士的理论根据，如“物竞”“争存”“优胜劣败”“自强”“自立”“自力”“自治”“自主”“适存”“竞存”“演存”“进化”之类的名词，在当时报纸杂志上成为出现频率最高的词，它们也成了人们的口头语。一些中学甚至把“物竞天择”“适者生存”等作为学生的作文题目。章太炎说过：“自严氏之书出，而物竞天择之理，厘然当于人心，中国民气为之一变”，这并非什么过分之语。鲁迅先生曾在《朝花夕拾·琐记》中深情地回忆他的青少年时代，“一有空闲，就照例吃侉饼、花生米、辣椒，看《天演论》”，“原来世界上竟还有一个赫胥黎坐在书房里那么想，而且想得那么新鲜？一口气读下去，‘物竞’‘天择’也出来了”。“五四”新文化运动的另一个主将胡适也说，《天演论》“像野火一样，延烧着许多少年人的心和血”，他本名洪骍，字希疆，1904年春他到上海读书，读《天演论》后曾写作《生存竞争适者生存论》一文，并以“适之”二字作为表字，以后就改名为“适”，字适之。毛泽东也曾形容自己年轻时在长沙省立图书馆读严复著作时的感受，“我正像黄牛闯进了菜园，初尝菜味，只顾着了吃！”曹聚仁曾说过，他20年中所读的五百多种回忆录中，很少有人不受《天演论》影响的。记得有人曾这么说过：在近代英国思想文化史上，可以根本不提赫胥黎及其《进化论与伦理学》一书；但在中国近代思想文化史上，却不能不提赫胥黎及其《进化论与伦理学》一书，而原因很简单，那就是严复翻译了《天演论》。

一部翻译著作居然能够产生如此强烈的社会效应，实在称得上是中国文化史上一个奇观。这一现象正反映出了生活在暮气沉沉的晚清时代的中国人，他们对于新文化、新思想、新时代的极度渴求。而严复恰好担当起了历史的重托，正因为如此，历史也赋予了严复以不朽的声名，严复永远值得中国人纪念！

新世纪
艰难的历程

子在川上曰："逝者如斯夫，不舍昼夜。"

——《论语·子罕》

中国资产阶级改良派所苦心发起的戊戌维新变法运动，就如同昙花一现般地消失了，谭嗣同等"六君子"的鲜血和头颅，以最残酷的事实告诉了中国人民，像日本明治维新那样维新改良，在中国的结局只能是此路不通。于是，古老而又多灾多难的中国，只能在黑暗、愚昧、落后与血腥之中，艰难地向着新世纪的门槛蹒跚而行。

一、义和团运动和《辛丑条约》的签订

就在戊戌变法后不久，在19世纪与20世纪之交的时候，中国大地上爆发了声势浩大的义和团运动，它带着原始和蒙昧

的野性，给了妄图瓜分和吞并中国的帝国主义强盗以惊心动魄的严正警告。

义和团本来叫“义和拳”，它并不是清末才出现，而是与传统的白莲教有一定的渊源，一般认为它的前身就是白莲教的一个支派——“八卦教”。八卦教在嘉庆十三年（1808 年）与白莲教一起被清政府禁止，但实际上仍在山东、豫东、苏北、皖北一带秘密流传。经过近百年的传承，到清末它以义和拳的形式发展起来，至 1899 年改名为义和团。义和团虽然继承了白莲教的战斗传统，但其本身还不能算是一个教门，也没有采用白莲教的经典和教义宣传，而是以设坛练拳作为组织群众的方法。当然，它还保留了一些民间原始宗教的巫术形式，如口中念一些“诸神附体，刀枪不入”之类的咒语、设坛祭民间神仙等等。义和团的成员绝大部分是农民，此外还有一些失业的城市劳动者和运输工人。

义和团运动兴起的直接原因，主要是针对当时遍布华北大地的各种基督教、天主教的教会组织。这些外国的教会组织，是依据各种不平等条约而建立起来的，它们作为西方列强侵略中国的文化尖兵，其政治色彩是不言而喻的。但是，对于中国最下层的百姓说来，令他们感到威胁和愤慨的，倒并不在于帝国主义列强瓜分中国的野心，而在于这些高鼻子、蓝眼睛、黄头发的传教士所传播的与中国传统伦理道德格格不入的西方宗教，更在于这些传教士依仗特权所干下的为非作歹的种种坏事。这些教会组织不仅霸占田产、包揽词讼，干涉地方行政，甚至自居为一方之主，非法组织武装，收买地方上的地痞、流氓、讼棍、罪犯等败类作为自己的“教民”，他们鱼肉乡民、讹诈善良、欺凌孤弱、强占人妻，无恶不作。当教会组织的横暴引起人民反抗时，传教士又乘机以“教案”为名，向地方政府勒索巨款，责令当地人民摊派。正是这两个方面的情况，深深地伤害了中国农民纯朴、善良的心，也严重地刺伤了他们的民族自尊心。从天然的民族意识和防卫的心理出发，义和团起来反抗外国教会组织应该说是有其充分理由的。

但是，义和团在打击帝国主义侵略势力的同时，也不问青红皂白地连同一切与近代资本主义生产方式和生活方式相联系的事物，统统加以破坏和扫荡。他们烧教堂、拆铁路，“最恶洋货，如洋灯、洋瓷杯，见即怒不可遏，必毁而后快”，“凡家有藏洋书、洋图，皆号‘二毛子’，捕得必杀之”，“凡读洋书之学生，及着瘦小衣服（即类似教士的服装）者……皆指为奸细……总而言之，凡关涉洋字之物，皆所深忌也”。因此，“拳民”们在爆发强烈民族情感的同时，又带有希望继续维持数千年一贯制的小农业与家庭手工业相结合的自然经济结构，及其封建的意识形态和文化传统，这就又使得义和团的活动不能不染上强烈的盲目性和愚昧落后的色彩。

1899年，义和团运动逐渐从山东扩大到华北和东北各省，而在天津、北京地区的声势尤为浩大，最终引起帝国主义列强的联合出兵镇压。1900年，英、美、德、法、俄、日、意、奥组成“八国联军”侵华。当时，握有实权的慈禧太后，一方面觉得形势已发展到难以控制的局面；另一方面听到“洋人”要逼其“归政”于光绪帝的传言，于是一度利用了义和团运动，并向外“宣战”。但没过几天就通过驻外使节向各国政府做出解释和保证，并由军机处发出许多“密谕”，表明其对外“宣战”的目标不是对外，而是为了最终消灭义和团。义和团被慈禧太后所蒙骗，提出“扶清灭洋”的口号，与侵略者展开了殊死的战斗。义和团的战士们，不惜以自己的血肉之躯去抵挡八国联军的枪炮，其勇气和热情固然可嘉、可歌、可泣，但其结果却只能是又一次地自取其辱。八国联军很快攻陷北京，慈禧太后挟持光绪帝出逃，经山西到陕西，在逃亡途中，她下令各地痛“剿”义和团，充分暴露出了慈禧太后反人民的真实嘴脸。

逃到西安的慈禧太后，日夜思虑的就是赶快与外国列强“求和”，当她得知公使团已经提出《议和大纲》，而且在惩办“祸首”一节中又将她的名字删掉之时，便立即表示全部接受。1901 年 2 月，慈禧太后以光绪帝的名义下达了批准《议和大纲》的电令，在这个电令中，她极尽媚外之能事，说什么要“量中华之物力，结与国之欢心，既有悔祸之机，宜颁自责之诏”。还无耻地说：“今兹议约，不侵我主权，不割我土地。念列邦之见谅，疾愚暴之无知，事后追思，惭愤交集。”1901 年 9 月 7 日，由李鸿章为代表，清政府与十一国公使签订了《辛丑条约》，共 12 款，另有 19 个附件。其主要内容为：

1. 赔款 4.5 亿两白银，分 39 年还清，加上利息的总数为 9.8 亿多两白银。

2. 惩办得罪洋人的官员。上自亲王下到府县地方官被处死、监禁、流放的有一百多人。同时派大臣分赴德国和日本道歉赔罪。

3. 清政府明令禁止建立任何组织或加入排外团体，违者处死。各地方官均须切实保护外国人，如遇伤害外国人事件而不能立即镇压者，将被革职，永不录用。

4. 在北京东交民巷设立使馆区，各国可在使馆区驻兵，中国人不准居住在使馆区。

5. 拆除大沽炮台及北京到天津海口的各个炮台。从北京到山海关铁路沿线重要地区，由外国人派兵驻守。

《辛丑条约》是帝国主义加在中国人民身上的又一条沉重的锁链，它一方面暴露了帝国主义的侵略面目；另一方面也暴露了清政府的卖国嘴脸。这一条约不仅对清政府有所惩罚，又要清政府强制中国人民永远驯顺帝国主义侵略者，而且让侵略者在中国的首都及其附近地区驻兵，因此可以说其丧权辱国之甚已到了无以复加的地步。

帝国主义在瓜分中国的过程中既受到中国人民的坚决抵抗，又得到了清政府对其矢忠矢信的保证，所以其对华的政策也发生了重大的变化，即从直接武装干涉转变为通过清政府来实行其间接的统治。这一点在“中国通”、长期担任清政府总税务司的英国人赫德那里说得再清楚不过了。赫德在分析如何才能达到瓜分中国的目的时，曾毫不掩饰地说：

> 各国于支那（中国）问题，大率不外三策：一曰瓜分其土地，二曰变更其皇统，三曰扶植满洲政府。然变更皇统之策，无人足以当之，骤难施行。今日之计，唯有以瓜分为一定之目的，而其达此目的之妙计，则莫如扶植满洲政府，使其代我行令，压制其民。民有起而抗者，则不能得义兵排外之名，而可以叛上之名诛之。我因得安坐以收其实利，此即无形瓜分之手段也。

这一方针就是所谓的“保全主义”，即保全清政府，维持中国形式上的独立，帝国主义通过清政府对中国进行政治、经济、文化等各方面的侵略和渗透，而不必再进行领土的分割。

总之，义和团运动的失败，是中国农民阶级的大失败，也是中国封建文化的大失败。而丧权辱国的《辛丑条约》的签订，慈禧太后所谓“量中华之物力，结与国之欢心”的表白，说明清政府已经完全成了洋人的朝廷。而帝国主义提出的所谓“保全主义”，企图以“保全”清政府来“保全”它们在华的最大侵略利益。中国人民开始对清政府完全彻底地绝望了。

这时，启蒙时代所播下的思想种子，在新世纪的风雨滋润下，在人们的心中不可遏制地生长起来。于是，一场以推翻清王朝为目标的革命运动便如火如荼地展开了，而其首要标志就是中国资产阶级革命派的崛起。

二、革命派的崛起及其与改良派的争论

从19世纪末到20世纪初，以知识分子为主要代表的一批资产阶级革命团体相继出现，其中最有影响的团体有：1895年孙中山在檀香山建立的“兴中会”，1903年由章太炎、蔡元培在上海建立的“光复会”，1904年由黄兴、宋教仁、陈天华在长沙建立的“华兴会”。此外一些规模或影响较小的革命团体还有不少，如上海的“中国教育会”“爱国学社”，江苏的“励志学会”“知耻学社”“强国会”，湖北的“科学补习所”“日知会”，四川的“公强会”，福建的“益闻社”“文明社”“汉族独立会”，江西的“易知社”“我群社”，安徽的“岳王会”等等。这些小团体，或公开，或半公开，或秘密地进行活动，但都把推翻清朝政权的革命作为自己的宗旨。

1905年，在孙中山的积极倡议和活动之下，在日本的中国革命志士联合成立了“同盟会”，推举孙中山为总理，孙中山提出了“驱除鞑虏，恢复中华，创立民国，平均地权”的“同盟会”政治纲领，这个政治纲领后来被孙中山概括为“民族”“民权”“民生”的“三民主义”。同盟会的成立和三民主义的提出，标志着中国资产阶级革命派正式登上中国的历史舞台。这以后，革命派一方面积极进行武装暴动；另一方面进行革命的理论宣传。这里我们主要来谈一谈革命派的理论宣传及其与改良派的争论。

20世纪初，资产阶级革命派为了推动资产阶级民主革命的发展，在国内外出版发行了各种各样的报纸杂志和图书，宣传民主共和，鼓吹反清革命。他们一方面与以康有为、梁启超为代表的改良派展开了激烈的论战；另一方面又对中国封建主义的思想文化进行了批判，同时也为中国资产阶级民主革命提供了理论依据和历史经验。据统计，当时海内外创办的革命书报，自1895年至1911年约有一千几百种之多，如报纸有：《中国日报》《苏报》《俄事警闻》《警钟日报》《国民日报》《大同日报》《有所谓报》《檀山日报》《广东日报》《俚语日报》等等；期刊有：《中国旬报》《开智录》《国民报》《政艺通报》《游学译编》《大陆》《女报》《湖北学生报》《直说》《浙江潮》《童子世界》《觉民》《中国白话报》《女子世界》《萃新报》《二十世纪大舞台》《二十世纪之支那》等等；书籍有：《革命军》《驳康有为书》《黄帝魂》《苏报案纪事》《孙逸仙》《最近支那革命运动》《猛回头》《訄书》《警世钟》《中国民约精义》《死法》《攘书》《最近政见之评决》《教育界之风潮》《新湖南》

等等。以上这些刊物书籍仅为其中比较著名者而论，它们对扩大革命派的影响，推动革命运动，曾发挥了很大的舆论作用。

从西学东渐角度而言，这一时期较以往也有了长足的进步。资产阶级革命派翻译、介绍了不少西方资产阶级的思想学术著作，如卢梭的《民约论》、孟德斯鸠的《万法公理》、美国的《独立宣言》(当时译名为《美利坚独立檄文》)、法国的《人权宣言》(当时译名为《法兰西人权宣言书》)，以及美、法等民主共和国的历史。另外，当时还对西方资产阶级的各种思想、学说做了相当广泛的介绍，这时早已经不是严复所介绍的那些东西了。特别值得一提的是当时也有人介绍了马克思（当时译为“马尔克素”或“马尔克”）及其《资本论》和《共产党宣言》，其中比较重要的是朱执信，其他如梁启超、《浙江潮》等也都介绍过马克思主义和社会主义。因此，西方资产阶级的许多思想，如民主共和观念、自由、平等、博爱观念、民族主义和爱国主义精神、进化论、无神论、唯物论以及各种各样的社会主义思潮，在中国这块古老的土地上得到传播甚至流行，人们对西学、西政的了解也更加深入和全面。

在宣传西学的同时，革命派又对封建主义的思想文化展开了激烈的批判。批判主要集中在几个方面：

1. 对封建伦常纲纪和封建礼教的批判。其批判的具体内容很多，如对“三纲”的批判，反对跪拜礼，反对厚葬，反对妇女缠足，反对旧式婚姻，主张剪发易服等等。

2. 对孔子和儒学的批判。革命派认为，孔子的学说是维护封建专制、维护封建等级制度的，所以要推翻封建君主专制，就必须批判孔子及其儒学；其次，认为儒学定于一尊，造成了中国两千多年的学术专制，造成了中国学界的黑暗和迟滞，因此，要想解放思想，就必须打破儒学独尊；认为孔子本人是春秋时期的杰出人物，但“孔教”却使人以富贵利禄为中心；“中庸之道”则是比“乡愿”还要坏的“国愿”。这一批判，一方面确实有批判孔子与儒学的一面，但更主要的还是针对康有为的“托古改制”和“尊孔立教”而发的。所以其批判虽不无偏颇之处，但在当时却是有很大积极意义的，可以说它成为后来“五四”新文化运动中提出的“打倒孔家店”的先声。

3. 批判“奴隶性”，提倡“国民意识”。“奴隶性”就是指中国国民一贯的顺从、安分、卑屈、依赖、对政治冷漠和消极等等。因此，“奴隶性”就是提倡民权、实行革命、振奋民族精神、提高民德的重大障碍，必须先行除去。批判“奴隶性”的目的在于在中国人中树立起“国民意识”，所谓“国民意识”就是强调国民要有这样的精神品格：即权利意识、责任意识、自由意识、平等意识、独立意识。说到底就是要提高中国人的民主觉悟、主体意识，以振奋起民族的精神。

4. 批判“天命论”“有神论”。认为封建神权是封建统治的精神支柱，其中又以“天命论”和“有神论”为最主要的两个内容。革命派运用近代自然科学的知识，从许多方面对“天命论”和“有神论”做出了十分有力的批驳，强调提倡科学。

以上这一系列的批判，使封建文化体系遭受了比戊戌时期更沉重的打击，这对推动中国人的思想解放起到了相当的作用。

此外，在20世纪初的中国思想领域，围绕着如何改造中国、实现变革，中国向何处去等重大时代课题，各阶层、各派别、各种政治力量之间展开了十分激烈的争辩。革命派所要面对的论敌很多，首先就是他们的前辈改良派。康、梁在戊戌变法失败后流亡日本，孙中山等革命派曾主动和他们联系，希望他们能放弃保清尊皇的政治主张参加革命。对此，康有为的态度十分坚定，断然拒绝与孙中山合作。初期梁启超与革命派保持了较好的关系，甚至一度表示愿意与孙中山合作，但在遭到康有为的严厉训斥后，经过一番徘徊后倒向康有为，公开表示不赞成革命主张。1899 年 7 月，康有为到加拿大，在那里成立了“保皇会”。1902 年，他发表《答北美洲诸华商论中国只可行立宪不可行革命书》，此书一出，一些持游移观望态度的中国人有倒向改良派的趋势。革命派不得不出来反击。1903 年，章太炎发表了著名的《驳康有为论革命书》，系统有力地驳斥了康有为的理论。以此为契机，革命派与改良派的公开论战正式开始了。

虽然革命派与改良派的论战在 1903 年就开始了，但两派大规模的论战则要至 1905 年“同盟会”成立才正式展开。“同盟会”的成立，是中国资产阶级革命派成熟和民主革命运动开始高涨的一个主要标志。以康梁为代表的改良派，对“同盟会”的出现和“三民主义”的提出，表示坚决反对，于是展开全面攻击，甚至把革命派视为是自己的头号强敌及心腹之患。反之，以孙中山、章太炎为代表的革命派，通过这些年来与改良派的交往接触，也深深意识到，改良派与自己不是一路人，他们为虎作伥，反对革命比清王朝更甚，更因为他们在知识分子中还有相当大的影响力，所以必须肃清其思想的影响。于是，两派各自在自己办的刊物上向对方发起进攻。“同盟会”的刊物就是《民报》，由章太炎做主笔；改良派的刊物则是《新民丛报》，由梁启超主笔。他们的论战，也带动当时国内外的许多报刊纷纷投入这场大论战之中。论战大规模开始以后，1906年4月,《民报》发了一个“号外”，名曰:《〈民报〉与〈新民丛报〉辩驳之纲领》，其中列举双方在12个问题上的根本分歧，择其比较重要的罗列如下：

1.《民报》主共和,《新民丛报》主专制；

2.《民报》望国民以权立宪,《新民丛报》望政府以开明专制；

3.《民报》以为政府恶劣，故望国民以革命,《新民丛报》以为国民恶劣，故望政府以专制；

4.《民报》以为政治革命必须靠实力,《新民丛报》以为革命只需靠要求；

5.《民报》以为革命所以求共和,《新民丛报》以为革命所以得专制；

6.《民报》鉴于世界前途，知社会问题必须解决，故提倡社会主义,《新民丛报》以为社会主义不过煽动乞丐流民之具。

如此等等，不一而足。实际上这些列举还只是表面的分歧，就实质而言，两派的论战主要是围绕三个根本问题展开的：

1. 中国是继续走改良之路，还是走革命之路?

2. 中国是要建立君主立宪，还是要建立共和国?

3. 要不要实行“平均地权”?

这三个问题，才真正是当时所谓“中国存亡之一大问题”，论战双方都全力以赴地投入了这场论战。这场论战也可以说是20世纪初期中国思想界十分引人注目的大事。论战的具体内容，这里就不详细展开了。总之，经过这场论战，改良派的影响受到很大打击，改良派曾几度提出双方休战,《新民丛报》的销量也递减，到1907年夏，《新民丛报》宣告停刊，实际上宣布了改良派的失败。但是，由于革命派鼓吹革命太激烈，日本政府于1908年也封禁了《民报》，于是这场论战基本结束了。

三、最后一搏：清末的“新政”和“预备立宪”

在经历了义和团运动和八国联军的入侵，尤其是资产阶级反清革命运动勃兴以后，以慈禧太后为首本来反对一切变革的顽固派，迫于内外形势的压力，也不得不“思改弦更张”。1901年1月29日，慈禧太后还在西安时，就下了变法诏，表示要“去中国之短”，“取外国之长”，要求各军机大臣、六部九卿、各省督抚及出使各国大臣，“参照中西政治”，对有关朝章、国政、吏治、民生、军制、财政等问题各抒己见，详尽议论，在两个月内提出意见，以便进行“兴革”。

从1901年到1905年，清政府先后颁布了一连串的上谕，陆续推行“新政”。“新政”的主要内容包括：改总理衙门为外务部、停止捐纳实官、裁汰各衙门胥吏差役、在中央设立“练兵处”和在地方设立“督练公所”以编练新军、裁汰绿营防勇、设立“巡警部”以办警政、建武备学堂、废除科举考试、设立学部、开设新式学堂、派遣留学生出国、设立商部、奖励工商业、允许满汉通婚等等。在以上所有“新政”中，最重要也最具实质性的实际是“练兵筹饷”，编练新军这一项，而这又为后来袁世凯北洋军阀的崛起创造了条件。

20世纪初清政府所推行的“新政”，从表面来看，似乎是要完成1898年维新派所要完成的历史使命，但实质上只不过是在新的历史条件下重弹洋务派“自强”的老调。“新政”的指导思想仍然是洋务派的理论纲领——“中学为体，西学为用”。如果说这一纲领在19世纪60年代还有一点进步意义的话，那么，这点进步意义到20世纪初已经完全消失殆尽了。慈禧太后在变法诏中还痛斥维新派“妄分新旧”，“乃乱法也，非变法也”，而她的“新政”是要“严祛新旧之名，浑融中外之迹”，并特别强调要在“三纲五常”之下实行改革。由此可见，“新政”与洋务运动是一脉相承的，是洋务运动的继续和发展，而不是戊戌维新的继续和发展，所以当时就有人称“新政”为“第二次洋务运动”。

清政府在20世纪初所实行的“新政”，不能说一点意义也没有，从客观上看，它多少含有缓和社会与民族矛盾的作用。但清政府之所以要推行“新政”，更主要的用意不在于真想变法，而在于要表示一种“革新政治”的姿态，以应付时势的逼迫。此外，就是要向外国列强表示清政府与之“合作”的诚意。由于慈禧太后的地位在列强“保全主义”的政策下“保全”了下来，所以，在“新政”措施中包含了不少保护外国资本在华的特权和利益的内容。而且，慈禧太后也加强了自己对外的交往。1902年1月28日，慈禧太后第一次公开接待外国使节，“召见从头到尾是在格外多礼、格外庄严和给予外国代表以前所未有的更大敬意的情形下进行的”，“在问候这些夫人的时候，表示出极大的同情，并且一边和她们说话，一边流泪”。这以后，慈禧太后“慑于外人之威，凡所要求，曲意徇之；各国公使夫人，得不时入宫欢会，间或与闻内政”。上述情况，不仅充分说明了慈禧太后之所以要实行“新政”的真正意图，同时也充分说明了清政府已经成为“洋人的朝廷”。正如当时同盟会的宣传家陈天华在其《猛回头》中所揭露的那样：

列位！你道现在的朝廷，仍是满洲的吗？多久是洋人的了！列位！若还不信，请看近来朝廷所做的事，哪一件不是奉洋人的号令？我们分明是拒洋人，他不说我们与洋人做对，反说与现在的朝廷作对，要把我们做谋反叛逆的杀了。

清政府的“新政”不能挽救封建统治的沉疴，而革命派的奋起却促使中国人民的觉醒。进入20世纪的中国社会，资产阶级革命派的宣传和暴动不断发展，而广大人民的各种反抗斗争也是风起云涌。就在革命运动蓬勃开展之际，中国资产阶级改良派中一部分人士也起来要求清政府实行真正的改革，于是就有了“预备立宪”活动的兴起。

改良派人士也看出清政府的“新政”，只是以慈禧太后为代表的统治集团的弥缝之计，它根本不能挽救病入膏肓的清朝统治。如黄遵宪就公开批评清廷说：“其所用之人，所治之事，所搜刮之款，所娱乐之具，所敷衍之策，比前又甚焉，辗转迁延，卒归于绝望”。现在可知，清政府的所谓“变法”，只是为避开祸害，保全自己的，只是为取悦于洋人而欺骗中国百姓的。梁启超则表示了更大的失望，他说：“外国侵压之祸又如此其亟，国内种种社会又如此其腐败，静言思之，觉中国万无不亡之理，每一读新闻纸，则厌世之念，自不觉油然而生。”于是，改良派竭力要求清政府真正有所动作，以达到防止革命爆发的目的，集中在一点上讲，那就是要实行君主立宪的政治制度。因为以要求立宪为其主要的政治目标，所以此后的资产阶级改良派，也往往就被人们称之为立宪派。

这种立宪的要求真正成为一个具有全国规模的运动，是从1904年开始的。这一年，在中国领土上爆发了日本与沙俄为争夺中国领土和财富的战争，软弱无能的清政府居然宣布严守“局外中立”，把我国东三省的土地和人民任凭两个帝国主义国家屠杀和蹂躏，这种耻辱性的政策给中国人民以极大的刺激。战争的结局，沙俄帝国被日本打得惨败，这一事实也使中国的士大夫感到极大的震动。立宪派便充分利用此事大力宣扬：日本不过是“蕞尔岛国”，它之所以能战胜沙俄，就是因为它实行了君主立宪制度，而一向被视为强大的沙俄之所以会失败，则是因为它仍然是君主专制国家。立宪派因而断言，立宪则强盛，专制则败亡，这也成了他们要求立宪的最根本的理由。

为了适应形势的需要，加强舆论鼓吹，立宪派在上海创立了两家重要的报刊，一是由梁启超协助狄楚青创办的《时报》，一是由商务印书馆经理夏瑞芳创办的《东方杂志》，这两家报刊成为立宪派的重要舆论阵地。立宪派一面大力制造舆论，一面展开实际的活动，国内最著名的立宪派领袖张謇，曾积极地活动于张之洞、袁世凯和两江总督魏光焘等清廷大臣之间，鼓动他们上奏折、求立宪。在日本的梁启超，也在《新民丛报》上发表了好几篇讨论立宪的文章，配合国内立宪派的活动。

到1905年，清廷内部主张立宪的大臣渐渐地多了起来，如驻外使臣孙宝琦，重要督臣张之洞、周馥、岑春煊等都上了要求立宪的奏折。一直持观望态度的重臣直隶总督袁世凯，这时也奏请清廷派亲贵大臣出洋考察政治，以为实行立宪的准备，甚至连一些满族亲贵也有一部分人倾向于做出一些较大的改革。慈禧太后当时实际并没有什么明确的政治思想，她所关心的只是如何紧紧掌握最高权力。在周围大臣的劝说下，也为了维护早已动摇了的中央大权和对付革命运动，她最终同意先派大臣出洋“考察宪政”。

1905年7月16日，下诏命镇国公载泽、户部侍郎戴鸿慈、兵部侍郎徐世昌、湖南巡抚端方，分赴东西洋各国考察政治，27日又加派商部右丞绍英出洋考察。9月24日，五大臣启程，革命派志士吴樾揣着炸弹去行刺，因爆炸过早，仅炸伤了载泽和绍英两人，吴樾英勇牺牲。这样，五大臣出洋推迟到12月才成行，徐世昌、绍英不敢再去，于是改由山东布政使尚其亨、顺天府丞李盛铎前去。五大臣回国后，提出立宪可以巩固帝位，减轻外患，除去内乱，但现在只需“明示宗旨”即可，真正实行则尽可能推迟。于是，清廷下令在中央设“资政院”，各省设“谘议局”，进行所谓的“预备立宪”。

立宪派对清廷的“预备立宪”抱着极大的希望，他们在江苏、浙江、湖南、湖北、广东等地筹备立宪机构，并向清政府请愿，要求早日召开国会，但清政府却迟迟不做回应。到后来全国人民的反抗斗争和革命派的起义愈演愈烈，清政府才不得不于1908年8月颁布了一个《钦定宪法大纲》，并宣布预备立宪期为9年。《钦定宪法大纲》一共123条，其中有14条是规定皇帝享有至高无上权力的内容。又一直拖到1911年5月，清政府才成立了一个所谓的内阁，而主要阁员却都是皇族成员，人们称之为“皇族内阁”。不久，辛亥革命爆发了，立宪的这幕闹剧也就再也演不下去了。

四、武昌起义推翻清朝

资产阶级革命派自从19世纪末出现以后，就始终没有放弃过以武装斗争的形式反抗清王朝，但真正大规模的武装起义，还是自同盟会成立之后展开的。同盟会建立后，革命派发动了多次旨在推翻清朝的武装起义，1906年的萍、浏、醴之役，1907

年的潮州黄岗之役、惠州七女湖之役，钦州防城之役，镇南关之役，1908年的云南河口之役，1910年的广州新军起义，1911年的黄花岗起义等，都是在同盟会直接领导或影响下发动的武装起义。当孙中山、黄兴在南方屡屡发动武装起义之时，宋教仁也在东北组织了相应的起义；而秋瑾、徐锡麟等则在长江下游地区响应，但都因组织不善或内部分歧而遭失败。同盟会的这些起义都以失败告终，而其失败的原因主要有两点：一是历次起义都是一些单纯的军事冒险，没有广大人民群众的参与，孤军作战；二是孙中山等领导者过分地倚重会党，会党成员虽然具有强烈的反清意识，但其流氓无产者的弱点也比较多，革命派对其利用多而教育改造少，所以往往盲动多失败也多。但是革命派志士的胆略和不怕牺牲的精神却是令人非常钦佩的。

同盟会组织的多次武装起义，既没有从根本上威胁到清政府的生存，也没有在更广大的范围内扩大革命的政治影响。而起义的连续失败，使部分革命派人士产生了沮丧的情绪，也加深了革命派内部的一些矛盾，宋教仁、徐锡麟等的行动就是表示对孙中山仅注意在南方发动起义的不满而自行其是的。另外还有一些革命党人则对武装起义表示灰心，而转向暗杀活动。这样，就使得革命派的活动一度陷于沉寂之中。但是，人民群众的反抗斗争却蓬勃地开展起来。

在辛亥革命爆发前的10年间，全国各地曾经多次掀起大大小小各种形式的人民反抗斗争，其中有记录可查的就有二百次之多。据不完全统计，1905年各地人民的反抗斗争共计九十余次；1906年增至一百六十余次；1907年增加到一百九十余次；1910年达到二百九十余次。在人民自发的反抗斗争中，表现最多的就是“抢米”“抗捐”“抗税”和反对帝国主义掠夺中国铁路、矿山的“收回利权”斗争。从1905年开始，“抢米风潮”和农民抗捐抗税的斗争，在全国各地波澜壮阔地开展起来，其势波及江苏、浙江、安徽、湖南、湖北、江西、河南、山东、广西、陕西、奉天（辽宁）、吉林、直隶、内蒙古、新疆等省区，其中比较著名的，是1910年在湖南长沙爆发的“抢米风潮”和在山东莱阳爆发的抗捐斗争。清政府最后用血腥的屠杀才把这两次斗争镇压下去。至于“收回利权”的斗争，则主要是针对帝国主义的侵略掠夺而展开的，如1907年江浙人民反对英国夺取沪甬杭路权，山西、河南人民要求从英国公司手中收回两省的矿权，河北、山东、河南3省人民要求从英、德两国手中收回津镇（津浦）路权等等，其中影响最大的当数1909年至1910年四川、湖北、湖南、广东4省人民要求收回粤汉、川汉铁路的“保路运动”斗争。在这些斗争中资产阶级立宪派人士也做出了较大的贡献。以上的种种斗争，为辛亥革命的爆发创造了条件，为全国革命的发展开辟了道路。1911年10月10日，中国人民向清政府反动统治发起的总攻击，终于在武昌爆发了。

湖北武汉素有“九省通衢”之称，1904年以后，这里相继出现了“科学补习所”“日知会”“共进会”“文学社”等革命团体，他们先后做了大量对群众的组织和宣传工作，尤其在湖北新军士兵中具有相当的影响力，武汉遂成为当时革命力量活动的中心地区之一。“保路运动”的爆发，直接鼓舞了湖北的革命党人，“文学社”和“共进会”认为发动武装起义的时机已经成熟。1911年9月，“文学社”主要领导人蒋翊武、刘复基等和“共进会”主要领导人孙武、蔡济民等，联合组成了起义指挥部并制定了起义的具体计划，准备于中秋节（10月6日）起事。后因准备不足，又决定将起义日期推后10天。10

月 9 日，由于革命党人在制造炸弹时不慎失事，起义指挥机构遭到破坏，几个主要领导人或死或伤或逃出武昌，湖广总督瑞澂等正在按照查获的革命党人名单大肆进行搜捕。这时，许多新军士兵在失去总指挥部的紧急情况下，仍然自发地互相联系，并根据原计划发动武装起义。10 月 10 日夜间，驻武昌城内黄土坡的第八镇所属工兵营的革命党人熊秉坤、金兆龙等打响了第一枪。轰轰烈烈的武昌起义就此开始了。经过一夜的战斗，起义士兵胜利地占领了武昌城。11 日晚和 12 日晨，汉口和汉阳新军也起来响应，武汉三镇全部为革命军所占领。但是，由于起义士兵的社会地位在当时都不高，所以立宪派人士便取得了起义的领导权，由原清军协统黎元洪出任了湖北军政府的都督，另一个立宪派人士、原谘议局议长汤化龙担任了政务总长，军事上和政治上的重要权力都被立宪派篡夺了。

武昌起义以后，各省纷纷响应，到 11 月间，全国大部分省份都已经宣告独立。在独立的各省中，立宪派获得了大部分领导权。这时，革命的形势要求有一个统一的领导机构。11 月初，宣告独立的各省代表开始商讨组织临时中央政府。到 12 月 29 日，各省代表在南京选举刚从国外归来的孙中山为临时大总统，黎元洪为副总统。1912 年 1 月 1 日，孙中山在南京宣誓就职，宣告成立临时中央政府，中华民国正式诞生。

从本质上说，辛亥革命的胜利和中华民国的诞生，是以孙中山为首的革命民主派的胜利，也是中国人民长期斗争的胜利。辛亥革命的最大意义，就在于推翻了统治中国长达二百六十多年的清王朝，从而结束了在中国持续两千多年的封建君主专制制度，打倒了皇帝，建立了资产阶级共和国。但是，中国革命的道路还远远没有走完，帝国主义和封建势力仍然在中国拥有极大的影响，中国人民还必须摸索一条新的革命征程。不过，那已经是后话了。

五、伟大的先行者——孙中山先生

讲到20世纪初的中国革命，孙中山先生是不能不说的。孙中山是中国革命的伟大的先行者，是中国资产阶级革命民主派的旗帜。他领导的辛亥革命，结束了中国2000多年封建主义专制制度，建立了共和国。孙中山是中国不止一代革命家的领袖和旗帜，也可以说是包括海外华人在内的任何一个中国人都公认的革命领袖。孙中山的孙文学说是中国资产阶级民主革命派的最高思想成果。他所提出的思想和政纲，他的三民主义学说，反映并概括了当时整个时代的要求和历史的趋势，是当时中国最先进的思想体系，并具有一定的国际影响。

孙中山，原名孙文，字德明，号逸仙，他在日本从事革命活动时，化名中山樵，后遂以中山为号，并以号行于世。孙中山是广东香山人，出身于一个贫苦的农民家庭。他的兄长孙眉早年赴檀香山谋生，后来成为那里的华侨资本家。在哥哥的资助下，孙中山曾在檀香山和香港等地接受了比较系统的西方教育。

1892年，孙中山以优异的成绩毕业于香港的玛丽医院附设的西医书院，以后曾先后在澳门、广州行医。但是，孙中山是一个忧国忧民的有血性之人，他不忍心看到中国一天天衰弱下去，听由西方列强任意宰割。他青年时代，正是资产阶级改良派活跃的时候，维新思潮十分盛行，他也欣然接受了维新改良的思想，曾寄希望于清朝政府中头脑清醒的人出来实行自上而下的改良，和日本“明治维新”一样，“仿行西法以筹自强”。1894年1月，孙中山北上天津，上书李鸿章，提出“人尽其才，地尽其利，物尽其用，货畅其通”4项改革主张，但由于人微言轻，李鸿章根本没有理睬孙中山。不久，甲午战争爆发了，清军一败涂地，清王朝的腐朽无能在这场战争中暴露无遗。孙中山感到彻底失望了，意识到“和平方法，无可复施”，于是毅然走上了革命道路，决心以暴力手段推翻清王朝。

1895年，孙中山在檀香山创建了第一个革命团体——“兴中会”，在由他起草的秘密誓词中，首次提出了推翻清朝封建统治的革命纲领：“驱除鞑虏，恢复中华，创立合众政府。”同年，孙中山准备在广州发动武装起义，因事泄失败，逃亡至中国香港、日本。1896年，孙中山在英国伦敦被清驻英使馆诱捕，脱险后革命意志更加坚定了。

1898年，孙中山再次到达日本，恰逢康有为、梁启超也因戊戌变法失败而逃亡日本。孙中山试图争取康、梁合作，劝说他们转向革命。可是康有为却打起“保皇即革命”的旗号，在华侨中争取支持。孙中山发表《敬告同乡书》，揭露康有为真保皇、假革命的实质，号召革命派与改良派划清界限。

1905年，孙中山发起，联合兴中会、华兴会、光复会，成立了“中国同盟会”，正式提出了“驱除鞑虏，恢复中华，建立民国，平均地权”的革命纲领。同年10月，同盟会机关报《民报》创刊，在《民报》发刊词中，孙中山提出了他的“民族”“民权”“民生”的三民主义政治纲领。同盟会的成立和三民主义的提出，标志着中国民族资产阶级新的觉醒，并从组织上和思想上为辛亥革命奠定了基础。

之后，孙中山发动的一系列武装起义表明他决心要以暴力革命来推翻清朝的封建统治，历次武装起义虽然都以失败告终，但孙中山却屡败屡战，毫不气馁。革命的影响随着孙中山等一批革命志士不屈不挠的斗争而一天天日益高涨起来，最终促进了全国革命形势的成熟。1911 年 10 月 10 日，武昌起义爆发，终于推翻了清朝的统治，结束了中国长达两千多年的封建君主专制政体，建立了资产阶级民主共和国。

当辛亥革命的成果被袁世凯篡夺以后，孙中山又一次领导人民起来“讨袁”。1917 年，俄国爆发十月社会主义革命，1921 年中国共产党成立，孙中山开始从旧三民主义走向新三民主义，他提出“联俄、联共、扶助农工”三大政策，改组了国民党。1925 年 3 月，孙中山先生在北京逝世，在其《遗嘱》中发出诚恳的号召：“革命尚未成功，同志仍须努力”，认为中国革命要成功，“必须唤起民众及联合世界上以平等待我之民族共同奋斗”。

孙中山的一生，经历了四十余年漫长而曲折的革命道路，经受了无数次革命失败的痛苦和考验，因此是真正革命的一生，奋斗的一生。他是 20 世纪初期“站在正面指导时代潮流的伟大历史人物”（毛泽东语），他是一个“充满着崇高精神和英雄气概的革命的民主主义者”（列宁语），孙中山的名字，任何一个炎黄子孙都应永远铭记。

· 楚汉之争，为什么流氓战胜了贵族？
· 为什么武则天尤其看重科举？
· 封建制、郡县制究竟有什么不同？
· 是贡献还是阻碍？

历史告诉你答案

【权力的游戏】
从秦汉到明清的权力更迭

【“神器”古代史】
博物馆文物让历史倒回重演

【史事挖掘机】
有哪些出了名的馊主意？
康乾盛世竟然不是盛世？